简·奥斯丁时代的英国

ENGLAND IN THE AGE OF AUSTEN

小说与历史的交融

［英］**杰里米·布莱克** 著

Jeremy Black

陶君函 王思颖 译

东方出版社
The Oriental Press

图字：01-2023-3400 号

图书在版编目（CIP）数据

简·奥斯丁时代的英国：小说与历史的交融 /（英）
杰里米·布莱克著；陶君函，王思颖译. -- 北京：东
方出版社，2025.1
书名原文：England in the age of Austen
ISBN 978-7-5207-3902-3

Ⅰ. ①简… Ⅱ. ①杰… ②陶… ③王… Ⅲ. ①英国—
历史-18世纪-19世纪 Ⅳ. ①K561.0

中国国家版本馆CIP数据核字(2024)第065400号

简·奥斯丁时代的英国：小说与历史的交融
JIAN · AOSIDING SHIDAI DE YINGGUO：XIAOSHUO YU LISHI DE JIAORONG

作　　者：〔英〕杰里米·布莱克
译　　者：陶君函　王思颖
责任编辑：邢　远
出　　版：东方出版社
发　　行：人民东方出版传媒有限公司
地　　址：北京市东城区朝阳门内大街166号
邮　　编：100010
印　　刷：北京联兴盛业印刷股份有限公司
版　　次：2025年1月第1版
印　　次：2025年1月第1次印刷
印　　数：1-4000册
开　　本：710毫米×1000毫米　1/16
印　　张：19.75
字　　数：270千字
书　　号：ISBN 978-7-5207-3902-3
定　　价：69.80元
发行电话：（010）85924663　85924644　85924641

目录

献给朋友塞莉亚和安布罗斯

序言

只有在这些作品中，智性的力量才得到了最充分的呈现，由此，对人性最为透彻的理解、对其多元状态恰如其分的描述，以及随处洋溢着的机智幽默，都用最精湛的语言展现出来了。

——简·奥斯丁《诺桑觉寺》（*Northanger Abbey*）

简·奥斯丁（Jane Austen，1775—1817）关注深层次的内在人物关系，从而忽略了她所处的表层世界，这是一条举世公认的真理[①]。毕竟在她生活的年代，工业革命、美国革命、英法两国持续的战争，以及一系列政治事件所带来的紧张气氛，无疑影响着那个时代的氛围。在奥斯丁和其他人阅读的常见报刊读物中，这些内容充斥其间。然而，除了英法战争外，凡此种种在奥斯丁的作品中却鲜有论及。

在她去世两年后的重大事件中所反映的激进主义，例如电影《彼得卢》（*Peterloo*）[②]中的激进主义，或者一封以笔名"人民之声"发表在1779年1月9日《汉普郡纪事报》上的信中所表现出的激进主义，都没有在她的作品中出现。南安普顿的《汉普郡纪事报》是一家在奥斯丁所居住地区流传的报纸。

---

① 此处句式模仿《傲慢与偏见》开篇第一句：It is a truth universally acknowledged that…… ——编者注

② 《彼得卢》是由迈克·李执导的剧情片，影片根据1819年历史事件"彼得卢屠杀"改编，讲述了英国政府派遣军队镇压在曼彻斯特圣彼得广场上举行的群众示威而引发的流血惨案。——译者注

这封信建议对狩猎、赛马、犹太人征收税款，从而取代对生活必需品的征税，并倡导禁止佩戴珠宝，同时主张取消公职薪水并要求贵族们提供财政捐助。这种言论在 1779 年的政治辩论中显得非常古怪，但到了 18 世纪 90 年代，各种形式的激进主义，包括千禧年主义，都不再那么令人震惊了。

奥斯丁与社会变革的距离感绝不意味着她过着与世隔绝的生活。在相关学术书籍和文学作品中，人们引用大量文献来证明奥斯丁只是表面上对广义的历史不感兴趣，尽管大部分资料都相当简略。通过她的小说，奥斯丁营造了一种特殊的氛围，绘制出那个时代属于她的阶层的生活图景。诚然，她没有提及那个时代英国社会的诸多层面，但这些实则已经融入故事背景中了。她的小说由此成为了解那个时代的英国的一种捷径，既包括她笔下描绘的英国，也包括她未叙及的英国。本书展现了奥斯丁小说与历史的互动，揭示了奥斯丁时代的英国。通过将小说中的事件和讨论、奥斯丁自身生活的各个方面，以及她同时代人生活中的事件编织在一起，本书试图解释这段历史的原委。因此，像乔治三世（George Ⅲ，1738—1820）和范妮·伯尼（Fanny Burney，1752—1840）这样的关键人物会在本书中反复出现。就像奥斯丁创造的角色一样，他们成为讨论历史变迁和延续性的媒介和焦点。

尽管有精彩的传记和补充性学术研究的问世，我们仍然很难确定奥斯丁对自己所处世界的看法。关于她生平的详细资料往往很难获取。与许多 18 世纪人物相比，奥斯丁的生活记录相对稀少。因此，很大程度上，她的人生就刻印在她的小说中，这不仅因为她的小说描写入木三分，更因为她本人对自身观点和经历记录相对较少。奥斯丁不像鲍斯韦尔（James Boswell，1740—1795）、约翰逊（Samuel Johnson，1709—1784）或乔治三世那样容易接近。她没有保存下来的日记，存世的信件也相对较少。

奥斯丁的生命定格在四十一岁的芳华，短暂而仓促，她的信件少之又少。故意销毁信件，是那个时代的常见做法。据奥斯丁的一位侄女所说（虽然她的回忆很可能不太准确），在奥斯丁去世后的很长时间里，她的姐姐卡桑德拉曾竭力去销毁奥斯丁写的那些她认为不合适的信件。这些信件可能涉及私人事件或轻率的话题，比如对健康问题的讨论。因此，就像大多数其他作家一样，我们不能总是直接将奥斯丁的观点与她生活的世界联系起来。我们必须仔细辨别这些信息，确定它们的价值，并判断它们是决定性的证据，还是只是指示性的相关资料。

在奥斯丁生活的时代，英国无疑正在经历着巨大变化。1775 年，奥斯丁出生的那一年，英国在北美洲最大的殖民地的人民开始了争取独立的长期斗争。1783 年，他们成功获得独立，建立了美利坚合众国。这彻底改变了英帝国的版图，动摇了其奉行的原则。我们可以从 1776 年的《独立宣言》（Declaration of Independence）中看到一个完全不同的政治制度和文化。

美国发生的革命并不是变革唯一的证据。在奥斯丁的时代，英国还发生了其他重要的变革。例如，世界上第一座铁桥于 1775 年设计，于 1777 年至 1779 年在英国什罗普郡的科尔布鲁克代尔建成。这座桥长 120 英尺，由两根垂直的立柱支撑着拱形骨架，其上承载着道路。这个建筑方案是由经验丰富的铁匠们精心设计的。铸铁长期以来被认为是一种装饰材料，但是焦炭代替木炭的冶炼方式意味着铸铁的可靠性和精确性得到了广泛认可和应用。科尔布鲁克代尔的铁桥吸引了众多游客前来观赏，以至于当地不得不新建一家酒店提供住宿服务。这些变革显示了奥斯丁所处时代的技术进步和社会演变。

在奥斯丁的时代，颂扬科学发现和技术进步的英雄式绘画出现了，其中包括德比的约瑟夫·赖特（Joseph Wright，1855—1930）所创作的作品。然而，科学进步也带来了经济转型所引起的困顿和不安全感。这一点在 19 世纪 10 年代的暴力骚乱中变得明显，卢德派（Luddites）引发了一系列骚乱，他们认为这些机械化设备直接威胁到他们的工作和生计，因此采取了激烈的抗议行动。

就在奥斯丁出生的次年，即 1776 年，发生了一些重要事件。首先，美国发表了《独立宣言》，标志着美国对英国的独立斗争的开始。其次，经济学家亚当·斯密（Adam Smith，1723—1790）的《国富论》（An Inquiry into the

Nature and Causes of the Wealth of Nations，1776）也问世了。这本书为现代经济理论打下了基础，并阐述了自由贸易的重要性，它对 19 世纪英国的国家意识形态和经济转型产生了深远影响。与此同时，历史学家爱德华·吉本（Edward Gibbon，1737—1794）的《罗马帝国衰亡史》（*Decline and Fall of the Roman Empire*）的首卷也付梓问世。这部巨著于 1788 年完成，展示了罗马帝国的衰落过程。这本书打破了一种观念，即现代欧洲注定会被新的"野蛮人"摧毁，表明了进步的可能性，现代欧洲并非一定会重蹈罗马帝国的覆辙。

讽刺的是，"野蛮人"并非来自外部，而是因法国大革命的兴起在欧洲内部产生。法国大革命始于 1789 年，如英国的查理一世在 1649 年被处决（这一事件让奥斯丁感到非常痛心）一样，法国国王在 1793 年被处决。不仅如此，基督教信仰也被放弃了，并通过制定新的历法展示了其革命性。这些变革发生在法国，与苏格兰高地相比，汉普郡离法国更近。尽管奥斯丁没有去过苏格兰高地，但在她的《少年作品》（*Juvenilia*）中提及了这个地方。

社会变革和政治事件并不是奥斯丁作品的主题和核心内容，也没有决定其创作的整体基调。正如她自己所指出的，她的写作主要关注乡村家庭中的女性故事。在 1814 年 9 月给侄女安娜的一封信中，她提到自己的写作对象通常是"一个乡村村庄中的 3 或 4 户家庭"。这个时期，她正在创作《爱玛》（*Emma*）。这部小说在某种程度上探讨了乡村封闭和排外的恐惧感，以及外来者（无论是通过婚姻而永久留下的，如奥古斯塔·埃尔顿，还是短暂停留的，如弗兰克·丘吉尔）的影响被过度放大的现象。奥斯丁的其他小说也是如此（除了《诺桑觉寺》），故事的发生基本设定在各女主角居住的地方，而不是像凯瑟琳·莫兰在《诺桑觉寺》中那样专注于个人发现之旅。这主要归功于奥斯丁对社会中的人物关系和互动的重视，而不仅仅是地点本身。

奥斯丁通过专注于少数几个家庭的写作手法，呈现出一个与当时英格兰整体历史不同的现实，但是历史背景仍然影响着奥斯丁的写作。此外，尽管奥斯丁小说中的基调与英国社会的整体基调存在差异，但她在对立统一中将不同倾向和人物融合在一起，保持了相应的关系。

这种融合体现了奥斯丁对社区的感知。本书在第五章中讨论了她的英国国教信仰；在第十章中讨论了她的爱国主义，尤其是她对海军的关注；在第二章和第十二章中讨论了她对乡村而非城镇的使命感。

英格兰的社区远比奥斯丁所讨论的社区更加多样化，但在这些社区中，正如在她的小说中一样，也存在着类似的紧张关系和组合。事实上，在应对剧烈变化所带来的挑战时，存在着一种共同的范式。社会的变革既带来了人们对财富流动的焦虑，也让人们担忧金钱对社会秩序的改变。财富在婚姻选择中的价值导向最鲜明地体现了这一点，这对于现代读者来说尤其引人注目，但这与时代的价值观相符。奥斯丁专注于这种充满张力和复杂的个人心理方面，提供了与历史学家那种更全面的视野截然不同的角度。然而，两者的共同之处在于需要调和对比，以便为叙事提供解释和生命力。我们需仔细对比两者差异，以便解释奥斯丁的小说叙事。

此外，奥斯丁、她的小说以及她笔下的人物组合，成为众多文艺作品的参照和灵感来源，其中一些颇令人称奇。在电影《傲慢与偏见与僵尸》（*Pride and Prejudice and Zombies*，2016）[①]中，贝内特姐妹学习中国武术以抵御僵尸，而达西则是领头的僵尸猎手。

本书所引发的社会关注超越了其他任何我近期的作品。在许多场合，特别是家里厨房的餐桌上，我对奥斯丁的话题时常保持警觉。本书展现了我的许多朋友的智慧、活力和社交能力，我对此由衷感激。我非常感谢编辑 Jennika Baines，她非常善于鼓励人，与她合作总是非常愉快。我感谢 Leopold Auer、Troy Bickham、Lesley Castens、Jonathan Clark、Eileen Cox、Marjorie Dawson、Grayson Ditchfield、Bill Gibson、Will Hay、John Avery Jones、Augusta Kyte、Penny Pulver、Jane Spencer 对手稿内容的贡献，一并向两位

[①] 该影片根据塞斯·葛拉汉梅-史密斯同名小说改编，讲述了伊丽莎白·贝内特所在的小镇遭受瘟疫，很多人都变成了僵尸的故事。——译者注

匿名读者提出的意见表达感谢。此外，我对 Edward Day、Mike Duffy、Sue Parrill、Bill Robison、Neville Thompson 和 Richard Wendorf 对本书提出的建议表示感谢。本研究中可能存在的错误和缺陷皆由我负责。我有机会在牛津大学、弗吉尼亚大学暑期班和米尔菲尔德学校发表论文，受益匪浅。最后，我非常高兴能将这本书献给 Celia 和 Ambrose Miller，两位真正有魅力的朋友。

注释体例

Add 附加手稿

BL 英国国家图书馆（位于伦敦）

简·奥斯丁出版小说年表：

Sense《理智与情感》（1811）

PP《傲慢与偏见》（1813）

MP《曼斯菲尔德庄园》（1814）

Emma《爱玛》（1815）

Persuasion《劝导》（1817）

Northanger《诺桑觉寺》（1817）

Sanditon《桑迪顿》（1817）

Susan《苏珊夫人》（1871）

Later Manuscripts 采用 2008 年剑桥出版版本

Juvenilia 采用 2006 年剑桥出版版本

Letters Deirdre Le Faye, ed.,《简·奥斯丁信件集》（第三版，1995）

除非特殊标注，所有书籍均在伦敦出版。

在注释部分，"*Northanger* Ⅱ,6"表示引文出自《诺桑觉寺》第二卷第 6 章。

《桑迪顿》中只有章节标注，而《苏珊夫人》则是信件集。

第一章
小说的兴盛

虽一无所成，但她绝不如人们想象的那样无知。她热爱阅
读，把大部分时间都花在读书上。

——《苏珊夫人》（*Lady Susan*）中
对十八岁的弗雷德里卡的描写

"我们家族对小说爱之甚深，且毫不为此感到羞愧。"当奥斯丁在 1798
年 12 月写下这段文字时，她对小说已经有了深厚了解。奥斯丁耗费极大精
力阅读并反复揣摩小说，而她的作品也正巧出现在小说快速发展的浪潮中，
特别是在 18 世纪晚期。此外，她给角色的取名体现了她对小说的了解程度。
当她在 1809 年对《诺桑觉寺》进行修订时，凯瑟琳的名字即是对汉娜·莫
尔（Hannah More）的小说《单身汉找老婆》（*Coelebs in Search of a Wife*，
1808）的引用。[1] 奥斯丁将积极的反复阅读与在阅读中形成的记忆结合在一起，
毫无疑问她在进行这样的引用中收获了乐趣。[2]

奥斯丁对小说的热爱不仅在于她阅读小说的过程，也表现在她对滑稽作品
的钟爱上。从她早期作品以及《诺桑觉寺》中可以看出，她对其他作家的此
类小说也充满热忱。1814 年 3 月，她表露出对伊顿·斯坦纳德·巴雷特（Eaton
Stannard Barrett）的《女杰》（*The Heroine*）的欣赏之情。奥斯丁与小说的关
系当然不仅限于滑稽作品，她以她所觉察到的传统规范为基础，反抗隐藏的
偏见和公开的诋毁。奥斯丁经常将她笔下的人物置于种种传统之下，如爱玛、
哈丽埃特·史密斯和凯瑟琳·莫兰，传统规范限制了她们对现实的认识。诚然，

阅读小说可能无法洞悉人性，但小说本身的价值是无可否认的。奥斯丁在小说中能够在人物刻画和叙事中处理这种矛盾，这也正是其小说成功的一个方面。在阅读奥斯丁的小说时，可以通过她笔下的一些人物更好地理解人性。

奥斯丁的小说被广泛认为是一种小说写作传统的巅峰，而这一传统首先被浪漫主义更强烈的个人情感投入所取代，随后又由 19 世纪兴起的现实主义小说所接续。对从前的小说，奥斯丁和她的读者们秉持着这种风格下的标准主题，在小说中注入合乎情理的情感和社会现实的描绘。

在奥斯丁的时代，小说这一体裁处于变革之中，在语气、形式、意图甚至内容和写作方法上变化多端。这一趋势受到大量增加的小说读者和多元化的读者刺激，同时也缺乏像文学评论那样平滑发展的因素的推动。[3] 无论在她出生前还是在她的一生中，都有许多关于小说兴起的理论反思。[4] 小说的崛起是学术圈长期以来讨论的话题，起初人们主要讨论丹尼尔·笛福（Daniel Defoe）、塞缪尔·理查逊（Samuel Richardson）和亨利·菲尔丁（Henry Fielding）的作品，但这种关注忽视了更广泛的早期小说，尤其是女性作家的小说，具有误导性地简化了小说流派的起源。英国作家在 18 世纪的小说发展中起到了关键作用，但许多 17 世纪的重要先驱将一系列文学体裁引入小说中，特别是流浪故事、游记故事和言情故事，其中具有代表性的作品是西班牙米格尔·德·塞万提斯（Miguel de Cervantes）的《堂吉诃德》（*Don Quixote*）。

言情小说在 18 世纪初的英国尤为重要，当时的小说可以是一个浪漫爱情的短篇故事，比如伊丽莎·海伍德（Eliza Haywood）① 成功的作品《无休止的爱》（*Love in Excess*）。这些小说的一个共同特点就是追求现实主义。事实上，奥斯丁在《诺桑觉寺》中指出，小说提供了对"人性的认识"。[5]

这种对现实主义的执着可从丹尼尔·笛福的《鲁滨孙漂流记》（*Robinson*

---

① 伊丽莎·海伍德（Eliza Haywood），18世纪初英国有代表性的女性作家。其于1720年出版的《无休止的爱》（*Love in Excess*），与《格列佛游记》《鲁滨孙漂流记》并称为当时最流行的三大小说。——编者注

Crusoe，1719）、《杰克上校》（*Colonel Jack*，1721）、《莫尔·弗兰德斯》（*Moll Flanders*，1722）、《瘟疫年记》（*A Journal of the Plague Year*，1722）和《罗珊娜》（*Roxana*，1724）中看出。这些作品的主题各不相同，并且回溯了各种不同的影响——《鲁滨孙漂流记》受到旅行文学和灵修自传的影响，《杰克上校》、《莫尔·弗兰德斯》和《罗珊娜》则受到滑稽小说的影响，但这些所谓的自传作品的共同特点是真实性，它们与一种非常受欢迎的流派——犯罪传记有着亲缘关系。浪漫主义小说，如海伍德的那些作品，也被称为是真实生活和风俗的记录。而最独特的小说作品当属乔纳森·斯威夫特（Jonathan Swift）的《格列佛游记》（*Gulliver's Travels*，1726），部分读者坚信，这部小说是真实发生的故事。奥斯丁在1804年访友时曾经借给一名男仆《鲁滨孙漂流记》。

斯威夫特在《格列佛游记》中巧妙融合了旅行故事和讽刺小说，这使得它成为无法模仿的作品。而塞缪尔·理查逊的第一部小说《帕梅拉》（*Pamela*，1740）则略有不同，副标题"美德的回报"体现了这本书的主题——美德的谨慎和谨慎的美德。这部小说描写了帕梅拉身处性危机的扣人心弦的情节，其吸引力一方面来源于它将持久的性紧张感与明确的道德观念结合起来的能力，以及最后的圆满结局；另一方面，这本书采用书信体的形式，令读者能够更直接地洞察女主角的内心，将读者的目光聚焦在女主角身上。帕梅拉是一个年轻的女仆，她抵制了B先生淫邪的诱惑，通过恰逢其时的晕倒挫败了其强奸她的企图。最终，B先生认识到帕梅拉的美德，并向她求婚。对《帕梅拉》的很多修订都试图使女仆更像一个淑女，从而减少作品的激进性。《帕梅拉》满足了读者对主人公社会地位上升的幻想：女主角嫁给她的雇主。在《帕梅拉》中，形式对写作的重要性不仅表现在书信体上，也表现在帕梅拉日记的失窃引发B先生对她美德认识的情节上。

《帕梅拉》的成功吸引了其他作家的戏仿，特别是亨利·菲尔丁的讽刺之作《夏美拉》（*An Apology for the Life of Mrs Shamela Andrews*，1741）以及他的《约瑟夫·安德鲁斯》（*Joseph Andrews*，1742），后者在当年销量达到6500册；同时还有詹姆斯·丹斯的喜剧作品《帕梅拉》。约翰·克莱兰（John Cleland，1709—1789）则在他的情色小说《一个快乐女人的回忆录》（*Memoirs of a Woman of Pleasure*，1749，也被称为《芬妮·希尔》）中运用了《帕梅拉》的书信体风格。奥斯丁的小说同样具备书信体的特点，例如《傲慢与偏见》中达西递给伊丽莎白的长信、柯林斯先生的信件，以及关于莉迪亚与韦翰私奔的信件等。[6] 书信体的格式，准确地反映了在奥斯丁的时代通信在社交中的重要性。卡桑德拉·奥斯丁的零散回忆以及其他文学评论推测认为，《理智与情感》和《傲慢与偏见》可能首先以书信形式创作。奥斯丁未完成的作品《苏珊夫人》更是以书信形式保存至今。其他小说家也常常使用书信体的形式，例如沃尔特·司各特在《红袍党人》（*Redgauntlet*，1824）行文初期那样。

在 18 世纪 40 年代，小说的内容相当多元。受到洛克哲学及其对经验的塑造和阅读的影响，对心理的描摹成了不同小说面临的共同课题。[7] 在理查逊的《帕梅拉》中，小说通过若干信件构成叙事结构，这种方式使得他能够通过使用不同的风格来改变口吻，并为小说增添了动力和紧迫感，推动了美德与诱惑相较量的情节发展。菲尔丁坚称他的小说是"真实的历史"，因为它们揭示了行为的真相。这种方法特别适合他作为叙述者所采用的讽刺口吻，即类似于戏剧作品和新闻报道的口吻。由此，在《约瑟夫·安德鲁斯》的最后一章，"这个真实的历史得到了圆满的结局"。事实上，"历史"一词经常出现在小说的标题中，例如詹姆斯·里德利（James Ridley）的《詹姆斯·洛夫格罗夫先生的历史》（*The History of James Lovegrove，Esquire*，1761）。

小说强调的是个人的自由意志，相信道德责任，而非宿命论。简而言之，小说提供了一个从道德角度理解世界的窗口。在这个世界中，道德标准不会改变，甚至没有道德相对主义的概念。奥斯丁本人特别喜欢理查逊的小说《查尔斯·格兰迪森爵士的历史》（*The History of Sir Charles Grandison*，1753—1754）。就像《诺桑觉寺》中的莫兰夫人一样，奥斯丁也反复阅读这本书。

奥斯丁提到的 "情感英雄主义" 包含着令人难以置信的自我牺牲精神，因此成为宗教故事的反衬。[8]

　　理查逊和菲尔丁不同的创作方法、风格和基调都对奥斯丁产生了影响，两者皆倡导对最佳创作方法进行讨论，同时都有一批拥趸，为小说创作注入活力。这和第二章所讨论的风景园林颇有暗合之处。理查逊强调女性的困境和视角，强调适当的绅士风度，展望了情感小说的未来。劳伦斯·斯特恩（Laurence Sterne）广受欢迎的《项狄传》（*The Life and Opinions of Tristram Shandy, Gentleman*，1760—1767）进一步将小说作为生活的真实写照。通过第一人称叙述的视角，他甚至将认知的复杂性拓展到该书的外观中去。其中第9卷第25章的内容如下：

　　　当我们读到本章结尾的时候（而不是在这以前），我们必须翻回去看看那空白的两章。为了那两章，这半个小时里我的自尊心一直在流血——我把血止住，办法就是提起我的一只黄拖鞋，把它使劲扔到了屋子另一边，并对着拖鞋发表了一项声明——

　　　——无论它与世界上迄今为止所写的或者也许现在正在写的一半章节有多少相似之处，——那都像宙克西斯马的涎沫一样是不经意的。再说，我倒是很看重一个字也没有的一章；而且考虑到世界上还有那些更糟的事情——这绝不是讽刺的适当题材——

　　　——那么为什么就这么空着呢？这儿，不用等我的回答，我会不会被骂作傻瓜、笨蛋、二五眼、窝囊废、饭桶、草包、蠢材、木头、朽木、粪土——等一大堆令人作呕的脏话，多得就像列尔内的卖烧饼的骂庞大固埃王的放羊娃们嘴里吐出来的那样——我就像布丽奇特说的那样，他们怎么高兴就怎么骂吧；因为他们怎么可能在第十八章以前就预见到我肯定会写这本书的第二十五章呢？

　　　——这样我就不见怪了——我只希望这能给世人一个教训，"让人们用自己的方式讲他们的故事吧"。

上海译文出版社 2012 年版　蒲隆译

这部小说的写作自由度令人惊叹，对情节的处理也同样令人惊叹：全知全能的叙述者放弃了随心所欲地操纵人物事件的全知视角。在《项狄传》中，斯特恩在叙述故事时营造出极强的不确定性，好像小说家对事件、人物，甚至对感觉的掌握都不精确。界限分明的情节在异想天开的混沌海洋中忽隐忽现，约里克的布道是作者有意识加剧小说的身份混乱的体现。斯特恩引人入胜的手法，在 18 世纪 90 年代之前广受模仿。

奥斯丁借鉴了菲尔丁和斯特恩与读者交流的成功方法。在《诺桑觉寺》中，她在故事的结尾解释了蒂尔尼将军对凯瑟琳·莫兰怀有敌意的原因，并在那段话的结尾附道："我打算让读者运用聪明才智去判断，关于所有这一切，亨利可能会向凯瑟琳传达多少？他可能从他父亲那里了解了多少？他自己的猜测可能帮了他多少忙？还有多少必须要留给詹姆斯在来信中说明？我为读者的方便，把这些情况合在一起说了，请他们为了我的方便，再把他们分开来看吧。"[9]（上海译文出版社 2010 年版，金绍禹译）这种风格与菲尔丁相似。随后，在奥斯丁小说典型的仓促结尾中，读者将注意力转向小说的内核和本质。"在这种依恋状态下，所有爱着亨利和凯瑟琳的人都会对最后的结局感到焦虑，我相信这种焦虑不会延伸到我的读者的心境中，他们会从故事中看到，我们正一起走向皆大欢喜的结局。"[10] 小说家有着清醒而深刻的自我意识，奥斯丁在《理智与情感》的结尾对自己作品的风格和内容进行了评论。

《诺桑觉寺》还提供了多种视角，特别是凯瑟琳·莫兰、亨利·蒂尔尼和叙述者的视角，从而达成一种有趣的困惑感。事实上，考虑到凯瑟琳从哥特式小说中汲取的丰富想象力，她所看到的事物及对其的分析并不可靠。

《项狄传》包含一些感伤的场景，但感伤主义小说则是一种更为成熟的类型。感伤主义小说全盛于 18 世纪 60 年代和 70 年代，在 18 世纪 80 年代陷入僵局，并在进入 18 世纪 90 年代后遭遇冲击。[11] 感伤主义小说及其所反映的情感（奥斯丁是在这种情感的熏陶下长大的年轻女性）远不只是文学主题和陈词滥调，实际上，这些小说也成为发展得体礼貌行为指南的一部分，揭示了情感主义以及浪漫关系（无论是真实的还是虚假的）之间的联系。人们对这类复杂的情感很感兴趣，是因为这种情感是他们建立共同体的基础，以"同情"之名凝聚成了共同经历，却不局限于个人情感的表达[12]。这不仅仅是作家笔下角色的性格，也反映了作家自身的取向。

女性小说家对小说的发展起到了关键作用，她们的小说包含了大量的女性问题，采用女性视角，从而探寻社会关系中的女性问题。小说中的性别因素是显而易见的。正如斯温尼在 1776 年 4 月 25 日的《伯明翰和斯塔福德纪事报》（*Swinney's Birmingham and Stafford Chronicle*）上为《伊莎贝拉》作的广告中所指出的，感伤主义小说是专门为女性设计的。这些小说部分目的是以叙事的形式传达出可接受的情感，为女性提供娱乐和感情指导，但是除了对女性角色情感进行回应时，这部分小说中对男性的描写往往存在问题。在弗朗西斯·布鲁克（Frances Brooke）的《艾米丽·蒙塔古的历史》（*The History of Emily Montague*，1769）等感伤主义小说中，爱情阴谋扮演了重要但具有警示意义的角色。她使用了"历史"一词，《茱莉娅·曼德维尔的历史》（*The History of Julia Mandeville*）一书也是如此。对同时代的人来说，"历史"意味着叙事体裁，布鲁克将小说背景设置在加拿大，通过书信体来回顾历史，关注女性所能获得的机会以展望未来。[13]

情感与历史将小说与这一时期另一种重要但常被忽视的艺术形式——闲言碎语（gossip）①——结合在一起。事实上，尤其是书信体小说，它们的主题和基调中即使没有典范性的闲言碎语，也有一部分充斥其中。历史、小说和

---

① "闲言碎语"（gossip）通常指的是一种随意、不拘一格的言论或评论，常常涉及各种主题，从日常生活琐事到社会议题都可能涉及。这种形式的作品可能以散文、小品、杂文或随笔的形式呈现。——编者注

闲言碎语这些文体都可以对个体进行描述，均侧重于理解和再现个性特征，尤其是其与社会规范之间的关系。[14] 小说背景为个性的存在和社会规范提供了环境，也是相互作用的重要一环。在奥斯丁的小说中，闲言碎语也被内化到情节和动机中，这在《爱玛》中屡见不鲜。

感伤主义小说要求叙述者和读者共同投入，这种投入与菲尔丁小说所具有的讽刺性疏离感或斯摩莱特的削弱性视角转换截然不同。同时，这类题材的小说很容易被理解，尤其是驱动小说发展的娱乐情节具有明确的道德准则。感伤主义小说助长了对成功小说的模仿。[15] 消除误解是感伤主义小说的共同主题，通过理智结合情感的方式来实现。对于符合价值要求的小说人物来说，突如其来、当之无愧的幸福就是他们的结果。

奥斯丁的作品借鉴了这一做法，但也对其进行了一定的改变。在奥斯丁以哥特式幽默而闻名的作品《诺桑觉寺》中，凯瑟琳·莫兰从诺桑觉寺归来的情节公开颠覆了感伤主义小说的传统：

> 女主角快结束自己的生涯时，胜利地挽回了声誉，满载着伯爵夫人的体面尊严回到了乡里，后面跟着一长串的贵族亲戚，分坐在好几辆四轮敞篷马车里，还有一辆四马拉的旅行马车，里面坐着三位侍女。的确，这种写法给故事的结局增添了光彩，写书人如此慷慨落笔，自己也一定沾光不少。但是我的故事却大不相同。我让我的女主角孤孤单单、面目无光地回到家乡，因此我也提不起精神来详细叙述了。让女主角坐在出租驿车上，实在有煞风景，再怎么描写壮观或是悲怆场面，也是挽回不了的……

> 不管她心里有多么痛苦，不管她的做传人叙述起来有多惭愧，她却在给家里人准备着非同寻常的喜悦。[16]

译林出版社 2016 年版　孙致礼译

感伤主义小说形式和题材的确定性与同时期部分其他文学作品形成了鲜明对比。形式的不确定性影响了部分经验写作，[17] 但确定的价值观则更为常见。

许多人，包括国王乔治三世、塞缪尔·约翰逊和利物浦伯爵查尔斯在内，都对小说不感兴趣，尽管理查森的作品因其道德模范作用而受到赞赏。与小说相比，乔治三世和约翰逊都更喜欢宗教作品，并对小说勾起的不同情绪保持警惕。乔治三世偏爱神学、历史、法学、科学、艺术和古典遗产方面的作品。[18] 直到双目失明，他才真正喜欢上小说，他的一个女儿每晚都给他读小说。[19]

到 18 世纪末，除了大量被退稿的小说外，每年约有 150 部小说出版，其中约 90 部是新作，大部分是连载小说。值得注意的是，奥斯丁 1797 年写成的《第一印象》，即后来的《傲慢与偏见》也曾被多次退稿。小乔治·科尔曼（George Colman the Younger）在《1797 年年鉴》（*Annual Register of 1797*）上发表的一篇关于《现代小说》的文章中，就提到了"在泥泞中挣扎"的"泥鳅们"（见第 39 卷，第 448 页）①。当时的许多小说都是多卷本，例如珍妮·沃顿（Jenny Warton）的《佩姬和帕蒂：或阿什代尔姐妹》（*Peggy and Patty: or The Sisters of Ashdale*）就有四卷本。

经济窘迫的女作家夏洛特·史密斯（Charlotte Smith）出版小说的频率可以表明市场的规模。在翻译了普雷沃斯特（Prévost）的《曼侬·莱斯考特》（*Manon Lescaut*，1785）之后，她从 1788 年起出版了一系列感伤小说，反映出她对大自然的热爱。她的第一部作品是四卷本的《艾梅琳》（*Emmeline*，1788），这部作品的成功促使她创作了五卷本《艾特琳德》（*Ethelinde*，1790）、四卷本《塞莱斯蒂娜》（*Celestina*，1792）、三卷本《德斯蒙德》（*Desmond*，1793）、四卷本《老庄园》（*Old Manor House*，1793）和四卷本《被放逐的人》（*The Banished Man*，1794）。她的其他小说还包括《年轻

---

① 小乔治·科尔曼是18世纪末英国戏剧作家和评论家。他在关于《现代小说》的文章中，批评了大量当时出版的小说，并用"小小的作者们蠕动着，如同成群的泥鳅在泥潭中"来形容那些新兴作家们。——编者注

哲学家》（*The Young Philosopher*，1798）和《孤独的流浪者》（*The Solitary Wanderer*，1799），前者描写了伦敦一个家庭一个女儿离世、另一个女儿发疯的悲惨场面，后者是此类小说的常见主题。

女性作为作家、读者和主题，对于小说的发展至关重要。[20] 女性从事写作是因为这项工作的内在趣味和赚钱的可能性，对于奥斯丁而言也是如此。因为公共领域对女性的封闭，她们将精力投入个人世界中。在《劝导》中，安妮·艾略特反驳了哈维尔上尉对小说、诗歌、歌曲和谚语中女性善变的批评，理由是它们都是由男性写的。"如果你愿意，请不要引用书中的例子。在讲述自己的历史方面，男人比我们更有优势。他们所受的教育比我们高得多，他们手中的笔也比我们多得多。我不会让书来证明任何事。"[21]

从广义上讲，小说的主题都是政治性的。涉及求爱和家庭生活的小说讨论了服从、身份和自我保护的问题，其中首要的议题往往是父权制问题。出于这些考虑，小说与特定背景环境息息相关，其中既包括社会历史的环境，也包括作者的个人经历。[22] 例如，玛丽·海斯（Mary Hays，1759—1843）在小说中借用了自己的经历，在她最著名的小说《爱玛·考特尼回忆录》（*Memoirs of Emma Courtney*，1796）中，她引用了自己在一段不成功的恋情中写下的情书以及她提出的未婚同居的建议。

小说家可以用语言挑战传统的情节设置，这在一定程度上是政治性的，但同时也是喜剧性的。奥斯丁的作品从一开始就带有喜剧元素，戏仿是她早期创作的主要形式，有可能具有政治意味，但她的文字本质上是喜剧性的，这在书信往来中体现得淋漓尽致。与范妮·伯尼和艾米莉·勃朗特（Emily Brontë）等其他作家一样，她的小说和私人信件之间也存在着对比，[23] 这种对比揭示了文化和社会规范，从而展现了对社会规则的服从。

约翰逊在 1778 年 4 月 29 日的晚宴上宣称，"我们所有的女士现在都在读书"，[24] 尽管在《理智与情感》中，米德尔顿夫人不喜欢埃丽诺和玛丽安·达什伍德的部分原因正是"她们喜欢读书"[25]。在《傲慢与偏见》中，玛丽·贝内特向宾利先生请求使用内瑟非尔德庄园[26]的图书馆[①]，这是她最喜欢的社交方式。阅读将家庭与公共场所连接起来。在家庭领域，观念和语言趣味为女性留下了很大的空间。[27]这种家庭环境借鉴了公共领域，在公共领域中，女性读者青睐订阅报刊和流通图书馆。这些图书馆的读者群倾向于将书籍视为体裁的实例，而非必然不同的文本。奥斯丁本人于1798年订阅了贝辛斯托克的一家图书馆。这类机构的规模可能相当大。利物浦图书馆是一家订阅制图书馆，其会员拥有股份，到1799年其已有四百多名会员。在1758年至1800年期间，该图书馆平均每年购书近两百本。1805年，朴茨茅斯成立了一家订阅图书馆，小说中的范妮·普莱斯成为订阅者，以获得"她喜欢的传记和诗歌"。[28]到世纪末，英国共有一千家流通图书馆，包括巴斯的九家，以及西德茅斯、道利斯、埃克斯茅斯和蒂格茅斯等海滨度假胜地的其他图书馆。[29]

女作家依赖于女性读者提供的可靠市场，女性的订阅非常重要。与此同时，奥斯丁还为读者展现了许多男性读者，包括《诺桑觉寺》中的约翰·索普和亨利·蒂尔尼，以及《劝导》中的本威克船长，后者热衷于阅读诗歌，包括拜伦和司各特的作品。事实上，他与路易莎·默斯格罗夫订婚的消息让人们认为她也会成为这两位诗人的狂热爱好者。[30]在《傲慢与偏见》中，两位军官是当地图书馆的常客；[31]在《爱情与友谊》中，当爱德华·林赛因为拒绝按照父亲的意愿结婚而受到父亲的责骂时，父亲说："爱德华，以奇迹之名，你是从哪里学到这些毫无意义的胡言乱语的？我猜你是从小说里学的吧。"相比之下，查尔斯·默斯格罗夫"没有读过书"，拉什沃思先生"对书一无所知"。[32]

在《桑迪顿》中，爱德华·德纳姆爵士是个不讨人喜欢的人物，他"读了比他能承受的更多的感伤小说"。[33]他对许多小说持批评态度，并以此来赞美

---

① 流通图书馆（circulating library）是英国文化史上的独特现象，在18、19世纪对英国的文学创作、大众阅读和出版业都有深远影响。与公共图书馆不同，其由私人兴建，与现代租书铺类似。——编者注

自己：

公共流通图书馆里的那些垃圾，我根本就不屑一顾。它们要么就是
冒着傻气的说教，只会不厌其烦地搬出一些南辕北辙、自相矛盾的原则，
要么就是瞎编出一套套索然寡味、平淡无奇的故事，从中没法演绎出
任何有用的推断……我所欣赏的小说，是以宏伟壮丽的篇章表现人类
天性的，比如说通过描写浓烈情感中蕴含的庄严与崇高来展示人性，
再比如揭示强烈激情的发展变化过程，从第一丝敏感情绪的初露端倪，
到理智最充沛的活力痛失半壁江山；我们从中看到，女人的魅力迸发
出耀眼的星星之火，在男人的灵魂中燃成燎原之势，诱使他铤而走险、
勇往直前，甘愿付出一切代价去俘获她的芳心，哪怕要触犯传统道义的
清规戒律也在所不惜……它们描绘出一幅幅最绚烂辉煌的画卷，借以展
现高屋建瓴的思想、奔放洒脱的观点、无边无际的热情和坚韧不屈的决
心……我们中了他的迷魂汤……这些小说拓宽人类心灵的原始疆域。[34]

在《曼斯菲尔德庄园》中，埃德蒙·伯特伦向范妮·普莱斯推荐了一种更
优越的阅读方法——鼓励读者作出判断。这也为我们了解奥斯丁的观点提供
了机会。"他知道她很聪明，有敏捷的理解力和敏锐的洞察力，喜欢阅读，
而阅读本身就是一种教育……他向她推荐在闲暇时光中阅读的书籍，提升她
的品位，纠正她的判断。他与她谈论她所读的东西，使阅读变得有用，并通
过恰如其分的赞美增强阅读的吸引力。"[35] 范妮能够从图书馆挑选书籍。[36] 在
桑迪顿村，有一个图书馆，"可以看到两个穿着优雅白衣的女士携带着书和
露营凳"，阅读的魅力可见一斑。[37] 在《理智与情感》中，玛丽安·达什伍
德有"在每家每户都能找到通往书房的路"的本领，当她心情低落并回到家
时，她提议"把每一刻都分配给音乐和阅读……我对我们自己的图书馆太熟
悉了……但在公园那里有太多值得一读的作品……每天只需静静阅读六个小

时我就能在十二个月内受益匪浅"。[38]

为女性读者提供女性作品的图书馆形象日益深入人心，女性读者的形象在文学作品中也不断拓展。和达西一样，伊丽莎白·贝内特喜欢读书而不是打牌。[39]纸牌本质上是社交，而阅读是私密的空间活动。在描述真正有成就的女性时，达西在原本的清单上又加上了一条，即"她必须通过广泛阅读来提高思想境界"。[40]《桑迪顿》的夏洛特·海伍德也是如此，她喜欢看小说，但不会被小说误导。[41]

奥斯丁在《凯瑟琳，或树荫》[①]（*Catherine, or the Bower*, 1792）中，以富有议员的女儿卡米拉·斯坦利为例，批评了不读书的年轻女性。"她本应用于学习有用的知识和提高心智的年华都花在了学习绘画、意大利语和音乐上，尤其是后者……她自称爱书却不读书。"[42]

在与卡米拉讨论书籍时，吉蒂先谈论了一些轻松的、受欢迎的书，以夏洛特·史密斯的小说开始，而不是立即谈论更加严肃的政治和地理问题。奥斯丁将吉蒂塑造成一个精通现代历史的人物，他甚至能和爱德华·斯宾塞辩论理查德三世（正如奥斯丁可能与任何人一样），但她选择了先谈论一些轻松的书籍。此外，奥斯丁让吉蒂和卡米拉讨论了《埃瑟林德：或者湖畔的隐士》是否过长。[43]相比之下，卡米拉无法讨论政治，对地理一无所知，但她对自己的家庭和关系感到自豪，因此对吉蒂傲慢无情。[44]

女性阅读似乎困扰着一些男性评论家。女性阅读小说无疑为女作家提供了一种解决她们对文学权威焦虑的方式，以及确立她们面对这种权威的权利。[45]伯尼在《埃维利娜》（*Evelina*）序言中评论道："也许，如果有可能彻底消灭小说，我们的年轻女士，尤其是寄宿学校的女生，可能会因此获益；但是，既然小说传播的瘟疫似乎无法治愈，既然它们的传染蔑视一切劝告或谴责……那么一切努力……都应得到鼓励，以增加那些可以无害地阅读的书籍的数量。"

---

① 简·奥斯丁少年时期未完成的小说。——编者注

当从外部对一本书进行评判时，性别因素就会凸显出来。"每当有什么书被宣布来自流通图书馆时"，柯林斯先生就会"抗议道他从不看小说"。这一反应令吉蒂和莉迪亚·贝内特感到惊讶。[46] 不过，柯林斯的反应与他阅读的詹姆斯·福尔戴斯（James Fordyce）的《给年轻小姐们的布道词》（*Sermons to Young Women*，1766）一致，该书对小说进行了严厉的批评。

奥斯丁并不是家族中唯一的小说家，也不是唯一与神职人员关系密切的小说家。卡桑德拉·库克（Cassandra Cooke）是奥斯丁母亲的表妹、奥斯丁教父塞缪尔·库克牧师的妻子。她多次在萨里郡大布克汉姆接待奥斯丁，并写过一部名为《巴特里奇》（*Battleridge: an Historical Tale, Founded on Facts*，1799）的小说。事实上，订阅范妮·伯尼《卡米拉》（*Camilla*，1796）的读者共有 1058 位，其中有 48 位是牧师。[47]

柯林斯先生并不是唯一对小说持怀疑态度的人。富有想象力的文学作品被认为可能会加剧女性的想象力。小说和哲学著作常常被禁止给女性阅读，因为女性被认为特别容易受到新哲学思想的影响。在小说等虚构作品中，女性阅读激进文本的危险被反复描绘为出轨，从而导致疾病、崩溃和死亡。谢里丹（Sheridan）的戏剧《情敌》（*The Rivals*）嘲讽了这一传统，在这部剧中，丽迪雅害怕被发现阅读这类作品，敦促他人藏匿书籍，包括斯摩莱特的小说。

奥斯丁对小说进行了截然不同的批判，认为它们不真实，容易误导读者。这一点在描写浪漫情节时表现得淋漓尽致。奥斯丁的批判引起了其他作家的共鸣，例如玛丽亚·埃奇沃思（Maria Edgeworth）在她的小说《贝琳达》（*Belinda*，1801）中展示了小说的道德和社会功能，也暗示了大多数小说的误导性。事实上，《贝琳达》既讽刺了哥特式小说，也嘲笑了与之相对应的浪漫主义小说。[48]

尽管女性阅读受到各种限制，但是这些限制反而激发起女性的阅读兴趣。她们为阅读带来的愉悦感坚定地发声，同时，女性阅读绝不仅限于小说阅读。爱德华·吉本指出，《罗马帝国衰亡史》（*Decline and Fall*，1776）第一卷就是由"身着华服的女性们"（指家庭条件较好的）阅读的。通过阅读，人们可以批判性地关注小说和历史中的权威问题，尽管这种关注可能会加剧阅读带来的焦虑。在奥斯丁的作品中，情感可以与对社会实践的批判态度相结合，比如当范妮·普莱斯拒绝亨利·克劳福德时，她相信自己所做的是正确的，并希望她叔叔的不满会消退，"当他更公正地考虑了这件事，并像一个好人必须感觉到的那样，那就是，没有感情的婚姻是多么可悲、多么不可原谅、多么无望、多么邪恶"。[49] 通过观察他人如何构建自我叙述，[50] 可以提出自己的看法，从而为人物、作者和读者塑造个性。与此同时，在奥斯丁的作品中，这种情况也变得更加复杂，因为作者、读者和小说中的其他人物都是从外部来看待自我的，这种方法提供了一种反讽立场的前景。奥斯丁成功地将人物的内在和外在表现结合起来。因此，我们从爱玛的视角理解事件，同时又对她的视角提出批评，这种方式既有启发性，又很巧妙[51]。

在评论其他小说的内容和风格时，奥斯丁的作者视角显得非常重要。例如，在《诺桑觉寺》的结尾，她对凯瑟琳·莫兰和亨利·蒂尔尼之间的浪漫爱情与感伤小说的陈词滥调进行了评论，并以此来处理读者的期望。她写道："我必须承认，亨利对凯瑟琳的爱是出于感激，或换言之，因为相信她喜欢自己，他才认真地对她加以考虑。我承认，在感伤主义小说中，这是一个新奇的情节，而且有损女主人公的尊严；但如果在现实生活中也是新奇之事的话，这种大胆的想象力无论如何都归功于我自己。"[52] 在小说的结尾，她提出了一个问题，询问读者："这本书的倾向是推崇父权专制，还是鼓励子女反抗呢？"[53]

《理智与情感》的结尾也是如此，书中对人物安排巧妙而非陈词滥调，削弱了矫揉造作的成分。玛丽安·达什伍德"并没有成为威洛比激情的牺牲品"，她"及时"与布兰登上校坠入爱河，尽管她"曾认为他年纪太大不适合结婚"。至于威洛比，他"永远不能得到安慰，但若说他逃避社会，浸于忧郁，或许心碎而死，倒也并非如此。因为他在生活中享受自由自在，常常快乐满足。他的妻子并非总是闷闷不乐，他们的家庭也并不总是令人不适"。[54] 比如，在奥斯丁对罗伯特·费拉斯和露西·费拉斯夫妇的描述中，"虽然范妮和露西之间常常存在嫉妒和恶意（当然，她们的丈夫也参与其中），以及罗伯特和露西之间又有家庭纷争，但他们与达什伍德一家的关系是最和谐的，无人能比"。[55]

在小说的结尾，奥斯丁提及理想与现实的差距。费拉斯家庭的恶劣关系，包括恶毒的母亲、自私的女儿和"以欺骗爱德华为荣"的儿子罗伯特，被"浓浓的亲情所取代……埃丽诺和玛丽安最重要的优点是，虽然她们是姐妹，几乎生活在彼此的视线范围之内，但她们之间没有分歧，她们的丈夫之间也没有抵牾"。[56] 这借鉴了奥斯丁自身的家庭经历。如前文所述，奥斯丁的自身经历也是她小说的主题之一。

笔记

1. S. Derry, "Jane Austen's Reference to Hannah More in *Catherine,*" *Notes and Queries* 235, no. 1 (March 1990) : 20.

2. J. Harris, *Jane Austen's Art of Memory* (Cambridge, 1990) .

3. P. Gael, "The Origins of the Book Review in England, 1663–1749," *Library*, 7th ser., 13 (2012) : 84.

4. M. McKeon, ed., *The Theory of the Novel: A Historical Approach* (Baltimore, MD, 2000) .

5. *Northanger* I, 5.

6. *PP* II, 12; III, 4, 5, 6, 8, 10.

7. E. Tavor, *Scepticism, Society and the Eighteenth–Century Novel* (New York, 1987) .

8. *Emma* III,13.

9. *Northanger* II,15.

10. *Northanger* II,16.

11. J. Todd, *Sensibility* : *An Introduction* (London, 1986) .

12. A. Pinch, *Strange Fits of Passion: Epistemologies of Emotion, Hume to Austen* (Stanford, CA, 1996) .

13. L. McMullen, *An Odd Attempt in a Woman: The Literary Life of Frances Brooke* (Vancouver, Canada, 1983) .

14. J. Richetti, *The English Novel in History*, 1700–1780 (London, 1998) .

15. W. L. Oakley, *A Culture of Mimicry: Laurence Sterne, His Readers and the Art of Bodysnatching* (London, 2010) .

16. *Northanger* II, 14.

17. F. V. Bogel, *Literature and Insubstantiality in Later Eighteenth–Century England* (Princeton, NJ, 1984) .

18. J. Boswell, *Life of Johnson* (Oxford, 1980) , 157.

19. F. Bickley, ed., *The Diaries of Sylvester Douglas, Lord Glenbervie* (London, 1928) , 2:76.

20. E. J. Clery, *The Feminisation Debate in Eighteenth–Century England: Literature, Commerce and Luxury* (Basingstoke, UK, 2004) .

21. *Persuasion* II, 11.

22. J. Spencer, *The Rise of the Woman Novelist: From Aphra Behn to Jane Austen* (Oxford, 1986) .

23. J. Simons, *Fanny Burney* (Totowa, NJ, 1987) .

24. James Boswell, *Dr. Johnson's Table–talk: Containing Aphorisms on Literature*, 2 vols. (London, 1807) , 2:199.

25. *Sense* II, 14.

26. *PP* III,13.

27. A. Vickery, *Behind Closed Doors: At Home in Georgian England* (New Haven, CT, 2009) .

28. *MP* III,9.

29. H. M. Hamlyn, "Eighteenth–Century Circulating Libraries in England," *Library*, 5th ser., 1 (1947) : 197–222; P. Kaufman, "The Community Library: A Chapter in

English Social History," *Transactions of the American Philosophical Society*, n.s., 57, No. 7 (October 1967) : 1–67; V. Berch, "Notes on Some Unrecorded Circulating Libraries of Eighteenth Century London," *Factotum* 6 (October 1979) : 15–19.

30. *Persuasion* I, 11; II, 180.

31. *PP* I,7.

32. *Juvenilia*, 108; *Persuasion* I, 6; MP II, 3.

33. *Sanditon* 8.

34. *Sanditon* 8.

35. *MP* I, 2.

36. *MP* I, 3.

37. *Sanditon* 4,6.

38. *Sense* III, 6, 10.

39. *PP* I, 8.

40. *PP* I, 8.

41. *Sanditon* 6.

42. *Juvenilia*, 248.

43. *Juvenilia*, 249, 286.

44. *Juvenilia*, 252, 278.

45. J. Pearson, *Women's Reading in Britain*, 1750–1835: *A Dangerous Recreation* (Cambridge, 1999) .

46. *PP* I, 14.

47. Spencer, The Rise of the Woman Novelist; C. Turner, *Living by the Pen: Women Writers in the 18th Century* (London, 1992) ; J. Batchelor, *Women's Work: Labour, Gender, Authorship*, 1750–1830 (Manchester, UK, 2010) .

48. D. Thame, "Madness and Therapy in Maria Edgeworth's Belinda: Deceived by

Appearances," *British Journal for Eighteenth–Century Studies* 26 (2003) : 271–88.

49. *MP* III,1.

50. J. Baker, M. Leclair, and A. Ingram, eds., *Writing and Constructing the Self in Great Britain in the Long Eighteenth Century* (Manchester, UK, 2018) .

51. M. Mudrick, *Jane Austen: Irony as Defense and Discovery* (Princeton, NJ, 1952) .

52. *Northanger* II,15.

53. *Northanger* II,16.

54. *Sense* III,14.

55. *Sense* III,14.

56. *Sense* III,14.

第二章
英国乡村——奥斯丁世界的中心

上期 R.P. 曾询问治疗这种有毒动物（蝰蛇）咬伤的最有效方法，几位尊敬的来信者给了我们答复。他们告诉我们，将橄榄油或普通色拉油加热后涂抹在伤口上可以显著缓解症状。此外，据说煎炸毒蛇的脂肪并提取出来也是一种有效的治疗方法。

——《索尔兹伯里和温彻斯特日报》1789 年 1 月 5 日

英格兰农村是奥斯丁文学世界的核心，这里既是她亲历的生活场所，也是她小说的背景。[1]人们数百年持之以恒的耕耘塑造了这片农业热土，也在这片土地上打下了深刻的烙印。奥斯丁小说描绘了英国乡村社会的土地，展现了她对英国社会结构、规范和习俗的理解。奥斯丁笔下塑造的人物也向往着乡村生活。现在的人们对她所描绘的乡村社会以及其价值观和生活节奏怀有某种怀旧情绪，奥斯丁的作品至今仍然吸引读者关注。这种怀旧情绪和对乡村生活的追求联结了历史与当下，将 19 世纪早期与近几十年的文学描写相连。

同今天的乡村社会对比，奥斯丁时代的英国乡村人口结构截然不同。奥斯丁亲身经历了那些艰苦岁月，深刻地体验到由严重的人口结构问题带来的生存挑战。人口问题仅仅间接地影响到奥斯丁的写作。尽管许多角色在故事中去世，但这些人的离世并没有成为作者和读者关注的焦点，而是游离于主干叙事线索之外。奥斯丁并未突出描写过人物临终时的场面，死亡只是起到推动情节发展的作用。

根据医学推断，奥斯丁可能死于阿狄森氏病或霍奇金淋巴瘤，在经历了一场非常痛苦的疾病之后去世。奥斯丁将这场疾病归咎于胆汁和风湿等问题，而这些疾病在今天基本已经可以治愈。受疾病影响，长篇小说《桑迪顿》只完成了十二章，这部小说的后续走向引人遐想。她的父母乔治·奥斯丁（1731—1805）和卡珊德拉·利（1739—1827）按当时的标准来看都很长寿，但她的祖父威廉·奥斯丁（1701—1737）、长兄詹姆斯（1765—1819）和表姐伊莱扎（1761—1813）却较为短命。因此，我们首先要探讨的就是这些难以预料又看似随意的生死事实。

按照当下的观点，18世纪时常被视为一个整体，即现代概念中的"漫长的18世纪"。这个名词常常用以指代自1689年至1815年的漫长岁月。然而，这个时期并不是静止不变的，奥斯丁所处的时代变幻莫测，与她同时代的人都能非常清楚地意识到社会的变革。托马斯·马尔萨斯（Thomas Malthus）是一位出身于神职家庭的牧师，他在1798年发表的《人口论》（*Essay on the Principle of Population*）一书中探讨了人口问题。这篇关于人口增长问题的文章从某种程度上解释了有五个孩子的贝内特家和有十四个孩子的海伍德家的生活水平差距的情况，后者的生活因为孩子太多而受到极大的影响。[2]

马尔萨斯的论点，在没有子嗣的诺里斯夫人①及她拥有9个孩子的贫穷的姐姐弗朗西丝身上得到了验证。诺里斯夫人更富有的妹妹玛丽亚孩子较少，则不是这种讨论的对象。

在1700年到1755年期间，英格兰的人口平均每年增长0.3%，而在1755年到1801年期间，增长率上升至0.8%。因此，英格兰人口从1751年的620万增加到1801年的889万。然后，在1811年增至1,016万人，在1821年增至1,200万人，增长速度非常快。这种人口增长在城市扩张中尤其明显，特别是英国最大的城市——伦敦。

英格兰农村存在着森严又多变的等级制度——与城市的发展类似，但也有所不同。在下一章中，我们将讨论英格兰农村的经济变革，这种变革不仅限

---

① 《曼斯菲尔德庄园》中的角色。——编者注

于农业革命。小说家们对经济变化给社会带来的印记尤其感兴趣。社会结构是社会关系动态变化下的产物，特别是个人地位的再确立、群体间和群体内部的持续互动，以及友谊、亲属关系和赞助等多重联系。在英国，没有僵化的种姓制度这样导致阶级固化的严格等级制度，活跃的土地市场和农业的改变深刻影响了社会的流动。

除了这些变化之外，历史对财富、地位和权力的分配起到重要作用，这些都是奥斯丁世界中的重要元素，尤其是在婚姻方面。在奥斯丁的一生中，个人改变社会地位的方式几乎没有发生变化。当然，相较于接下来的两个世纪，社会变革较为缓慢，但这不意味着社会没有发生变化。尽管无法精确测量，但整体来说，英格兰的社会流动性比欧洲大陆更高，社会群体之间的互动也更加频繁。

地位、权力毫无疑问与财富紧密相关，虽然它们并不完全相同，这三者之间的关系是作家们反复讨论的主题。奥斯丁的主要作品，特别是其战后晚期作品《桑迪顿》对这一议题尤为敏锐。在英国社会，这种地位、权力和财富的联系被普遍认为是恰当的。然而，与此同时，对于这种联系的条件，以及对"可接受的财富"的理解，特别是与其他形式相对的土地的定义，长期存在一定程度的紧张关系。在这种情况下，传统的社会"秩序"似乎变得不那么重要。与土地财富相比，许多人认为货币具有破坏性，因此，货币的正当性一直存在争议。在婚姻关系中，金钱也会产生破坏性的影响。

我们考察资本与收入之间的关系，会发现资本显然更能够影响收入。在没有资本的情况下，人们创造收入的能力是有限的。为了获得更大利润，人们更倾向于借贷，信贷在社会中的作用因此增加。尽管继承是获得资本的重要途径，但通过帝国扩张或工业化获得财富仍不失为一种可能性。在印度和西印度群岛攫取财富的人在英国社会中提升了社会地位，正如《曼斯菲尔德庄园》中的情况那样。在《桑迪顿》中，来自西印度群岛的女继承人兰贝小姐正是如此，她在格里菲斯夫人的照料下完成学业。"她大约17岁，混血儿，冷漠而娇嫩。"[3] "冷漠"这个词最好的解释是指较于西印度群岛而言英国寒冷的格调。

尽管《曼斯菲尔德庄园》中的伯特伦夫妇没有遭受道德批评，书中也没有明确指出他们的收入来自安提瓜的种植园（安提瓜是英国在西印度群岛的一个殖民地，主要种植蔗糖），但那些在国外赚钱的人确实会受到怀疑。塞缪尔·福特的戏剧《大贵族》（The Nabob）揭示了人们对于那些从帝国境内（殖民地）赚取新财富的人群的蔑视，如沃伦·黑斯廷斯（Warren Hastings）[①]的例子一样。黑斯廷斯是印度的帝国缔造者，由于腐败而被审判，成为当时政治界的一大奇观。范妮·伯尼参加了庭审，并对黑斯廷斯十分同情。有一个备受争议的说法，认为黑斯廷斯可能是奥斯丁的表姐伊莱扎的生父。正如奥斯丁所说，伊莱扎确实是女性被送往殖民地寻找丈夫的产物。

贸易能够带来自身发展，带来金钱，同时也是社会不安定因素的来源。奥斯丁有时对通过贸易赚钱的人持肯定态度，比如《爱玛》中的科尔家和《傲慢与偏见》中的加迪纳家。与之相反，《爱玛》中埃尔顿先生的妻子所代表的萨克林一家则因其对物质财富和地位的过度追求（至少在埃尔顿夫人身上表现出来）而受到无情的讽刺。与此同时，从更多层面考察，埃尔顿夫人的担忧部分源于她对自己社会和个人地位的不安全感，这种不安全感令她痛苦不堪。奥斯丁认为，通过贸易和其他手段获得金钱可能是可敬的，但只根据财富来评价一个人是非常不可取的。例如，《爱玛》中，约翰·达什伍德"对于布兰登上校充满好奇，似乎在说，他只想知道他是富有的，对他的品格和人品则漠不关心"。[4]

许多以前的伦敦商人已经搬离了首都，例如霍斯利的希斯科特家族（Heathcote family of Horsley）。新晋富豪在获取社会地位时非常谨慎，以期不会破坏社会等级观念。当然，个体之间天然存在着天赋和能力的差别，这

---

① 沃伦·黑斯廷斯（1732年12月17日—1818年8月12日），英国殖民官员，首任驻印度孟加拉总督。——编者注

也被认为是导致社会差异的原因。少有作家青睐平等主义（egalitarianism）的观点，精英阶层对社会的控制也是不争的事实。这些观点在社会中普遍存在，助长了以出身来划分等级的势利风气，奥斯丁的小说十分突出地运用了这一风气，人物也正是通过这种风气塑造了自己的个性，推动了情节的发展。

维护家庭地位和财富的愿望在一定程度上是 1753 年英国议会通过的《哈德威克婚姻法》（Hardwicke's Marriage Act）背后的动因，该法案通过禁止秘密婚姻增加了父母的权力，这对婚姻市场和相关的社会假设构成了重大挑战。为了规避该法案限制，大批情侣私奔到苏格兰秘密结婚。在《傲慢与偏见》中，莉迪亚·贝内特就曾经私奔到那里（尽管这是错误的）。罗伯特·纽金特在许多事情上都是机会主义者，包括他的婚姻。1774 年，他在下议院抨击该法案，认为这项法案"倾向于阻止那些心甘情愿结合的人，并妨碍年轻女孩将自己交给她们可能喜欢和热爱的年轻男子。贪婪的父母才能将青春与衰老、美貌与畸形、健康与疾病结合起来"。当然，父亲对孩子的婚姻，尤其是女儿的婚姻的权力，在奥斯丁的小说中反复出现。对儿子来说，这种情况要少得多，但这仍然成为影响婚姻选择的一个因素。

正如《哈德威克婚姻法》中所看到的那样，通过控制婚姻来保持家庭地位和财富的愿望，对限定继承制度（一种限制财产继承的制度）也至关重要。继承制度威胁着《傲慢与偏见》中贝内特家女性的未来。在这种制度下，个人遗产将由最近的男性亲属全部继承。在贝内特家族的例子中，柯林斯先生作为堂兄将继承这部分财富，这让贝内特先生感到非常遗憾，这也解释了贝内特太太为何如此急切地希望柯林斯先生娶伊丽莎白，这样就能保住家族财产，也因此当伊丽莎白拒绝后，她暴跳如雷。类似的情况发生在乔治·奥斯丁去世后。1805 年 1 月，乔治·奥斯丁去世，他的妻子和未婚的女儿们陷入了困境，就像《沃森一家》中的牧师一样。

随着社会流动性变强和商业化的不断发展，人们对社会分化，或者至少是对等级和地位差异的认识在这一时期可能变得更加尖锐，即使这绝非新出现的问题。遗传性和稳定性的相互交织，造就了这一社会现象。

《傲慢与偏见》中的贝内特家、《理智与情感》中的达什伍德家都希望将土地留在家族内部，最好传承给男性继承人。《劝导》中的沃尔特·艾略特爵士也是如此，"他已经尽可能地屈尊抵押，但他绝不会屈尊出售。不，他决不会如此玷污自己的名声"。[5]在《劝导》出版时，英国战后经济问题严峻，人们对紧张局势感到焦虑。沃尔特爵士在书中被描绘为一个非常糟糕的人，他对战争的态度显然是不可接受的，他认为海军英雄弗雷德里克·温特沃斯对他的女儿安妮而言是"极有损尊严的伴侣"，这位英雄没有"财富"也没有"关系"来保证他的进一步发展。

沃尔特爵士对爵位的迷恋和居高临下的态度影响了其他亲戚。错误具有侵蚀性，也会通过居高临下的方式浸染他人。就像凯瑟琳夫人与宾利姐妹卡罗琳和路易莎那样。爵士的已婚女儿玛丽因为继承了爵位，希望比婆婆享有更高的地位。然而，与许多作家一样，奥斯丁并不是在批评整个体系，她对个人的批评旨在呼唤良好品德。

奥斯丁的母亲为其家族的贵族关系感到自豪，她属于利（Leigh）家族，其中能扯上关系的最杰出的人物是第一代钱多斯公爵詹姆斯（奥斯丁的曾祖父娶了他的一个姐妹），但这种关系被第二代钱多斯公爵亨利的财政问题蒙上了阴影。第二代公爵的问题导致了其家族位于米德尔塞克斯郡的领地坎农斯的住宅于 1747 年被拆除并出售。这是现实生活中发生的事件，而非小说中的情节。奥斯丁的哥哥爱德华则有着更吸引人的经历，他被富有而无嗣的远房表亲托马斯·奈特（Thomas Knight）收养。爱德华于 1791 年结婚，1812年改名换姓，继承了奈特家族的财产，但他并没有与奥斯丁家族断绝关系，依然保持紧密联系。

奥斯丁对贵族阶级非常了解，在她的作品中，她常常为一些角色使用现实生活中的贵族名字。[6]在菲茨威廉上校和伊丽莎白·贝内特的一次对话中，她巧妙地捕捉到了社会精英阶层对等级的期望。菲茨威廉将自己与堂兄达西进行了对比，"他（达西）很富有，而很多人都很贫穷，这是我的真实想法。你知道，一个小儿子必须习惯于自我克制和依赖他人"。伊丽莎白反驳道："在我看来，伯爵的小儿子（菲茨威廉上校）对这两样都知之甚少。说真的，你知道什么是自我克制和依赖吗？你什么时候因为缺钱而不能去你想去的地方，或者不能得到你想要的东西？"菲茨威廉上校回应道："小儿子不能随心所欲地结婚。"[7]对他来说，无法和伊丽莎白结合是他的损失。奥斯丁从更普遍的角度呈现了这个问题，这不仅仅关乎女性，也对男性有着重要影响。她揭示了社会中围绕财富、地位和结婚的期望和压力，以及这对个人选择和幸福生活的影响。

人们认为，社会地位可以分成不同的细致等级，但这种观念可能并不总是合适的。正如，在讨论拉塞尔夫人对沃尔特·艾略特爵士的态度时，可以看出她急于挽回他的感情，以维护家族的声誉。在她的贵族观念中，她认为他们应该得到一定的待遇。她对血统存在偏见，且过分看重地位和名声，这使她对拥有这些东西的人的缺点视而不见。这个例子表明，奥斯丁揭示了贵族社会中的种种偏见和追名逐利的现象，提醒读者审视这样的价值观。奥斯丁通过塑造角色和设计情节深入剖析了人们对地位和名声的执着。[8]

在强调血统的同时，许多人开始认为地位与品行相关联。奥斯丁则不同，她在费拉斯夫人的例子中把"傲慢和恶劣的本性"联系在一起。[9]这并不意味着中产阶级对贵族文化的反叛，而是双方共同经历了情感转向。在18世纪下半叶，每当颓废贵族的形象在舞台上出现，就会有几个皇室或贵族英雄的形象相伴随行。我们不能单纯将商业化的休闲观念视为中产阶级文化的胜利，相反，中产阶级一方面支持新派的艺术形式，另一方面赞助传统艺术，并效仿贵族的生活方式。他们并非有意发展或要求独特的风格。在奥斯丁的价值观念中，乔治三世符合其所推崇的道德准则和价值取向。

从另一个角度来看，工商业经济部门的扩张和赢利导致了中产阶级的增长。然而，基于乡村社会和继承地位的社会分化使中产阶级的地位越来越难以确定。此外，活跃的土地市场也使富人更容易获得社会地位。到 1790 年，约五分之一的下议院议员并非来自地主精英阶层。不管沃尔特爵士如何看待这种情况，实际上这种社会流动加强了而不是削弱了社会等级制度。[10] 同时，这种社会流动性也导致一些人开始强调社会分化，这正是托利党（英国两大传统政治党派之一）所做出的反应。

社会分化反映在一系列的活动和领域中，如运动和服装，更普遍的是在谈话和社交中，例如，如何拜访和接待客人。狩猎是社交活动的一个重要方面，但由于法律的限制，只有富人才能参与狩猎活动，这进一步加强了社会差异。猎场看守人和狩猎者共同实践这项法律，立法和辩护都有助于明确农村社区等级和权力的本质。狩猎受到法律限制，养马（特别是狩猎所需的马匹）的价格非常昂贵。宾利先生回到内瑟菲尔德庄园进行狩猎是非常昂贵的娱乐，这是身份地位的象征。在本书下一章中，我们将进一步讨论这一点。

教堂的座位安排、对死者及其尸体的处理方式和医疗保健的选择也反映了社会地位的差异。只有富人才能负担得起教堂的长椅、室内墓地和时髦的医生。犯罪和惩罚、信用和债务的处理方式也能够反映社会差异。贵族债务人逃脱债务监禁是经常发生的事情，展现了信用（credit）在社会中的作用。

权力和财富越发集中。社会和政治制度中的等级属性，以农业为基础的经济模式、社会和经济事务的普遍缓慢的变化速度、由社会精英组成的政府以及当时的非平等主义假设，所有这些因素加在一起，使得权力和财富不断集中。由社会精英组成的政府不愿从根本上挑战其他社会群体的利益，他们也不愿在孤立无援的境地下治理社会。旧秩序往往被认为是"傲慢无礼、令人不快"[11]的，凯瑟琳·德·包尔夫人就是一个典型例子。精英阶层将其他人工具化假设，这种傲慢特别针对那些挑战了这一传统的人。奥斯丁笔下凯瑟琳夫人对伊丽莎白·贝内特一直持有苛刻和居高临下的态度，很好地佐证了这一点。

在整个欧洲，享有权力和财富的人往往出身贵族。在英国尤其如此，贵族主导着政府、政治和军事领域，所有成年的非天主教的英国贵族男性都有资格成为上议院的成员，并且只有贵族才能担任上议院议员职务①。这些男性上议员是各个家族的首领，也是各自世系的现任领导者。贵族作为群体不仅极有影响力，而且其中的个人也拥有较大影响力。1782 年至 1820 年间的 65 位大臣中，有 57 位是贵族或贵族后代。大部分新贵族与原有贵族血脉相连，[12]1780 年，共有 189 名男性贵族，但到 1790 年，男性贵族人数增加到了 220 人。这说明贵族阶层在当时的英国社会中占据了重要地位，并对政治和社会事务产生了深远影响。

拥有大量土地本身并不是贵族等级的标志或原因，因而，英国贵族的数量远远小于欧洲大陆。然而，拥有这些土地的（非贵族）乡绅享有相当高的社会地位。

相对于欧洲其他地区，英国的土地市场非常活跃，获得土地相对容易。然而，土地的转让主要通过婚姻和继承进行，而不是购买。此外，家族内部传承有助于维持土地所有权，使庄园的模式得以保持不变。[13] 社会名流，尤其是那些被称为"单身富翁"的人，在婚姻市场上成为主要的追求对象。[14] 他们通过婚姻来维持和增加财富。凯瑟琳·德·包尔夫人以傲慢的口吻告诉伊丽莎白·贝内特："我的女儿和我的外甥（达西）是天生的一对。他们的母亲来自同一个贵族家族，父亲则来自受人尊敬、光荣、古老但没有爵位的家族。他们两人的财富都非常辉煌。他们注定要在一起，没有什么能够将他们分开，只是有一个没有家族、没有关系、没有财富的年轻女子自以为是能够阻挡他们的命运。"

伊丽莎白首先反驳道，她是"一位绅士的女儿"。凯瑟琳夫人驳斥了这一点，问道："但你的母亲是谁？你的叔叔婶婶是谁？"在被告知自己无足轻重后，伊丽莎白做出了更为尖锐和激进的回应："不管我的亲戚是什么人，只要您的外甥（达西）不反对，就与您无关。"[15]

---

① 有资格进入上议院的五级贵族，为公、侯、伯、子、男。从男爵、骑士则没有资格。——编者注

这个回答是一个坚定的声明，支持个人主义、年轻和个人吸引力，而不是种姓和年龄，强调了女性关系（包括代际关系）的动态发展对于社会的重要意义。在奥斯丁的作品中，这些动态关系与男女关系同等重要。

在伊丽莎白做出有力回应的同时，她的母亲贝内特夫人却努力地坚守着社会阶层的分别。例如，她决心将女儿们的成就与仆人们的职业区分开来，她说："我养的仆人总是能独立完成自己的工作，但我的女儿们则不同。"[16] 此外，她用些许严厉的口吻保证"她的仆人很擅长烹饪，而她的女儿们则无须在厨房里做任何事情"。[17]

在奥斯丁的小说中，社会的上位者往往以居高临下的姿态对待他人，这与等级制度密不可分。女性也处在这一社会机制中，例如约翰·达什伍德是势利小人，他提及自己妻子范妮时说："詹宁斯太太也是一个非常有教养的女人，虽然没有她女儿那么优雅。她的妹妹去看望她也不用有什么顾忌，说实话，这也是人之常情；因为我们只知道詹宁斯太太是一个靠低级手段积累财富的人的遗孀；范妮和费拉斯夫人都很有预感，她和她的女儿们都不是范妮愿意深交的类型。"[18]

贝内特太太抱怨道，"大多数贵妇人"都是居高临下的。凯瑟琳·德·包尔夫人正是这样的例子。[19] 宾利小姐在提到韦翰时也表现出她的势利，她补充道："说真的，考虑到他的出身，我们不可能期望他做得更好。"[20] 爱玛对牧师埃尔顿先生的苛刻评价也大致如此："他一定知道伍德豪斯家族已经在哈特菲尔德定居了好几代人，是一个古老家族的支系，而埃尔顿家族什么都不是……长期以来，伍德豪斯家族在邻里间一直享有很高的声誉，而埃尔顿先生是两年前进入这个社区的。除了做生意以外，他没有任何人脉，也没有任何引人注目的地方。恐怕唯一值得注意的就是他的经济条件和礼节教养了吧。"[21] 奥斯丁进一步暴露了爱玛缺乏教养的一面。"她常常认为他的举止过分殷勤，最近尤其如此；但这是他的方式，只是判断、知识和品位上的错误，证明他并非一直生活在上流社会，尽管他的谈吐彬彬有礼，但有时却缺少真正的优雅。"[22]

伊丽莎白·贝内特提出了不同观点，也可能是一种批评："还有什么赞美比聪明仆人的赞美更珍贵呢？作为兄长、地主、主人，她考虑到有多少人的幸福在他的庇护之下！有多少快乐或痛苦在由他而生！有多少善或恶必须由他来做！"[23]奥斯丁并没有在作品中提供仆人的视角，也没有塑造像帕梅拉那样的人物形象。在奥斯丁的作品中，从属者的视角以不同的方式得到了呈现，例如简·费尔法克斯，她远不是被动回应她的地位。

在自己的女儿嫁给一个子爵后，蒂尔尼将军从未像他第一次称呼自己的女儿埃丽诺为"夫人"①时那样喜爱自己的女儿。这突显了社会关系的复杂性，婚姻重新建立家族纽带引发了这样的问题。在 18 世纪，英国社会是一个既"好胜"又热衷于限制后果的社会，这导致势利观念成为常态。虽然埃丽诺确实成为子爵夫人，但在家庭中如此称呼未免太过奇怪，当然，除非家庭成员之间缺乏感情或在相处中有所保留，否则在家庭中肯定不会使用这种称呼。

尽管贵族和乡绅之间存在社会地位的差异，但是他们之间并不存在严重的对立关系。这是英国土地社会的重要特征，也是社会稳定的关键。奥斯丁认识到尽管乡绅和贵族间存在着一定的摩擦和冲突，但他们属于一类社会群体，通常一起接受教育，并通过婚姻和社交建立联系。这正是奥斯丁所描绘的世界的一部分。在贵族家庭，只有长子能够继承贵族爵位，其他孩子们便成为乡绅，这一事实对于维持这种情况起到了一定的帮助作用。其他社会身份要素掩盖了阶级身份意识，乡绅群体并不是一个明确的社会阶层。

中产阶级虽然不属于这个群体，但为了实现自己的目标，他们通常会与地主精英合作。这种广泛的联盟对民族优越感很重要，在英国社会被视为具有更广泛的意义。面对法国大革命的挑战，1792 年，英国驻萨伏伊 - 皮埃蒙特特使约翰·特雷弗 (John Trevor) 从都灵准确地报道说："不幸的是，在这个国

---

① 此处"夫人"原文为"Your Ladyship"，是尊敬的称呼，一般不在家庭内使用。——译者注

家（萨伏伊 - 皮埃蒙特），整个社会分为两个阶级，宫廷和贵族，以及资产阶级，他们之间的界限是如此粗鲁和明显，以至于双方长期以来一直互相嫉妒，很容易变成敌对关系；那里不像我们这个幸福的国家那样，有一种中间阶层，可以把整个国家融合成一个和谐的整体。" [24]

　　精英统治并非没有遇到挑战。尤其在主要城镇，多种因素交织挑战着精英的地位。强力的大众化的独立传统、部分有财产的中间阶层的积极行动、社会边界的疏松以及随之而来的权力结构的不断更新，加之精英内部的分歧存在和复杂性，都会对精英统治产生影响。尽管如此，在 18 世纪 90 年代的革命危机中[①]，精英阶层并不觉得有必要在政治上联合起来抵御来自底层的挑战。精英阶层内部的诸多分歧也使得他们不太愿意形成统一阵线。同时，家长制（paternalism）和附庸制（subordination）也在维持精英的统治地位和联盟关系中发挥了重要作用。在某种程度上，联盟关系是精英统治的基础。

　　精英阶层对地方政府的掌控力反映了他们在地方社会中的地位。治安法官（JPs）[②]，正如《爱玛》中的奈特利先生，以及奥斯丁的哥哥爱德华。治安法官通常是男性，并由贵族和圣公会神职人员主导。奥斯丁对家庭和地方法官的了解确保了她能够写出与此相关的作品。在《爱玛》中的科尔斯家的聚会上，弗兰克·丘吉尔提到："他的父亲、奈特利先生、考克斯先生和科尔先生一直忙于教区事务。"随后，奈特利先生被告知有一群吉普赛人出现，根据报告，他们的活动将导致逮捕和监禁。接着，奈特利先生在"韦斯顿先生关于教区事务的几行话"的最后听到了简·费尔法克斯和弗兰克·丘吉尔订婚的消息。[25] 其他地方官员，特别是贫穷的法律监护人和教堂看守人，

---

① 1789—1794年，法国大革命爆发，法国的君主制被推翻，这使英国工人阶级平民产生了革命的想法。同时期与法国的战争和粮食供应的问题使得皮特领导的英国政府不得不应对可能爆发的革命。——译者注

② 治安法官（Justices of the Peace），指由政府委任民间人士担任维持社区安宁、防止非法刑罚及处理一些较简单的法律程序的职衔。——译者注

则寄希望于治安法官。

乡绅在当地分配土地税方面也起着关键作用。英国所有土地的所有者（包括贵族）都需要缴纳土地税，而欧洲大陆上的贵族则享有相当大的免税权。一般来说，奥斯丁非常注意提供资本资产的详细情况，特别是收入情况。因为财富状况显示了个人行善的能力，这些信息有助于阐明奥斯丁的道德观点，也能够揭示其性格的其他方面。[26]

那些被称为中产阶级的人，现在（过去也是）很难被定义，但他们通常都有着倾向职业化、专业化和能力的价值观，这些价值观有助于定义他们的社会功能和存在。同时，这些群体关注社会等级制度和身份背景，渴望获得贵族地位，比较势利。富裕的宾利姐妹"习惯于奢侈消费，并与身份显赫的人交往。因此，无论从哪个方面看，她们都自认为非常高贵，对其他人持鄙视态度。在她们的心中，她们来自英格兰北部一个受人尊敬的家庭，这一点比她们的兄弟和她们自己的财富都是通过贸易积累的事实更加深刻"。[27]她们的社会出身并不高贵，无法与达西和菲茨威廉这样让人联想到高贵血统的名字相提并论。他们出身于贵族阶级，两人都是军校学生。菲茨威廉是伯爵幼子，而他更加富有的表哥达西，却不像他那样是长子继承制的受害者。姐妹俩希望她们的兄弟能买下一处庄园，而不仅仅是成为一个足够富有但只租赁庄园的租户。[28]在与达西的对话中，宾利小姐尤其苛刻，批评了以威廉·卢卡斯爵士的聚会所代表的当地社会："这些人既无趣又喧闹，既无所作为却又自命不凡！"[29]相比之下，韦斯顿先生可能乐了"娶一个像泰勒小姐那样无聊的女人"[30]，但其他人对这些问题更加敏感。

就像《傲慢与偏见》中的威廉·卢卡斯爵士一样，经济扩张和增长推动了中间阶层的发展，帮助一些人提升了社会地位。然而，在个人层面上，身份地位并不稳固，因此威廉爵士执着于在宫廷中受到接见（当时的宫廷应该是乔治三世的宫廷）。那个时代没有像今天这样的保险和养老金等保障措施，人们试图通过自行联合起来获得一定程度的安全保障，但这只能提供有限的保护。

有人认为，在文学中出现了一种新的道德风气，与所谓的贵族自我放纵的习惯形成鲜明对比。然而，我们不要夸大这些思想的重要性，因为这些思想既不是全新的，也不具备重要的政治意义，并且大部分拥有土地的精英都接受了这些思想。

婚姻不仅是获得地位的重要手段，也是继承财产的重要途径。事实上，婚姻在各个阶层的土地社会中都发挥着作用，并延伸到王室层面，这导致了1772年《王室婚姻法》的颁布。在乔治三世统治时期，1788—1789年的摄政危机以及1811年威尔士亲王乔治成为摄政王的事件中[1]，继承人品德问题被凸显出来。这一因素在两次危机中表现出截然不同的态势，但对奥斯丁一生中的政治观念具有重大影响，同时也引起了人们对继承权、继承权的不可预测性以及继承人的适当性等问题的关注。这些都是在奥斯丁小说中常常出现的话题。

长子继承制——由长子继承财富，这是土地社会的一种重要传统——在旧秩序中创造了一个重要的区别，即长子与其他孩子的差别。偏袒长子的继承次序，使得长子在财产方面远超其他家庭成员。在婚姻选择方面，长子继承人与"备胎"的待遇截然不同。因此，查尔斯·默斯格罗夫和他的妻子对于查尔斯·海特在婚姻上是否适合存在差异，这种分歧反映了可能存在的多种因素。他的妻子坚定地认为："（他）不过是个乡村牧师，和默斯格罗夫小姐并不般配。"

查尔斯·默斯格罗夫并不同意这个说法。除了心向自己的表兄，也因为查尔斯·海特是家庭中的长子："他是长子，只要我舅舅去世，他就会得到一笔丰厚的遗产。"[31]

---

[1] 1788—1789年，乔治三世因卟啉症而精神失常，由此英国议会展开了围绕摄政危机主题的为期数月的议会辩论。1811年，他的健康状况不断恶化，由长子威尔士亲王摄政。其生活放纵奢靡，与父亲乔治三世关系日渐疏离，最终势如水火。1820年，威尔士亲王即位为乔治四世。——编者注

约翰·达什伍德以他独特的扭曲方式问道："还有什么比看到弟弟占有原本应属于自己的财产更让人痛苦的事情吗？"[32] 这句话提到的那位长子爱德华·费拉斯绝对不是一个浪子，也没有不当的举止。

奥斯丁在《曼斯菲尔德庄园》中讨论了伯特伦家的情况，对继承人的境况做了一些严肃的描述。继承人汤姆挥霍无度，导致本应留给弟弟埃德蒙的两处宅邸中的一处必须卖掉，以供哥哥终生享用："弟弟必须为哥哥的享乐买单。"奥斯丁描写了汤姆以"开朗的自私回应，他的债务还没超过他的一些朋友"。[33] 这绝不是对社会精英群体的正面描写。事实上，托马斯爵士去安提瓜处理家族种植园的问题时，总是带着汤姆，"希望能让他摆脱家里的一些坏亲戚"[34]——这可以被视为对精英阶层的批判。

紧迫的形势要求长子之外的儿子们不得不想别的方式获取地位和财富。这些儿子们采取了不一样的途径，包括从军（如《傲慢与偏见》中具有同情心和观察力的菲茨威廉上校）、加入教会（英格兰国教）或从事贸易等。他们的婚姻选择也受到他们作为精英阶层成员的社会地位的影响。

贵族之子与商人之女的联姻是一种常见的获取财富的方式，对于长子之外的儿子们来说尤其如此。当然，长子也可以选择这样做，如果他们能提供爵位给女方家族，提升她们的社会地位，这将带来更大的回报。玛丽·克劳福德认为，虽然"埃德蒙勋爵"或"埃德蒙爵士"的称呼听起来令人欣喜，但在冷酷的现实中，埃德蒙先生只是"先生"，跟"约翰先生"或"托马斯先生"没什么区别。[①] 随后她补充道，"一个可怜的贵族是不受欢迎的"。[35]

贵族之女嫁给商人之子的情况则相对较少，土地贵族能够提供的嫁妆一般比商人更少。然而，这些推测并不一定完全正确，威廉·艾略特没有按伊丽莎白·艾略特的设想与她结婚。相反，他"通过与一个出身低微的富家女——一个富有的牧民的女儿——结合来换取自己的独立"，这被视为对艾略特血

---

① 埃德蒙是托马斯爵士的二儿子，无法继承爵位，爵位由长子汤姆继承。埃德蒙只能被称为先生（Mr.），不能被称为勋爵或爵士（Sir）。——编者注

统的蔑视。[36] 数年以后，他的妻子去世了，安妮·艾略特若是能嫁给他，凯林奇的家宅和"艾略特夫人"的头衔就又回到了艾略特家族。[①] 然而，这样的可能性只存在于拉塞尔夫人的想象之中。

与欧洲大陆相比，英国婚姻习俗的排他性虽然较弱，但仍然存在，势利风气加剧了这一特点，并被不断表现出来。作家们在小说中表达了对这种制度的焦虑，读者们也能够体会到这种担忧。在夏洛特·史密斯的第一部小说《艾梅琳，城堡里的孤儿》（*Emmeline, The Orphan of the Castle*，1788）中，蒙特维尔勋爵的长女秘密嫁给了臭名昭著的克罗夫特家族的小儿子。克罗夫特家族是律师家族，地位低下，贪图她的财富。

尽管人们瞧不起商人，这种势利态度对现实生活中的人物如塞缪尔·惠特布莱德和《理智与情感》中的詹宁斯太太等人都产生了影响，[②] 但土地贵族之子仍被允许娶商人之女为妻。[37] 在伊丽莎·帕森（Eliza Parson）的小说《克莱顿勋爵和梅雷迪恩小姐的历史》（1790）中，吝啬的布罗姆利伯爵决定让自己的儿子娶富有的贾维斯先生的女儿。贾维斯先生在东印度群岛发家致富。在英国，东印度群岛指代印度，而非印度尼西亚。

奥斯丁在那些本质上保守的小说中，更多地展现了贵族之子与"社会地位较低"的人结婚的情节，而不是富商之子和贵族之女的联姻。这是一种最能被社会规范所接受的联盟。奥斯丁通过《傲慢与偏见》中的达西和伊丽莎白·贝内特的故事，表达了与社会地位较低的人结婚的局限性。这对有情人最终获得了幸福，他们为克服社会地位差异和僵化思想的束缚作出了努力。在奥斯

---

① 伊丽莎白·艾略特和安妮·艾略特是沃尔特爵士的大女儿和二女儿。沃尔特爵士无子，其爵位和家产只能由侄子威廉·艾略特继承。——编者注

② 塞缪尔·惠特布莱德（Samuel Whitbread）是一位英国酿酒商和国会议员。詹宁斯太太，是《理智与情感》中一位貌似庸俗实则热情正直的夫人。虽然前者是现实中的人物，后者是小说角色，但都因商人身份受到了歧视。——编者注

丁的小说《英格兰历史》①（*History of England*，1791）中，她将夏洛特·史密斯的《艾梅琳》中的主人公弗雷德里克·德拉米尔（Frederic Delamere）列为她的三个"最佳男人"之一。主人公弗雷德里克·德拉米尔是蒙特勒维尔勋爵的继承人，他向一个社会地位远低于自己的女主人公（可能是他的私生堂妹）求婚。他为了追求她经历了许多困难，并最终死于一场决斗。

奥斯丁在作品中暗示了托利党人对商业的不信任。在《爱玛》中，爱玛对奥古斯塔·霍金斯（即埃尔顿先生的夫人）的祖先持轻蔑态度："她没有名字，没有血统，没有联盟……她只是布里斯托尔商人的小女儿，当然，他必须被称为商人。"38 最后一点暗示了对任何商业背景的不信任。爱玛虽然是一个势利小人，但小说的后续情节表明她不喜欢奥古斯塔是正确的。

1805 年，激进派作家威廉·戈德温（William Godwin）从与托利党不同的角度宣称，金钱已经占据了统治地位："我看到英国的公众性格……已经消失。我发现我们已经变成了一个商业和算术的国家……承包商、董事和新贵们，这些依靠剥削同胞的血汗为生的人，取代了曾经由温特沃斯家族、塞尔登家族和派姆斯家族所占据的位置。"39 托马斯·卡莱尔（Thomas Carlyle，1795—1881）从更加保守的角度提出了类似的观点。他在《宪章运动》（*Chartism*，1839）中强调了"现金支付……作为人类普遍和唯一的纽带"的重要性，将其视为人与人之间的普遍联系。40

社会精英们的豪华宅邸和庭院是社会秩序体现最明显的地方。许多这样的地方保存至今，并成为奥斯丁小说改编的影视作品的背景，悄然影响着人们对小说和奥斯丁世界的理解。德文郡的萨尔特拉姆被用于《理智与情感》的拍摄，而柴郡的莱姆公园则在 1995 年 BBC 版的《傲慢与偏见》中作为彭伯里庄园出现。其他外景地包括查茨沃斯（2005 年电影中的彭伯里庄园）、拉

---

① 《英格兰历史》（*History of England*，1791）是奥斯丁15岁时创作的作品，戏仿那个时代的正规教材，尤其是《英格兰：从起源到乔治二世之死》（*History of England from the Earliest Times to the Death of George II*，1771）这部史书。——译者注

科克修道院、贝尔顿庄园（1995 年版本中的罗辛斯庄园）、雷尼肖庄园、斯图赫德、伯格利庄园（2005 年电影中的罗辛斯庄园）、格罗姆布里奇庄园（2005 年电影中的贝内特家）和巴斯顿公园。巴斯顿公园在 2005 年电影和 2016 年电影《傲慢与偏见与僵尸》中都被用作内瑟菲尔德庄园的外景地。此外，英帝国通过财富、职位、社会地位等让贵族在内的精英阶层得以复兴，使他们能够生活在田园诗般的乡村。贵族之间的社交形式也被引入殖民地的治理中。[41]

贵族们出行都有穿着独特制服的仆人陪伴，就像达西和他妹妹去朗博恩拜访伊丽莎白·贝内特时那样。[42] 穿着制服的仆人簇拥着特别的马车，这对那些喜欢关注大人物的一举一动的人很有帮助，柯林斯先生就是这样。

土地所有者创造并倾心维护的生活环境，塑造了他们同时代人的想象世界。小说、戏剧和绘画通常使用这些豪宅大院作为背景，通过运用其豪华的庭院和高昂的价值设置情节。这些宅院不仅吸引游客，同时代表着更多的含义，尤其是与所有权的延续性相关的含义。这种连续性代表着社会的稳定和地位，是一种有别于新贵们的商业化和粗鄙的"新钱"（new money）的荣耀。

豪华宅邸不仅是社会景观的一部分，也见证了英国社会的许多改变。在它们的注视下，财富、信心、农作物需求的增长带来了更高的收入，农业进步和采矿权提升了利润（见第三章），政权和社会也变得更加稳定。自 1793 年起，在人口持续增长的背景下，英国与法国旷日持久（从法国大革命时期直到拿破仑时期）的战争对粮食进口产生了不利影响，致使农业租金收入提高，也促进了农业用地的圈占和豪华宅邸的兴建。因此，英国历史上唯一的伯爵主教（earl-bishop）弗雷德里克（Frederick，第四代布里斯托尔伯爵，同时也是爱尔兰德里主教）[43] 于 1795 年开始在艾克沃斯（Ickworth）① 建造其著名的

---

① 艾克沃斯庄园，是第四代布里斯托尔伯爵弗雷德里克·赫维在萨福克乡村修建的豪宅。这座别墅有一个著名的椭圆形大厅。这位伯爵主教尽管为公民进步和神职人员的物质条件改善做出了巨大努力，但其一生不断进行的扩建为他带来了奢侈的名声。著名的穆森登神庙也是由他兴建的。——编者注

椭圆形大厅。建筑豪宅所费颇巨，可能会让土地所有者倾家荡产，债台高筑。除了租金收入增长，在18世纪90年代末高昂的食品价格也加剧了人们的痛苦和不满，而1815年颁布的《谷物法》更使物价居高不下，使土地精英受益①。

这些豪华宅邸的新颖程度常常超出我们的想象。在《傲慢与偏见》中，凯瑟琳夫人的住所罗辛斯庄园是一栋"洗练的现代建筑，坐落在高地上"44。在2005年同名改编电影中，16世纪营造的伯格利庄园成为罗辛斯庄园的取景地。尽管许多内部装饰和庭院都在18世纪进行了改建，伯格利庄园仍然不算合适的背景。曼斯菲尔德庄园是一座"宽敞的现代建筑"，"现代、通风、地理位置优越"，与索瑟顿庄园形成鲜明对比，后者"建于伊丽莎白时代，是一大型的、常规的砖砌建筑——厚重而美观，有许多精美的房间。然而，它的位置并不理想，位于公园最低点之一，因此不便于改建。尽管如此，庄园的树林很好，还有一条小溪，可以好好利用。拉什沃思先生的主张是正确的，他希望给庭院穿上现代的外衣"。45参观索瑟顿庄园的人会发现这里的陈设"很有五十年前的味道"46，在大多数人看来，这并非赞美之词。然而，奥斯丁本人却很认可这些原汁原味的老地方。

尽管这些宅邸强调了等级、传统和地位，但它们也反映了人们对最新事物的关注。事实上，这种关注可以被视为对其地位的一种肯定。当旧的豪华宅邸被取代或重建时，它们在某种程度上表达了对过去的否定。因此，尽管土地资产象征着连续性，然而豪华宅邸的存在，就像庄园中为了提高农业效率而新建的围墙一样，反映了变化的需求。不论是新建还是重建，庄园的整体风格都需要和谐统一，这通常需要大规模的建设，而不是不协调的临时扩建。

与此同时，规模较小的房子经常模仿大房子的主题和风格。奥斯丁认为，较小的家庭会向大家族学习。这些小房子通常是新建的，例如《爱玛》中苏克林先生在布里斯托尔附近的枫树林的住所。在桑迪顿，帕克先生离开了他

---

① 谷物法（Corn Laws）规定国产谷物平均价达到或超过某种限度时方可进口。该法损害了工业资产阶级利益，维护了土地贵族的利益。1846年，该法被废除。——编者注

"祖先的老房子"，来到了"一个美丽的地方"——新特拉法加庄园（Trafalgar House）。"你知道的，我们的先辈总是把房子建在一个洞里……我们就在这里［老房子］，被封闭在这个狭小的角落里，没有空气，也看不到风景，距离南前沿（South Foreland）和陆地尽头之间最辽阔的海洋只有一英里又四分之三的距离，却没有丝毫的优势。"让帕克太太感到遗憾的是，她失去了那个"非常舒适的房子"，还有那绿树成荫的花园，它不像新房子那样暴露在风中。而她那愚蠢的丈夫却对暴风雨的壮观景色表示欢迎。特拉法加庄园"位于地势最高的地方，是一座轻盈优雅的建筑"。[47]

豪华宅邸重新定义了对品位和风格的理解，人们在建筑风格上关注与时俱进的重要性。在这一时期，古典主题在现代建筑和景观设计中得到了诠释，并相应地融入其中。在许多风格中，匀称（proportion）是关键元素。它捕捉到了自然和文化的内在和谐，平衡既是手段，也是政治上的象征。帕拉第奥主义（Palladianism）[①]对称的建筑语言，适用于各种规模的建筑，外部对称有助于内部布局和房间的对称，标准的帕拉第奥式建筑包括带有大门廊的中央建筑以及两侧的柱廊和门廊。帕拉第奥风格是通过模仿和出版物传播的，比如威廉·佩恩（William Pain）的《英国的帕拉第奥：建筑师通用助手》（*The British Palladio: or Builder's General Assistant*，1785）。达西的彭伯里庄园被描述为"一座高大、漂亮的石头建筑"。[48]

人们对哥特式风格的兴趣逐渐增加，在 18 世纪后期，哥特式风格作为受意大利古典主义影响的一种风格，变得更加时尚和受追捧。然而，人们很少新建哥特式建筑，大部分哥特式建筑主要用于重建。霍勒斯·沃波尔（Horace Walpole）在特威肯汉（Twickenham）的草莓山（Strawberry Hill）别墅是在一座 17 世纪的房屋基础上重建的哥特式建筑。舍伯恩城堡（Sherborne

---

① 帕拉第奥主义（Palladianism），源于意大利文艺复兴时期著名建筑师安德烈亚·帕拉第奥的设计理念和作品，18世纪在英国被广泛运用。帕拉蒂奥格外重视布局的对称与和谐，大量使用古典柱式、圆拱等古希腊和古罗马建筑元素。——编者注

Castle）的扩建部分建于 1787 年，中间加入了三个尖尖的哥特式拱门，使其看起来更具历史意义。1789 年，乔治三世甚至亲自访问了这座城堡。哥特式风格还被用于书柜等室内细节的装饰设计。直到世纪末，詹姆斯·怀亚特（James Wyatt）等建筑师的作品出现后，哥特式风格才被视为与古典主义风格相提并论的风格。1794 年至 1796 年，他在鲍德汉姆（Powderham）增建了一个大型的哥特式尖顶音乐厅。[49] 除了哥特式之外，1786 年至 1787 年间落成的蒙塔丘特庄园（Montacute）西侧正面也采用了伊丽莎白时期的复兴风格。和舍伯恩城堡一样，这座建筑离奥斯丁父亲的教区住所也相对较近。

《理智与情感》中傲慢的罗伯特·费勒斯向埃丽诺·达什伍德讲述了他对别墅的憧憬："那天，我的朋友考特兰勋爵特意跑来征求我的意见，他把博诺米给他画的三份图样摆在我面前，要我确定哪一份最好。我一把将那些设计图全都抛进了火里，然后说：'我亲爱的考特兰，一个也不要用，无论如何要建座乡间别墅。'"[50]

约瑟夫·博诺米（Joseph Bonomi，1739—1808）是著名的新古典主义建筑师，1767 年移居伦敦，从 1784 年起，他就成了一位成功的乡村住宅设计师，曾改建哈奇兰兹公园（Hatchlands Park）。

新古典主义（neoclassical style）风格尤其适合于小型、紧凑的房屋，在 18 世纪下半叶，这种风格越来越受到人们的青睐。在这一时期，也许是因为大地主家庭的生活已经得到保障并稳定下来，人们很少建造大房子。世纪前期对巴洛克式或帕拉第奥式大宅的热忱不复存在，人们倾向于选择不那么宏伟的房子，这些房子的内部装修精致，而且很舒适。

这些新古典主义风格的房屋强调了罗伯特·亚当式的装饰风格，注重私密的优雅而非公开展示。相比之下，城镇建筑更明显地展示了公共功能，如伦敦万神殿（Pantheon）。1807 年，奥斯丁拜访了居住在南安普顿附近切斯塞尔宅邸的兰斯一家："他们的房子就像那些几乎随处可见于伊钦河（River Itchen）对岸树林中的房子一样，是一栋高大、漂亮的建筑物。"[51] 矗立在高处对房屋具有重要意义，不仅视野良好，而且使房屋成为旅行者和游客游览中的一道风景。加上优美的环境为房屋增添的氛围，使其成为一个引人注目的建筑物。这两个特征都可以通过举例证明。

并非所有新建的乡村别墅规模都很小，乔治·斯图亚特（George Steuart）于 1782 年设计的阿廷汉姆公园（Attingham Park）拥有巨大的入口，门廊上有特别高的爱奥尼克^①圆柱，这是对希尔家族财富的致敬，也与希尔家族贵族的地位和社会抱负相匹配。[52]

新建宅邸必须进行装饰和布置。追求时尚的玛丽·克劳福德肤浅地认为，曼斯菲尔德庄园必须"焕然一新"[53]。装饰风格发生了转变，从巴洛克式的装饰转向一种微妙的新古典主义，带有一种引人注目的优雅。家具设计师托马斯·奇彭代尔（Thomas Chippendale，1718—1779）设计了一种不那么华丽的家具色调，而乔治·赫普尔怀特（George Hepplewhite，约 1727—1786）和托马斯·谢拉顿（Thomas Sheraton，1751—1806）则发展了一种更轻盈、更少装饰和更简单的风格。出生于斯托克顿的谢拉顿于 1790 年左右在伦敦定居，并开始出版了一系列家具设计手册。这些设计书籍的影响使得家具趋向标准化，并使伦敦的时尚潮流在全国范围内推广开来。因此，《诺桑觉寺》中的家具"展现出现代品位的丰富与优雅"，"在壁炉台上，原以为会有宽大的壁面和复杂的雕刻，但实际上却是兰福德（一种新设计），台面采用朴素而美观的大理石，上面摆放着最优质的英国瓷器装饰品"。[54]

新建宅邸需要大量的图书，图书馆成为新建宅邸的重要特征。上流社会成员订阅大量书籍已成风气，乡间豪华宅邸图书馆的发展使庄园成为乡间古典文化的宝库。然而，在《劝导》中，势利的沃尔特·艾略特爵士"从未拿起过任何书，除了《世袭准男爵录》"[55]，这本书记录了准男爵们的名字及其家谱。对他来说，图书馆是男人的领域，就像《傲慢与偏见》中贝内特先生的房间一样，

① 爱奥尼克柱式源于古希腊，是希腊古典建筑的三种柱式之一（另外两种是多立克柱式和科林斯柱式），纤细秀美，柱头有一对向下的涡卷装饰。爱奥尼克柱由于其优雅高贵的气质，广泛出现在古希腊的大量建筑中，如雅典卫城的胜利女神庙和俄瑞克忒翁神庙。——译者注

女性必须受邀才能进入。沃尔特·艾略特对自己的血统感到自豪不仅体现在阅读方面，还体现在书柜和书板上的纹章，以及陶器和餐具上的纹章设计。

宅邸公共区域中的宽敞空间也需要摆放大量肖像画。在桑迪顿宅邸的起居室里，壁炉架上摆放着"一幅威严绅士的全身画像，立刻引起了人们的注意，这是哈里·德纳姆爵士的画像"[56]。索瑟顿庄园"有许许多多的画像，其中有几幅画还不错，但大部分是家族画像，除了拉什沃思太太外，谁也不知道画的是谁了"[57]。

许多贵族和精英人士热衷于收藏描绘贵族娱乐（以养马和狩猎为主）的绘画作品，乔治·斯塔布斯（George Stubbs，1724—1806）的作品就是一个例子。他和其他艺术家为赞助者描绘的迷人形象，有助于显示其社会地位。狩猎场景在绘画中被用作肖像画的一种形式（在这个时期，风格化的肖像画由此形成）。这些画作展示了主人与仆人们在户外活动中的场景，并与古典场景相呼应。此外，狗和马也常常出现在这些绘画作品中，关于狩猎的文献也很丰富。

在绘画作品中展示房屋和庭院是一种常见的表达方式。这些艺术品反映了人们对拥有财产所有权的自豪感。这些作品与肖像画一起为社交活动提供了一个优雅的背景，就像家具、瓷器和装饰品上的徽章和其他图案一样。

设计风格和收藏都体现了个人品位。除了展示收藏画作外，大理石雕像更能彰显身份地位，它们被购买是为了观赏，以显示主人的鉴赏力。第二代贝里克勋爵托马斯（Thomas，second Lord Berwick）重建了阿廷汉姆公园，用以陈列他在1792—1794年意大利之旅中收集的绘画和雕像作品。外部图书馆（Outer Library，也称为博物馆）巨大的壁柱彰显了古典主义的主题，收藏了一些令人印象深刻的雕塑作品。

创造高雅社交活动的空间非常重要，因为社交活动是品位和地位的象征。在彭伯里，"房间高大美观，家具陈设也与主人的身份颇为相称，既不俗气，又不华而不实，与罗辛斯的家具相比，可以说是豪华不足，风雅有余，伊丽莎白很钦佩主人的鉴赏力。餐厅……是一间宽敞、匀称的房间，布置得体……

起居室非常漂亮，布置得比下面的居室更加优雅、轻盈"[58]。桑迪顿宅邸被描述为"宽敞怡人……每样东西都散发着财富和秩序的气氛……德纳姆夫人以家财万贯为荣，她喜欢那种井然有序、讲究气派的生活方式。他们被引进一间普通的客厅，房间布局匀称，家具齐全；虽然那些家具本来就很好，保存得很好，但并不是全新的，也不花哨"[59]。

在规划室内空间时，用餐、跳舞、听音乐和打牌的场所必须被充分考虑。这一进程在 17 世纪已经加快了步伐。衣帽间是私人空间，前厅则用于餐前聚会等用途，走廊有分隔不同区域的功能，也是仆人们工作区域的一部分，后楼梯也起到了同样的作用。对于读者而言，对这些细节的了解有助于欣赏那个时代的小说。

根据不同空间功能的差异，装饰的侧重点也不同。在罗伯特·亚当（Robert Adam）颇具影响力的《建筑作品》（Works in Architecture，1778）中，他将餐厅描述为"我们将在其中度过大部分时光的谈话场所，因此餐厅最好布置得高雅华丽，但风格要与其他房间有所区别。餐厅不应挂上华丽的锦缎或挂毯，而是采用灰泥粉饰，并装饰以雕塑和绘画，这样可以避免残留食物的气味"。餐厅中悬挂的静物画提醒人们关注食物。在《劝导》中，伊丽莎白建议"不要重新装饰客厅"[60]。这里，奥斯丁是想表明装饰成本很高。

音乐是家庭中的另一项重要需求，许多豪华宅邸都设有音乐室。音乐创作，无论是公共的还是私人的，都是这些家庭的重要活动。同样，业余戏剧表演也相当受欢迎，比如《曼斯菲尔德庄园》中计划举办的戏剧活动，由于古板的托马斯·伯特伦爵士的回归而被迅速取消。奥斯丁一家对这两项活动都颇为喜爱。像许多女孩一样，奥斯丁也学会了弹钢琴。不论是在城市还是乡村，这些主要的社交活动都是体面生活的核心。

爱德华·纳雷斯（Edward Nares）是牛津大学默顿学院的一名研究员，他积极参与布莱尼姆（Blenheim，一个有着悠久历史的地方）的私人戏剧活动。因为第四代马尔伯勒公爵（Duke of Marlborough）乔治拒绝让他娶自己的第三个女儿夏洛特·斯宾塞夫人（Lady Charlotte Spencer），1797年，纳雷斯和夏洛特私奔了。随后，纳雷斯在1798年定居于肯特郡的比登登（Biddenden），开始过起乡村生活。这段时间被认为是纳雷斯生活中最戏剧化的时期之一。他在布莱尼姆剧院时代的朋友、后来的利物浦伯爵罗伯特·詹金森（Robert Jenkinson）成为首相，并在1813年任命纳雷斯为牛津大学近代史皇家教授（Regius Professor）。多年以来，纳雷斯并未在牛津大学讲课，他将在本书的第十章再次出现。

园林景观是庄园的重要部分，庭院成为豪华宅邸与外部世界（包括穷人）之间的重要分界线。关于园林景观设计的精神和实践存在广泛争议，一方面它代表了古典乡村和谐、隐居以及美丽的益格鲁理念（Anglicization）；另一方面，它也代表着人们的品位和理性驯服自然的观念。兰斯洛特·布朗（Lancelot "Capability" Brown，1716—1783）[①]打破了欧洲几何模型的僵化形式，他设计的场景看似质朴自然，实则都是经过精心设计的效果。布朗故意设计的不对称景观包括蜿蜒的湖泊、一望无际的草坪、连绵起伏的山丘、山顶上稀疏的树丛，以及分散的新植树群，这些景观很快成为全国性的时尚。他为德文郡的克利福德勋爵（Lord Clifford）设计的庄园被广为传颂。牧师约瑟夫·里夫（Joseph Reeve）在《乌格布鲁克之诗》（A Poem on Ugbrooke）中写道：

> 为山遮阴，为绿铺路，
> 打破野生多样性的景象，
> 用这片地方的天才雕塑，
> 每个朴素之处，每个自然之美。[②]

---

① 18世纪英国著名的园林设计师，被誉为"自然风景式造园之王"。时人称其为"万能"布朗（"Capability" Brown）。——编者注

② 原诗如下：To shade the hill, to scoop and swell the green, To break with wild diversities the scene, To model with the Genius of the place Each artless feature, each spontaneous grace.

1784年，来访的法国贵族弗朗索瓦·德·拉罗什富科（François de la Rochefoucauld）观察到：

　　绵延山坡的青葱草地之上，成片地矗立着成龄的树木，它们错落有致地分布在一起，使人们可以欣赏到风景如画的钟楼、迷人的村庄。在风景不佳的地方，人们种植树木，树林会掩盖一切让人不快的景物。人们可以建一座桥、一座塔或一座小庙；如果山丘的坡度不够平缓，人们可以随心所欲地安排一个路口；如果有必要，人们还可以移动整个山丘。最重要的是，人们可以把所有的溪流汇合成一条河，河道看起来是如此自然，以至于人们会相信它一直都在那里；人们还会建造岛屿。在一个精心打理的花园里，在一片广阔的视野中，甚至看不到一根丑陋的杂草。这就是英国人所说的"公园"。[61]

　　通过观察各个公园的细节，我们可以窥见前人的兴趣和品位。在伦敦附近的奥斯特里公园（Osterley Park），设计师在1760年至1790年期间对公园进行了重大改造。原先的池塘和小河被三个宽广的湖泊所取代，创造出房屋被环绕于河流之中的景象。传统的花园被广阔的草坪、牧场和成片的树木取而代之。设计者在公园中种了三千多棵树。公园的庭院内的建筑物也为漫步者增添了情趣，包括一个实际上是避暑别墅的"茶室"、一间松树屋、一个风车以及一些临时建筑（如花台和另一间夏房）。此外，湖上的游船和动物园中饲养的珍禽（包括来自东方的珍禽）更为公园增添了不少趣味。

　　1798年，著名旅行作家威廉·吉尔平（William Gilpin，见第十一章）在谈到"画中美景"时，提到了风景绘画的特点。奥斯丁在她的小说中也对此进行了微观观察。为了迎合当时的品位，彭伯里沙龙的窗户向地面敞开，让访客欣赏到屋后高高的山丘，以及分布在中间草坪上的美丽橡树和西班牙栗树，一切都让人心旷神怡。与之相反，在索瑟顿庄园，房屋的位置使得任何一个房间都无法享有良好的视野。[62] 而亨利·兑劳福德的住所埃弗林厄姆则地势平坦，自然条件优越。[63]

像小说中描写的一样，风景园林也经历了变革。普莱斯爵士（Sir Uvedale Price，1747—1829）批评了形式主义的观点。在《论风景画》（*An Essay on the Picturesque*，1794）中，他主张采用更野性、不规整、更自然的方式和"如画式"① 般的美感，并声称这种美感符合"风景画的所有原则"。理查德·佩恩·奈特（Richard Payne Knight）在其支持普莱斯观点的诗作《风景》（1794）中也表达了相同的观点。"如画"的概念强调不同风景的特色，这是英国浪漫主义的一种表现形式。在保留特色的同时改进、消除存在的缺陷和障碍，拓宽观者的视野。

他们的观点影响了汉弗莱·雷普顿②。他根据"如画"的观念，以更实用、更简朴的方式发展了布朗的思想，改造了约 220 座花园。奥斯丁在《曼斯菲尔德庄园》中提到了雷普顿：

> 拉什沃思先生曾去邻县拜访一位朋友，这位朋友最近请人改良了他的花园，拉什沃思先生回来时满脑子都是这个问题……
>
> "我一生中从未见过一个地方［康普顿］变化如此之大……现在这里道路是全国最好的道路之一。你看这房子，太令人惊讶了。我昨天回到索瑟顿的时候，它看起来就像一座监狱——一座凄凉的老监狱。"

史密斯（拉什沃思的朋友）聘请了雷普顿，后者每天收费五基尼（33 先令，约合五英镑多），拉什沃思也打算效仿。他们讨论是否砍伐索瑟顿的林荫道

---

① 在18世纪晚期的英国，"如画"是一个美学术语，普遍应用于自然景观、风景绘画与园艺设计中。——译者注

② 汉弗莱·雷普顿（Humphry Repton，1752—1818），被认为是继兰斯洛特·布朗之后英国最著名的风景造园家。——编者注

以开阔视野，这让范妮对埃德蒙·伯特伦说："把林荫道旁的树砍去！多可惜啊！这难道不会使你想起考珀的诗句吗？'你倒下的荫路大树啊，我又一次为你们无辜的命运悲伤。'①"树木成为历史和过去的生动证明。在晚餐谈话中，他们探讨聘请"改建师"（improver）的优点，或者"宁愿改建得不那么华丽，也要自己做主，一步一步地改进"[64]。"改进"（improve）这个词是英国农业史上的一个重要主题，它侧重于提高生产力和效率。在设计领域，这个词的含义稍有不同，它意味着尽可能地保留自然环境而不破坏它。

亨利·克劳福德提议对埃德蒙·伯特伦未来在桑顿莱西的房子进行一些改建，其中包括将房子的正面朝向从北改为东，修建一个新花园，并对溪流做一些处理。然而，埃德蒙却表示他"喜欢朴实无华。我不要花很多的钱，就能把房子庭院搞得舒舒适适的，一看就知道是个上等人住的地方，我觉得这就足够了"。[65]

现实中，雷普顿对阿廷厄姆公园的景观进行了改善，他修建了一个围堰，以维持特恩河（River Tern）上游的水位，从而形成了一个瀑布，增添美感。奥斯丁曾于1806年访问过一个有钱亲戚的宅院——斯通莱修道院，雷普顿也为这里进行了景观设计，这可能是《曼斯菲尔德庄园》中索瑟顿庄园的原型。奥斯丁在1806年参观过阿德斯特罗普（Adlestrop），那里的教区牧师是她母亲的表兄托马斯·利（Thomas Leigh），这里花园的改建也是雷普顿的作品。[66]在1914年的乡村铁路旅行中，爱德华·托马斯（Edward Thomas）所乘坐的火车停靠在阿德勒斯特罗普，根据当时的经历，他创作了《阿德勒斯特罗普》一诗，这首诗展示了英国文学语言的丰富性和英国文化的厚重。

和雷普顿一样，其他设计师也朝着相同的方向发展。在18世纪80年代中期，查尔斯·汉密尔顿（Charles Hamilton）设计了一个"如画"的景观，其中包括瀑布、石窟和一个隐士洞穴，为布朗的观点增添了一抹亮色。

豪华宅邸周围的公园彰显并增强了主人的地位。尽管公园景观具有一定的

---

① 此诗来源于*The Task*（1785）。——译者注

经济价值，但是挖掘人工山丘的盆地、建造山丘以及移动巨大的活树都需要大量的劳动力。园林改造需要投入大量资金。此外，由于没有可供砍伐的木材，公园也损失了一些收益。与此相反，位于萨里郡的奈特利先生所拥有的唐威尔修道院，更注重实用性而非现代性，展示了保守党的特质：

> 那座房子又大又气派，位置适宜，富有特色，地势较低，也挺隐蔽——花园很大，一直延伸到草场，草场上有一条小溪流过，由于以前不大讲究视野，从寺院几乎看不见那条小溪——那儿还有一排排、一行行茂密的树木，既没有因为赶时髦而破坏掉，也没有因为挥霍无度而糟蹋掉。爱玛看着这一切，想到自己跟目前和未来主人的亲戚关系，不禁感到由衷的骄傲和得意。与哈特菲尔德相比，这座房子来得大些，式样截然不同，地盘铺得很大，格局有些杂乱，好多房间都挺舒适，有一两间比较漂亮。房子恰到好处，而且朴实无华——爱玛对它越来越怀有敬意，觉得住在里面的人家是个从血统到意识都纯正无瑕的地道绅士世家。[67]
>
> 译林出版社 2016 年版　孙致礼译

园艺领域的时尚发展取得了新的突破，从北美进口的新品起到了重要的推动作用。这些进口产品大大丰富了树木、灌木和花卉的种类，包括 1788 年引入的紫薇、1780 年代的石竹以及 1798 年的大丽花等。这些外来植物体现了富裕阶层对品位的追求，并引发了人们的浓厚兴趣。同时，园林景观设计也促进了一种关注自然的新审美观的形成。

然而，改变自然环境反映了个人的审美判断力，赏景者能够展示他们自己和自然的价值。1807 年，奥斯丁在谈及城堡广场花园时提到："我们的花园正在整修中……他为我们采购了一些荷花……我们还讨论了马褂木、醋栗和醋栗灌木丛，并发现了一个非常适合种植覆盆子的地方。"[68] 在《苏珊夫人》中，"我们一起在灌木丛中散步了好几个小时"[69]，这是奥斯丁小说中经常出现的一种活动。在《曼斯菲尔德庄园》中，伯特伦夫人将运动、独处和户外活动结合起来。

奥斯丁与她的时代同频共振。厨房女仆玛丽·利帕尔（Mary Leapor）在诗歌中描述了英国乡间别墅克朗布尔庄园（Crumble Hall），并写道：她爬上屋顶，欣赏园林公园的"美丽景致"。1793 年，约翰·斯威特（John Swete）在访问托尔湾时声称，布朗等人使社会能够"无须借助几何艺术就能追踪自然的轨迹"，[70] 这是对以法国为基础的传统设计体系的嘲讽。相比之下，勃朗特（Brontë）姐妹则偏爱崎岖的约克郡荒原。

庭院不再是主要的狩猎场地，转而成为供人沉思和欣赏的景观场所。与花园一样，庭院不产生经济效益，因此也被视为奢华所在。在豪宅的庭院里，也装饰着石窟、假山、贝壳屋、圆柱和古典雕像。新时尚的景观设计不再像以前那样刻板和拘谨，这种变化使观者能够更个性化地欣赏被改造的自然环境。这种反应使人们对自然的感知更具个性化，也在很大程度上改变了自然环境，这正是浪漫主义的重要主题，也体现在伊丽莎白·贝内特在彭伯里的经历中。按照当时的风俗，她更多地被房子的外观而不是内部设施所吸引。奥古斯塔·埃尔顿将哈特菲尔德的庭院与她姐夫在布里斯托尔附近的枫园相提并论："跟枫园像极啦！不仅房子像——我敢说，照我的观察，那庭园也像极了。枫园的月桂也是这样繁茂，位置也一样——就在草坪对面。我还看见一棵大树，四周围着一条长凳，也勾起了我的联想！我姐姐、姐夫一定会被这地方迷住。自己有宽庭大院的人，总是喜欢类似的庭园。"爱玛则对此深表怀疑。[71]

豪华宅邸的展示包括接待看起来体面的访客。布伦海姆（Blenheim）、霍华德城堡（Castle Howard）、查茨沃斯（Chatsworth）、霍顿（Houghton）和斯托海德（Stourhead）等私人宅邸以及许多其他庄园都是如此。当时还没有类似"英国国家名胜古迹信托"（National Trust）的机构，但许多宅邸都是开放的。除了周日以外，霍克汉姆庄园（Holkham Hall）每天都对"优质游客"开放。1776年，2300多人参观了彭布罗克伯爵的威尔顿宅邸。从18世纪中期开始，最著名的宅邸都出版了旅游指南。凯德尔斯顿（Kedleston）一直向公众开放，也许是最受推崇的一座。1777年，塞缪尔·约翰逊在重游凯德尔斯顿时，一位女管家带他四处参观，随身带着一份打印好的照片清单。[72]

《傲慢与偏见》中的彭伯里庄园向游客展示了其魅力。在德纳姆夫人缺席时，帕克太太和夏洛特·海伍德参观了桑迪顿庄园。在《理智与情感》中，有人提议参观惠特维尔，"惠特维尔属于布兰登上校的一个妹夫，没有他的同意是无法参观的，因为当时在国外的业主对此有严格的规定"[73]，即使布兰登给管家留下字条也不足以作为放行的凭据。在《曼斯菲尔德庄园》中，拉什沃思夫人展示了索瑟顿庄园。她"煞费苦心地学习女管家所能传授的一切知识，现在几乎同样有资格展示这所房子"[74]。

无论是在服装、肖像、建筑，还是花园建设上，乡绅阶级为传播新风格提供了重要通道。

> 帕尔默家（Palmers）的克利夫兰宅邸是一座宽敞的现代建筑，坐落在一个倾斜的草坪上，内部没有庭院，但游乐场地相当广阔。宅邸内部有着开阔的灌木丛和近处的林间小径，一条平滑的砾石路蜿蜒穿过种植区通向前方，草坪上点缀着树木，房屋被冷杉、山灰树和刺槐所环绕，形成了一道厚实的屏障。夹杂其中的伦巴第杨树，将宅邸办公区隔离在外。远处是高地上的希腊式神庙。[75]

爱德华·费拉斯和埃丽诺·费拉斯改进了在德拉福德的牧师住宅，包括设计灌木丛和一条"绵延"（sweep）或弯曲的车道，[76]这对于乘坐马车来往的人来说是非常必要的。

即便没那么富裕的乡绅无法模仿精英阶层的大手笔，但他们在农村地区仍然有相当的地位，他们建造或改建的房屋也十分出色，宅邸的公园也有着围场。拉罗什富科认为："财力有限的绅士们在他们房子周围拥有所谓的草坪，这里有一小片铺砌小径、美丽的草坪和一小簇树木的土地，一切都非常整洁。这些花园小径都由他们自己设计，满足了他们对房子周围所有需求，在晚饭后可供他们散步半小时。"[77] 在《诺桑觉寺》中，亨利·蒂尔尼为了迎合凯瑟琳·莫兰的喜好，在改善伍德斯顿庄园的庭院时，根据他所能承受的规模："庄园的观赏部分，包括环绕草地两侧的散步道，亨利大约半年前就开始动手……比她以往去过的任何游乐场都更美丽，尽管里面没有一棵灌木比前者的绿椅高。"[78] 相比之下，那些没有进行改建的庄园可能会成为农舍，或至少被视为农舍，地位大幅降低。

除了向游客开放，土地精英们生活在大门、围墙和门房基础设施的保护之下。通过圈地运动对农村土地进行重组反映了精英们的权力，拆除村庄来建造庭院的行为也是如此。

1787 年至 1789 年，为了改善阿廷厄姆公园，特恩磨坊被拆除。此外，贝里克·纳维斯顿村（Berwick Naviston）在 1802 年被拆毁，阿廷厄姆镇的一部分在 1806 年被拆除。鲍伍德（Bowood）、凯德尔斯顿（Kedleston）、努尼汉姆·科特尼（Nuneham Courtenay）、舒格伯勒（Shugborough）、斯托（Stowe）和温波尔（Wimpole）等村庄也被一扫而空。奥利弗·戈德史密斯在《荒村》（*The Deserted Village*，1770）中抱怨暴君摧毁了"甜蜜的奥本"村庄：

富有而骄横的人
占用了许多穷人的空间；
他的湖泊、绵延的庭院
为他的马匹、船具和猎犬提供空间。

虽然对乡村的赞美常常建立在将其与城市的弊端相对比的传统之上，但人们也意识到了乡村的贫瘠和大自然的严酷。乔治·克莱布（George Crabbe）

在他的诗作《村庄》（*The Village*，1783）中表达了这一观点。这首诗以诗人在萨福克的贫困经历为基础，对田园诗和伤感诗进行了有力的反驳：

逝去的是那些在和谐的旋律中，

质朴的诗人赞美他的故乡平原，

……

屋里住着教区的穷人，

房子的泥墙和残破的门令人心惊。

克莱布描绘的乡村生活对那些描绘田园诗歌般乡村生活的画家提出了批评。奥斯丁喜欢戈德史密斯（Goldsmith）、克莱布和威廉·考珀（William Cowper）的作品。

现在，在林肯郡的贡比庄园（Gunby Hall Estate），我们可以看到乡村生活的独特之处。贡比庄园旁边是一座名为怀特盖茨小屋的红砖镶板建筑。这座小屋建于约 1770 年，供应住宿。在《茅屋内景》（*A Cottage Interior*，1793）中，画家威廉·雷德莫尔·比格（William Redmore Bigg）展现了用砖砌成的墙壁(而不是土墙)，并刻画了女主人苦闷和焦虑的表情，她的身形消瘦。玛丽亚·伯特伦认为索瑟顿庄园附近的平房是"不体面的"，但她并没有批评导致这种情况的制度。[79]乔治·莫兰德（George Morland，1763—1804）的画作以乡村风景（包括茅舍）为主题，但他的艺术才华并未使他免于债务的困境。[80]

相比这个阶层的人，奥斯丁更多关注约翰·威洛比所说的"相对贫穷"群体，他们往往由于缺乏鲜明个性和明确目标，"习惯于与收入较高的人交往"并迷失方向，这不是真正的贫困[81]。在奥斯丁的作品中，穷人的生活常常被作为背景。人们无法轻易跨越贫富之间的鸿沟（除非通过就业）。与早期和当代其他小说家一样，奥斯丁的大部分小说都关注社会阶层差异的微妙差别以及其带来的后果。她的信件也不例外。在 1814 年写给卡桑德拉的一封信中，奥斯丁评论了汉普郡的巡回法院审判可能会"加速"她哥哥爱德华与著名公众人物威廉·威克姆（William Wickham）家族之间的"亲密关系"。[82]

奥斯丁本人对贵族也有广泛而间接的了解，并通过社会关系进一步深化认识。[83]1813 年，她的远房表亲约翰·奥斯丁成为第三代斯坦霍普伯爵查尔斯①宅邸所在地切弗宁（Chevening）的教区牧师。斯坦霍普伯爵是一位社会名流、科学怪人，也是小威廉·皮特（William Pitt the Younger）②的妹夫。虽然斯坦霍普伯爵因其激进的言论而被称为"公民斯坦霍普"（Citizen Stanhope），但当他的女儿露西嫁给一位来自锡诺克斯的外科医生时，斯坦霍普伯爵还是很恼火。[84]同样是在肯特郡，奥斯丁最喜欢的侄女范妮于 1820 年嫁给了爱德华·纳奇布尔爵士，后者是一个显赫且历史悠久的世家大族成员。

在某种程度上，过去（和现在）的社会区别已被淡化，这是因为性别问题被推到了前台，并且现代社会阶层较为隐蔽。尽管如此，奥斯丁对社会阶层的认识仍然非常深刻。在 1814 年 8 月，她在给正在写小说的侄女安娜的信中提到，必须"删去"一场贵族与医生见面的情节，因为"乡村外科医生……不会被介绍给他们这样的社会阶层"。在社会地位上，医生远低于贵族。

奥斯丁在描写男性时，从女性的视角关注社会差异和个人关系。然而，男性对待女性的态度（或接近的方式）不断使情况复杂化，这帮助推进了叙事和情节发展。这些做法和回应可能是有意为之，以推动进一步发展社交关系，但还有许多其他因素在起作用，比如范妮·普莱斯拒绝亨利·克劳福德。婚姻，就像友谊一样，既可以肯定也可以消解社会阶级的差异。

奥斯丁在小说中展示的这些社会阶级差异，也塑造了不同人物的性格。拜访和待客是充满潜在危险的领域，因为它一方面提供了一种展示社会地位的

---

① 查尔斯·斯坦霍普，英国政治家、发明家和科学家。——编者注

② 小威廉·皮特，分别于1783—1801年、1804—1806年出任英国首相。——编者注

方式，另一方面也可能损害地位。这与个人利益、偏好等因素相互交织影响。所有这些问题都在《傲慢与偏见》第一章关于是否拜访宾利先生的讨论中得到了体现。对贝内特夫妇来说，这不仅是形式上的问题。正如贝内特夫人在催促丈夫去拜访时所说："考虑一下你的女儿们吧。想想其中一个能从中受益多大。威廉爵士和卢卡斯夫人已经决定去了，就是出于这个原因；你也知道，他们通常不拜访新人。"

在《爱玛》中，科尔一家显然代表了金钱的腐蚀性，这对传统乡村价值观造成了主要威胁。在这个故事中，金钱来自一个商业或金融公司或"机构"，例如银行：

> 科尔家已在海伯里居住多年，算是个很好的人家——与人为善，慷慨大方，谦和朴实。但是，从另一方面看，他们出身低微，靠做买卖营生，只是略有点气势不凡。他们初来这儿时，过日子量入为出，深居简出，很少与人来往，即使有点来往，也不怎么花钱。可是，近一两年来，他们的收入大大增加了——城里的房子收益增多了，命运之神在朝他们微笑。随着财富的增加，他们的眼界也高了，想住一座较大的房子，想多结交些朋友。他们扩建了房屋，增添了仆人，扩大了各项开支。时至如今，他们在财产和生活方式上仅次于哈特菲尔德那家人。[85]
>
> 译林出版社 2016 年版　孙致礼译

在奥斯丁的观点中，和爱玛相比，科尔一家在多大程度上代表了金钱的腐蚀性，这一点尚不清楚。可以看出，奈特利先生似乎与科尔先生相处融洽，科尔先生也参与了教区事务的讨论。除了爱玛本人，似乎没有人认为科尔不会向她发出邀请。在收到邀请后，爱玛接受了，并为他们对她的尊重感到高兴。科尔一家是新贵（New Money）将社会变革融入乡村社会而又不威胁其传统价值观的典范。

《爱玛》自始至终都在关注这种社会关系，比如丘吉尔夫妇反对妹妹嫁给地位不那么显赫的韦斯顿上尉。这种不满足也延伸到了妹妹身上："她既想成为韦斯顿上尉的妻子，又要当恩斯科姆的丘吉尔小姐（Miss Churchill of Enscombe）。"[86] 在《傲慢与偏见》中，内瑟菲尔德庄园舞会上，向社会地位高的人毛遂自荐，这种行为是不被接受的，这个问题在今天或许不再那么突出。柯林斯先生就犯了这个错误，而且他油腔滑调又不讨喜，当然不能被社会上层所接受。达西的回应只是"冷淡的礼貌"。另外，奥古斯塔·埃尔顿在称谓上过于随意，直接称呼道"奈特利"和"简·费尔法克斯"，"我猜想她也胆敢到处喊我是爱玛·伍德豪斯！"①[87]

奥斯丁与托比亚斯·斯摩莱特（Tobias Smollett）一样，认为乡绅身上体现了积极的社会价值观，并对社会流动和贵族特权感到不安。她通过讽刺性的描写，尤其是对傲慢和善于权谋的贵族女性的批评，展现了她的观点。[88] 相比之下，男性角色显得更加傲慢和易受摆布。在《桑迪顿》中，帕克先生的合作伙伴被描述为：

> 一个重视金钱的女性。德纳姆夫人从出生起就拥有大量财富，但没有受过教育。她的第一任丈夫是霍利斯先生，他在乡村拥有大量财产，包括桑迪顿教区的一大部分、庄园和宅邸。当德纳姆夫人嫁给霍利斯先生时，霍利斯已经年迈，而她自己只有约三十岁。由于他们年龄相差四十岁，我们很难理解她嫁给霍利斯先生的动机。然而，她对霍利斯的悉心照料帮助她获得了霍利斯的全部遗产。在成为寡妇数年后，她再次嫁人。已故的哈里·德纳姆爵士巧妙地将她和她的巨额财富转移到了自己的领地上，但却未能实现他一直渴望的永久富裕家族的目标，这也是他的失败。当哈里爵士去世后，她回到桑迪顿的宅邸，据说她

---

① 不加称谓直呼姓名是很失礼的行为。——编者注

曾向一位朋友夸口说，"尽管她除了得到头衔外一无所获，但她也没有付出任何代价"。[89]

有些人几乎出于本能地歧视不幸者。例如，诺里斯太太反对为她的侄女范妮·普莱斯提供一匹马，而范妮富裕的表姐伯特伦小姐们也不让她骑她们的马："伯特伦家的小姐们每天都骑马，她们宁愿牺牲礼貌，也不愿牺牲自己的快乐。"[90] 这是奥斯丁对真情实感和虚情假意之间区别的敏锐观察。

具有讽刺意味的是，乔治三世被许多人看作中产阶级。他"农夫乔治"（Farmer George）的生活方式，比许多辉格党贵族更为谨慎，社交活动也较少。与此同时，和奥斯丁一样，乔治在社会和道德方面都持保守立场，强调个人责任和功绩的重要性。他在关于军事晋升的信件中表达了这种态度。1795年，当一艘法国护卫舰被俘获后，乔治三世写信给第一海军大臣第二代斯宾塞伯爵乔治（Earl Spencer），对舰长和一级中尉的晋升表示赞赏："梅特兰中尉的表现非常出色，我相信他很快也会受到同样的青睐，我希望他的良好家世也会给他带来好处，因为如果绅士们值得鼓励，尽可能地给予鼓励肯定是明智之举。"[91] 弗雷德里克·梅特兰（Frederick Maitland）确实是一位勇敢的军官，在海军生涯中表现出色，官至海军少将。他的父亲弗雷德里克是乔治父亲的教子，是第六代劳德代尔伯爵查尔斯（Charles, sixth Earl of Lauderdale）的儿子，曾担任皇家游艇的指挥官。奥斯丁也持类似的态度：功绩和出身是理想的结合。

在《傲慢与偏见》中，达西在反思中意识到自己曾经被教导"只关心家庭圈子、看低其他人、极少期待他人保持理智和认为他人价值低劣"，但是伊丽莎白·贝内特使他认识到了自己的错误。[92] 达西在社交上的傲慢与柯林斯先生在得知莉迪亚私奔后的虚伪的道德优越感大同小异。然而，达西能够学会改变，而柯林斯则必须受到妻子的管制才行。通过达西的转变，小说揭示了在社会和道德方面傲慢的失败，在凯瑟琳·德·包尔夫人的例子中，她进一步加强了整个小说的连贯性。在奥斯丁的作品中，这种个人之间的关系非常普遍，既促进了情节的发展，也反映了小说中人物之间的相互依存关系。

在贝内特先生的鼓励下，柯林斯自己意识到，为了获得更高的地位，他需要向达西而不是凯瑟琳夫人求助。一方面这解释了金钱的优越性，另一方面传统的赞助问题才是重点。当然，贝内特先生对柯林斯先生的解读是正确的，正如他在整个故事中所做的那样。就这一点而言，相较于妻子，贝内特先生更好地管理着自己的家庭，因为他的妻子更希望柯林斯能与贝内特家的女儿结婚。

地位和荣誉是不可忽视的问题。实际上，如果奥斯丁的小说更多涉及"荣誉文化"中的决斗，伊丽莎白·贝内特所强调的靠不住的"表面的优点或见识"可能会更加明显，不会出现贝内特先生因为韦翰勾引莉迪亚而与他决斗这种荒唐的情节。[93] 尽管《理智与情感》中简要提到了布兰登上校和约翰·威洛比之间的决斗，但没有长篇大论地将其作为重要话题。[94] 奥斯丁对决斗的几乎可以说是"零处理"，这或许表明，在她看来，决斗是一种过时的习俗，是言情小说中无聊的情节。在她的小说世界中，决斗被视为荒谬可笑的行为，事实也证明如此。

决斗是等级制度、荣誉文化和男子气概共同作用下的产物，也是英帝国的重要文化。在这里，个人的地位必须得到肯定，而男子气概则与展示和侵略联系在一起。[95] 夏洛特·史密斯的小说《艾梅琳》中，德拉米尔死于决斗。决斗结果的随机性，以及其中涉及的勇敢、荣誉和男子气概等特殊概念，都凸显了男性文化的一些主要问题。理性几乎无法遏制这种随机性，也为取缔决斗造成更大的困难。1792 年 8 月的《卡尔顿宫杂志》报道了一起决斗事件，阿尔梅里亚·布兰多克夫人和埃尔芬斯通夫人在海德公园先用手枪后用剑决斗，原因是后者质疑前者的年龄。[96]

地位和荣誉既与人物的性格和语言有关，也与他们的行动息息相关。的确，在奥斯丁的作品中，主题的相互作用不仅在情节中体现，也通过塑造人物来展示。这种差异化深深地"蕴含在平实的语言之中"[97]。更广泛地说,小说的道德活力与人物及人物相互作用所引起的反应有关。如今,电影能够捕捉到这种互动的化学反应,并通过演员出色的演技配合奥斯丁笔下的对话创造出佳作。

注释

1. D. Le Faye, *Jane Austen's Country Life* (London, 2014) .

2. *Sanditon* 2.

3. *Sanditon* 11.

4. *Sense* II, 11.

5. *Persuasion* I, 1.

6. D. Greene, "Jane Austen and the Peerage," *PMLA* 68 (1953) : 1017–31.

7. *PP* II,10.

8. *Persuasion* I, 2.

9. *Sense* II, 12.

10. I. R. Christie, *Stress and Stability in Late Eighteenth Century Britain* (Oxford, 1984) .

11. *PP* III,14.

12. J. Cannon, *Aristocratic Century: The Peerage of Eighteenth–Century England* (Cambridge, 1984) .

13. W. T. Gibson, "'Withered Branches and Weighty Symbols': Surname Substitution in England, 1660–1880," *British Journal for Eighteenth–Century Studies* 15 (1992) : 17–33.

14. *PP* I, 1.

15. *PP* III,14.

16. *PP* I, 9.

17. *PP* I ,13.

18. *Sense* II, 11.

19. *PP* I, 14.

20. *PP* I, 18.

21. *Emma* I,16.

22. *Emma* I,16.

23. *PP* III,1.

24. Trevor to William, Lord Grenville, Foreign Secretary, October 8, 1792, NA. FO. 67/10.

25. *Emma* II, 8; III, 3, 13.

26. A. M. Duckworth, *The Improvement of the Estate: A Study of Jane Austen's Novels* (Baltimore, MD, 1994) .

27. *PP* I, 4.

28. *PP* I, 4.

29. *PP* I,6.

30. *Emma* I, 2.

31. *Persuasion* I, 9.

32. *Sense* III,1.

33. *MP* I, 3.

34. *MP* I, 3.

35. *MP* II; 4, III, 9.

36. *Persuasion* I, 1, II, 5.

37. D. Rapp, Samuel Whitbread (1764–1815) . *A Social and Political Study* (New York, 1987) ; Sense II, 11.

38. *Emma* II, 4.

39. *Collected Novels and Memoirs of William Godwin V* (London, 1805, 2nd ed. 1832) , 173. For a different view, J. A. Jones, "Tax and Taxability: 'Trade, Profession or Vocation' Seen Through the Eyes of Jane Austen," in P. Hart and D. de Cogan, eds. Studies in the History of Tax Law, vol. 9 (Oxford, 2019) , 123–58.

40. T. Carlyle, *Chartism* (London, 1839) , chapter 6.

41. A. L. Cohen, "The 'Aristocratic Imperialists' of Late Georgian and Regency Britain," *Eighteenth–Century Studies* 50 (2016) : 5–26.

42. *PP* III,2.

43. Earlier, there had been a baron–bishop, Crewe of Durham.

44. *PP* II, 5.

45. *MP* I,6.

46. *MP* I, 9.

47. *Sanditon* 4.

48. *PP* III,1.

49. P. Lindfield, *Georgian Gothic: Medievalist Architecture, Furniture and Interiors 1730–1840* (Woodbridge, UK, 2016) .

50. *Sense* II, 14.

51. *Letters*,117.

52. D. Stillman, *English Neoclassical Architecture* (London, 1989) .

53. *MP* I, 5.

54. *Northanger* II, 5.

55. *Persuasion* I, 1.

56. *Sanditon* 12.

57. *MP* I, 9.

58. *PP* III,1.

59. *Sanditon* 12.

60. *Persuasion* I, 1.

61. N. Scarfe, ed., *A Frenchman's Year in Suffolk* (Woodbridge, UK, 1988) , 34.

62. *PP* III, 3; MP I, 9.

63. *MP* I,6.

64. *MP* I,6.

65. *MP* II,7.

66. M. Batey, *Jane Austen and the English Landscape* (Barn Elms, UK, 1996) .

67. *Emma* III,6.

68. *Letters*,119.

69. *Lady Susan*, letter 16.

70. T. Gray, ed., *Travels in Georgian Devon: The Illustrated Journals of the Reverend John Swete,* 1789–1800 (Exeter, UK, 1997) , xv.

71. *Emma* II, 14.

72. J. Harris, "English Country House Guides, 1740–1840," in *Concerning Architecture: Essays on Architectural Writers and Writing Presented to Nikolaus Pevsner,* ed. J. Summerson (London, 1968) , 58–74.

73. *Sense* I,12–13.

74. *MP* I, 9.

75. *Sense* III,6.

76. *Sense* III,14.

77. Scarfe, *Frenchman's Year,*36.

78. *Northanger* II, 11.

79. *MP* I, 8.

80. D. Winter, *George Morland: 1763–1804* (Stanford, CA, 1977) .

81. *Sense* III,8.

82. *Letters,* 259.

83. R. Vick, "Jane Austen and Lord Howard," *Notes and Queries 239*, no. 3 (September 1994) : 324–25.

84. A. Newman, *The Stanhopes of Chevening* (London, 1969) , 188–89. There are very few such works by academics.

85. *Emma* II,7.

86. *Emma* I, 2.

87. *PP* I, 18; *Emma* II, 15.

88. I. C. Ross, "Tobias Smollett: Gentleman by Birth, Education, and Profession," *British Journal for Eighteenth–Century Studies 5* (1982) : 188.

89. *Sanditon* 3.

90. *MP* I, 4.

91. George III to Spencer, March 17, 1795, BL. Add. 75779.

92. *PP* III,16.

93. *PP* II, 1.

94. *PP* III,5.

95. S. Banks, *A Polite Exchange of Bullets: The Duel and the English Gentleman 1750–1850* (Woodbridge, UK, 2010) .

96. J. L. Wood, "The Petticoat Duellists," *Factotum 29* (August 1989) : 11–13.

97. J. F. Burrows, "'Nothing Out of the Ordinary Way': Differentiation of Character in the Twelve Most Common Words of *Northanger Abbey, Mansfield Park,* and *Emma,*" *British Journal for Eighteenth–Century Studies 6* (1983) : 17–41, esp. 40.

出于人道主义，该地区（皮尤西）的许多农民以 6 先令每蒲式耳 ① 的价格出售小麦给工人；他们天性善良，又有良好政策作为支持，现如今同意暂时提高那些家族庞大的工人薪资。愿各地都能效仿这些值得称颂的例子。[1]

——《索尔兹伯里和温彻斯特日报》1790 年 5 月 3 日

　　地主阶级在中央及地方都占主导地位，这一点在人民生活及景观塑造中体现得淋漓尽致。这里的"景观塑造"并非豪华宅邸景观或是奥斯丁文中呈现的那些地主阶级感兴趣的园林造景，而是议会颁布的针对敞田开放土地圈地法案。根据法案，地产通常用篱笆分割。议会由地主阶层主导，该项立法的通过，促进了农村景观的全面重组，加强了地主的控制力和他们的土地利润率。随着永久业权土地保有权 ② 变得更为重要，在土地上工作的人们，也就是绝大多数在土地上劳作的农村人口的土地归属感及身份认同感面临着挑战。这一挑战最大程度地体现在偶有发生的定居点迁移或者不太常见的个人房屋搬迁上。

　　圈地法案让英格兰许多地区本就被地主集中掌控的土地所有权及土地控制权，进一步集中到更少数群体手中。人口快速增长，带来需求的飙升，让土

---

① 在英国1蒲式耳相当于36.3688升。——译者注

② 永久业权土地保有权（Freehold Tenure），指永久地拥有土地的权利，而不是通过租约来持有土地。这种产权形式在英国历史上曾经是地主阶级的主要特权之一。——编者注

地更具生产力，投资效益也就随之增高。在此方面及其他方面，若是大部分土地精英阶层都愿意通过一致协商达成目标，愿意在互利互惠的基础之上管理各地区，他们才能获得利益。然而，共识和互惠仅在小部分人群中被接受和采纳。

大部分粮食是在英国或者至少在大不列颠群岛生产而非从远洋进口，在此背景下，人口的快速增长，带来粮食需求的增加，从而推动了圈地运动及更为广泛的耕地变革。因粮食需求增加而受益的主要是地主和佃户，而非没有土地的穷人。事实上，农业工资依然不高，一部分原因是不存在劳动力短缺的情形，另一部分原因是农业工人无法获得更好的条件。围绕地租和低报酬构建的私有制经济体系主导着农村人口，而且土地分配显著不平等的情况并未改变。作为女人，凯瑟琳·德·包尔夫人无法成为治安官，但是凭着柯林斯先生提供的信息，她能够控制佃户和当地居民："只要有佃户在吵架，或者心有不满，抑或是穷得活不下去，她就会亲自去村里调解，平息他们的怨气，再把他们骂得不得不和平共处，不再惹是生非。"[2] 最后这句话是典型的"奥斯丁式"嘲讽。在《亨利和伊丽莎》（*Henry and Eliza*）的开篇中，奥斯丁这样写道："乔治爵士和哈考特夫人正在视察干草工的工作，他们用赞许的微笑奖励辛勤劳作者，用粗棒惩罚偷闲躲静者。"[3] 在现实中，身体暴力、期望、威胁都是构成社会关系的基础。在奥斯丁少年时期的作品中，这一点在多个场景中都有所提及。

穷人不可能改变这一状况。反对圈地的暴乱成效甚微。18 世纪 80 年代，奥斯丁表姐伊莱扎·汉考克的法国丈夫曾试图在法国西南部的朗德圈地时遭到反对。之后在 1794 年 2 月，"恐怖时期"即法国大革命发展到高潮时期，他被送上了断头台。农业繁荣对于奥斯丁一家而言具有重要意义，因为法律规定用来支持教堂运转的十分之一的土地年收入，即什一税① 是牧师收入的主

---

① 什一税是欧洲中世纪时教会向全体基督徒征收的一种宗教捐税，以用于维持教堂设施，主教、教士的圣俸及救济穷人。——译者注

要来源。无论是家庭富裕的牧师还是如奥斯丁父亲一般家境贫寒的牧师，都是如此。对于后者来说，什一税甚至更为重要。因为无论是穷苦人家还是贵族阶级都背负着信贷与债务，而奥斯丁的父亲乔治·奥斯丁更是如此。他通过家族关系从妻兄詹姆斯·利·佩罗特（James Leigh Perrot）和姐姐费拉德尔菲亚等手中借了很多钱。和大多数人一样，他的收入来自多个渠道。乔治不得不依靠贩卖农场生产的产品（主要是谷物产品）来赚钱，这使得他与农业经济的联系更加紧密，也让他的孩子们对农业经济有了一定的了解与认识。

和其他靠土地生活的人们一样，奥斯丁的父母靠着自己的地与邻居的地养活自己，他们并不会去商店购买日常食物（除了糖、香料和巧克力等）。那时还没有实现农业专业化。交通网络的限制使得当时人们对综合农业生产的需求远比19世纪晚期甚至比现在更为强烈。事实上，土地使用分配的详细情况远比高地用于放牧、低地用于耕种这种推荐的分配情况更为复杂。与现在不同，当时人们为了维持生计，在高地种植了少量谷物，低地则养殖牲畜，以提供肉类、牛奶、粪肥、羊毛、皮革和动力。与现在农民截然不同的是，个体农户与村庄在一定程度上能够实现自给自足，这一方面反映出没有冷藏系统与汽车的时代，食物的保存与运输相对困难；另一方面也反映出当地交换系统的覆盖范围及强度。此外，还反映出在某种程度上，通过比较利润率，依赖自身及当地系统能够创造比现代农业专业化更高的经济价值。奥斯丁一家自己生产面包、牛奶、蔬菜和鸡蛋。事实上，和许多人一样，他们的家庭就像一家制作啤酒和面包的公司。对奥斯丁一家和其他人来说，丰收是一年中的重要活动。但是经营农场还带来了许多其他年度活动以及捡鸡蛋、挤牛奶等日常杂务。这些情境为小说创作和内容提供了参考。从奥斯丁笔下人物的生活中，可以看出这一经历给她带来的影响。伊丽莎白·贝内特误以为房子的混乱是因为"猪猡闯进了花园"[4]，吃了蔬菜，事实上却是由于凯瑟琳·德·包尔夫人的来访。夏洛特·柯林斯是一位爵士的女儿，她全身心照料"家禽"[5]，在小说中，她的脚踏实地的作风贯穿全文。家禽是肉蛋的重要来源，因此也是摄入蛋白质的重要来源。

当时大部分人口生活在农村或者农村周边。尽管工业的兴起和服务业的发展改变了人口分布和传统观念，但是农业依然是就业岗位和财富创造的主要源泉，是最重要的经济支柱，是税收的重要基石。税收，无论是政府的、教会（什一税）的，还是土地（租金）的，都为许多其他活动提供了资金支持。土地及农产品架构了社会体系结构，提供了大部分维系社会运作的财富。

通过利用投入、土地使用、农业组织等相互影响的变革，农业带来的就业机会得以增加。饲料作物"人造草"和红豆草、三叶草、油菜、芜菁等根茎作物的传播，助力消除休耕，提高农村经济能力以畜养更多动物，反过来又能生产更多粪肥，提高作物产量，进而提高生产力和利润率。另外，动物养育技术的进步，特别是牛、羊、猪等养殖技术的提高，带来了肉类产量的提升，正如画有养殖户及其养殖动物的画作中庆祝的那样。

尽管圈地代价高昂，但是有助于变革。事实上，大多数小农场缺乏资本和承担风险的意愿，而这些都是改良计划所必需的。集中、完整又封闭的资产早已非新生事物，特别是对于西部和东南部地区而言，但是从 18 世纪 60 年代开始，变得更加普遍了。1741 年左右，斯蒂文顿被圈了起来。[6] 圈地往往与命名变化有关，特别是与土地名称、当地地形特征和道路命名变化有关。命名反映出布局、土地使用、农业实践等方面的重大变化，而且往往是根本性的变化。形式和功能的线性美与圈地的实用美相呼应。圈地往往被视为农村劳动力无产阶级化的导火索。《劝导》中描写了一次"穿过大型圈地"[7]的步行，尽管不清楚那些圈地是否为近期颁布的《圈地法》的产物。还有一些国家层面的相关趋势也有助于变革，尤其是交通运输网络的优化与人口的增加，后者带来需求的增加，而这些需求又可以通过运输网络解决，这让市场经济得以持续增长，实现一体化。随着国家市场的发展，当地消费的重要性相对下降，区域之间的价格差异也渐渐变得不那么明显。

精英的权力与财富仍然在农业经济中发挥着重要作用。1806 年至 1807 年，为集资一万五千英镑用以将宅邸西南方向的湿地排水，第一代莫里伯爵约翰·帕克抵押了在普利茅斯附近的萨尔特伦（Saltram）庄园。1789 年，授予帕克伯爵爵位的乔治三世在访问普利茅斯期间，就住在萨尔特伦庄园。约书亚·雷诺兹[①]是约翰父亲的好友，曾为年轻时的约翰作画。1995 年，电影《理智与情感》有一部分就是在该庄园拍摄的。从中可以看出精英之间的紧密网络。精英权力体现在土地所有权的集中上、体现在选举政治中，还体现在地方显赫人士在土地税管理与运行中所起的关键作用。

然而，与此同时，应留心奥斯丁笔下英格兰与真实英格兰的细微差别。过去四分之一个世纪以来，与选举利益相关的研究都强调精英阶层的影响力是有条件的，而且常常（尽管并非总是）受到质疑。佃户和其他从属者不一定会认同地主的想法。精英在议员选区的影响力尽管很重要却是有条件的。协商是维持社会风俗和结构及解决纠纷的手段。与此相关的是，对于推动土地潜力开发而言，定期续签租约以保持农业人口稳定至关重要。

拥有最多圈地法案的郡依次为约克郡西区、林肯郡和诺福克郡。《曼斯菲尔德庄园》故事发生地北安普顿郡也是一个拥有众多圈地的郡，只不过没那么引人注目。1813 年 1 月，奥斯丁拜托卡桑德拉调查"北安普顿郡是否是一个遍布灌木篱笆的村庄"[8]。少量土地持有者和无地平民组成联盟，他们通过请愿，威胁，攻击大门、柱子、栏杆或实施其他犯罪等方式，抗议议会圈地。这不是一个充满尊重和秩序的农村社会，而是由精英霸权的社会，这种霸权在一些人眼中是自私自利的，是具有破坏性的。与此同时，社会精英也是就业岗位的创造者、项目资助者及慈善事业的支持者，是社会稳定的象征，是社会习俗和教堂的捍卫者。

---

① 约书亚·雷诺兹爵士（Sir Joshua Reynolds, 1723—1792），英国18世纪后期最负盛名的肖像画家和艺术评论家，英国皇家美术学院的创办人。——编者注

与未婚的西莉亚·费因斯^①[9]不同，由于旅游范围有限，奥斯丁对北安普顿郡不甚了解。不过，这种范围受限并非罕见。乔治三世也从未到访过北安普顿郡。事实上，尽管他到访过朴茨茅斯、埃克塞特、普利茅斯和牛津，却从未去过伍斯特以北地区。18世纪，没有哪位君主到访过苏格兰、威尔士、爱尔兰或者英格兰北部，奥斯丁也没有去过这四个地方。虽然在1806年，奥斯丁参观过斯通利修道院（Stoneleigh Abbey）、沃里克城堡（Warwick Castle）、肯纳尔沃思堡（Kenilworth）和汉姆斯道尔瑞德维尔（Hamstall Ridware），还可能参观过彭伯里庄园的原型查茨沃斯庄园，[10]不过这种说法并未得到所有评论家的认同。

　　此外，虽然地理知识通过印刷传播到世界各地并不一定比今天少，但是仍是有限的。[11]奥斯丁在她的少年时期作品中还开了一个有关地理的玩笑，有个角色因为不认路，最后到了一个与目的地完全相反的郡。然而，除了吉尔平的游记外，并无迹象可以表明地理知识在她的广泛阅读中占据重要地位。其他小说家也是如此。那些想要展现这类知识的小说家就会像斯摩莱特一样，以国外为小说背景或者专门写作旅游主题的作品。为了追求在小说中设置这样的背景而去旅游并无必要，但是奥斯丁也不喜欢让自己的想象力在这方面驰骋。

　　圈地法案实施的过程反映了当时的社会政治。一旦大地主认为圈地有价值，他们就会向议会请愿，希望颁布法案。因此，1760—1797年，议会共颁布了1532个圈地法案。尽管其中大约三分之一的法案首次将荒地变为耕地，但是拥有土地所有权的农民数量也减少了。永久业权土地保有权变得更加重要，而其他土地"权利"则不再那么重要。保有权保障的丧失增加了不确定性，对于那些在土地上劳作的人而言，更是如此，他们的土地归属感和身份认同感变得混沌。1800年，激进的纽卡斯尔市书商托马斯·斯彭斯写道："我们的立法者不都是地主？……在彻底推翻现有土地所有权制度之前，还指望再

----

① 西莉亚·费因斯（Celia Fiennes，1662—1741），骑在马背上探索英格兰的英国旅行家和作家。当时为了旅行而旅行是很不寻常的，尤其是对女性来说。——编者注

看到小农场，指望看到除了对穷人的极度压榨与剥削以外的事情，都是很幼稚的想法。"然而，在很大程度上，这一评论不仅具有党派性，而且过于夸张。[12] 这种认为小农场主是因为圈地而被消灭的观点是错误的。

这并非奥斯丁小说的主题。尽管她很清楚地意识到那些出身高贵、人脉广博、家族显赫之人拥有的控制权，但是她更关注其他方面。虽然她的小说背景设定建立于农村经济财富的基础之上，比如《爱玛》中那个引人注目的修道院磨坊农场。当时正值拿破仑战争的最后阶段，粮食价格高昂，1812年美英战争阻断了从美国进口粮食之路，又为1812年到1815年初的粮食价格高涨浇了一把油。在《爱玛》中也是如此，奈特利先生对道韦尔庄园了如指掌，悉心照料。弟弟来拜访时，"他得讲讲每块地来年种什么，讲讲家乡的情况。做弟弟的在那里度过了大部分的时光，对家乡怀有深厚的感情，自然也十分感兴趣。挖沟渠（排水渠），换篱笆，砍伐树木，每亩地都要种上小麦、萝卜或者春玉米，谈起这些，约翰也总是兴致高昂"。[13] 因此，奈特利先生是个现代化的农场主。萝卜是一种重要的饲料作物。18世纪30年代，经由诺福克郡大地主、前杰出部长和第二代子爵汤申德·查尔斯（人们称他为"萝卜·汤申德"）推广宣传，萝卜成为轮作作物。之后，奈特利先生向哈丽埃特介绍他十分关注的"农业模式方面的知识"，并与罗伯特·马丁谈到"商业、家畜展览、新机器"[14]，最后一项指的是播种机。在《桑迪顿》中，海伍德先生首次出场是与"手下的干草工待在一起"。回到曼斯菲尔德庄园后，托马斯·伯特伦爵士迅速"恢复到他习惯的曼斯菲尔德生活中去，视察管家和执行官的工作，工作间隙就到马厩、花园和最近的种植园走走"，[15] 最后一项活动指的是去看新栽种的树木。约翰·达什伍德将诺兰公地圈了起来，他招待约翰·米德尔顿爵士和布兰登上校这两位地主时，"政治、圈地、驯马等话题"成为他们的饭后谈资。在德拉福德，爱德华和埃丽诺·费拉斯很遗憾他们不能给"奶牛提供更好的牧草"。[16]

相比之下，拉什沃思先生"对做生意一窍不通"，因而难以成为托马斯·伯特伦爵士女婿的有力竞争者，而帕尔默先生"本应把时间用来做生意，却在台球桌上虚度宝贵的晨光"[17]。《劝导》中凯里奇庄园经营不善，迫使本就平庸的沃尔特·艾略特爵士不得不离开庄园，而他的离开引发了关于社会流动问题的讨论。沃尔特爵士不愿出租房子，因此当那些从战争中获利的海军军官，尤其是那些通过捕获敌方船只获得奖金的（这一术语与概念都用于衡量军功）军官想要租住他的房子时，他也抨击了这种向上的社会流动。沃尔特爵士鄙弃这种"授予出身卑微者不恰当荣誉，将他们晋升到其祖父辈难以想象的地位的做法……在海军中，一个人比在其他任何行业中，都更容易受到其父都不屑与之交谈之人的儿子的侮辱，他自己也更容易过早地受人嫌弃"[18]。

此为沃尔特爵士的无礼之言，也能从中看出他在保管财产和继承权方面做得不够好。他继续将这种粗鲁施加于个人："去年春天的一天，我在镇上遇到了两个人，他们能为我所说的话提供有力的证据。我们都知道圣艾夫斯勋爵的父亲是个乡下的牧师助理，穷得连面包都吃不上，可我偏偏得给圣艾夫斯勋爵和海军上将鲍德温让道。那海军上将要多难看有多难看。"[19]这种做法显然招致奥斯丁的抨击与批评，而且符合安东尼·特罗普洛（Antony Trollope）对于贵族势利眼的预设，尤其符合《我们现在的生活方式》（*The Way We Live Now*，1874—1875）一书中关于穷困潦倒的朗格斯塔夫一家的描述。正如沃尔特爵士所了解的那样，因为上将代表国家在汹涌波涛中服役，经受风吹日晒雨淋，皮肤变得粗糙红肿。海军军官更是如此，他们与大海朝夕相对，还要抵御外敌，在开阔的甲板上指挥作战。在此处和其他地方，奥斯丁在描述沃尔特爵士时，运用了《傲慢与偏见》中提到的"有绅士风度"和"仅仅是"看起来"像个绅士"[20]之间的显著区别。前者并非通过口头的言语体现，因而也和表演出的举止无关，而是在于谈吐和行为，在于内容和语气。奥斯丁在此处的阐述很清晰地表明了态度，这不仅仅是因为她的兄弟是海军军官。

农业护理是得当行为问题的一部分。克罗夫特上将接管凯里奇后，他在各方面做得比沃尔特爵士更好。他和妻子"通常一同出门，他们对新获得的资产、卓地和羊群都十分感兴趣"[21]。同样，在评估资产前景时，更常见的假设是，人们了解哪些农场拥有"全国最好的土地"[22]，然而，功利主义被推崇得过了火。当约翰·达什伍德看到德拉福德这片上好的树林时，他只能想到木材的价值。[23]这一想法毫无吸引力，且具有破坏性，并不符合奥斯丁所支持的代际信任。这种信任对保守党的管理、服务和托管理念而言都是至关重要的。这些理念既蕴含宗教意味，又符合世俗观念。

奥斯丁成熟的作品中并未涉及农村经济的关键组成部分，即偷猎。尽管在《杰克和爱丽丝》这一早期作品中，奥斯丁一语带过地提到了这方面。爱丽丝和威廉姆夫人遇到了一个名叫露西的年轻女子。露西因为踩到了"绅士庭院里的一个铁制陷阱"[24]，摔断了一条腿。那陷阱本是为了防备偷猎者而设的。奥斯丁在信件里提到过偷猎。当时是1805年，她在肯特郡访问，信中提到了军队偷猎的危险。[25]虽然根据狩猎规则，野味贸易是非法的，但是18世纪下半叶，这一贸易蓬勃发展，大量野味通过不断发展的马车运输服务等，流入城市市场，尤其是伦敦市场。偷猎行为不仅是个人"为了饱腹"，偷猎者还开展全国买卖业务。1775年，政府针对偷猎颁布法令，规定售卖野味的行为是非法的。然而这一法令并未起效，反而让那些想要购买野味的人依赖偷猎者。

狩猎对于奥斯丁成长的农村社会十分重要。1796年9月15日的信件中，奥斯丁提到她的哥哥爱德华要去打猎。小说中也是如此。《苏珊夫人》中，来自肯特的雷金纳德到苏塞克郡看望妹妹，并决定在那里住上一段时间。他召集"猎人"，也就是他的马群去打猎。拥有这样的马群是财富的象征。在他计划离开之前，他告诉妹妹，"我要派詹姆斯即刻将我的猎人带回去"[26]。尽管马术的适当性还存在争议，但是人们认为男子气概与马术有关。[27]

不仅仅是马群，《傲慢与偏见》中，年轻的卢卡斯宣称，要是他和达西先生一样有钱，就要养一群猎狐犬。[28]这是个快速衡量财富的方法，尤其体现在通过与精英男性社交获得社会地位的机会上。拥有一群猎狐犬代价高昂，需要拥有员工、房子和土地。

《曼斯菲尔德庄园》中，亨利·克劳福德回到埃弗林厄姆打猎、睡觉，而在索瑟顿庄园的拉什沃思则"翻来覆去地说他白天打猎的事情，什么尽兴败兴啦，他的猎狗是多么优秀啦，他那嫉妒心强的邻居啦，他怀疑他们是否有资格啦，对追踪偷猎者满怀热情啦"[29]。奥斯丁关于"翻来覆去地说"这一评价大概是因为她捕捉到了大部分女性，也有男性，在不得不听这些叙述时的无聊。后来，为了让他那归家的父亲转移注意力，汤姆·伯特伦开始抱怨最近打猎的不便：

> 从 10 月以来，几乎一直在下雨，我们差不多给连日闷在家里。从 3 号到今天，我简直就没动过一支枪。月初那头两天还多少打了些猎物，但随后就什么也搞不成了。头一天我去了曼斯菲尔德树林，埃德蒙去了伊斯顿那边的矮树丛，总共打回了六对野鸡。其实，我们一个人就能打六倍这么多。不过，您放心好了，我们尽量遵照您的心意，爱护您的野鸡。我想，您会发现您林子里的野鸡绝不比以往少。我长到这么大，还从没见过曼斯菲尔德树林里的野鸡像今年这样多。我希望您最近能去打一天猎，爸爸。[30]

译林出版社 2004 年版　孙致礼译

第二天早上，汤姆和他的朋友约翰·耶茨带上枪，去曼斯菲尔德树林打猎。之后，亨利·克劳福特和埃德蒙·伯特伦在餐桌上讨论了狩猎。第二天，亨利从诺福克派出了猎人。[31] 天资和品位都有限的约翰·米德尔顿爵士也"去打猎"。当玛丽安·达什伍德跌倒时，约翰·威洛比正在附近打猎，[32] 而猎马的开销是威洛比选择与富有的格雷小姐结婚而非玛丽安的原因之一。这显然是一次糟糕的选择。作为英格兰最无畏的骑士，威洛比赢得了约翰·米德尔顿爵士的尊重，爵士还承诺送给他一只尖头犬（一种猎狗）。最终，威洛比与他的婚姻和解了，也不过是因为"在饲养马匹和猎犬以及每次打猎时，他都会发现自己的家庭其实相当幸福"。[33]

《诺桑觉寺》中，缺少打猎的时光就意味着"一年的淡季"，因此，蒂尔尼将军无法举办舞会，因为"弗雷泽夫人不在乡下"[34]。亨利·蒂尔尼带着"他独居的伙伴们"——一群猎狗[35]迎接朋友。在《劝导》中，安妮·艾略特回到阿泼克劳斯时，查尔斯·默斯格罗夫出去打猎去了。"默斯格罗夫父子要护猎、打猎"，还要养马、喂狗、看报纸。查尔斯·默斯格罗夫对于狩猎和打猎这种体育活动"兴致"高昂。之后，他和温特沃斯上校一同打猎，打猎变成其社交的重要方式。这里又一次对农村男子社交方式进行了无声批评，认为这种方式即使不粗野，也是重复无聊的，而且女性被排除在这种社交外。因此，相较之下，女性社交似乎更为积极正面。[36]

农村经济绝非一成不变。1793—1802 年，1803—1814 年及 1815 年与法国的战争严重影响了国民经济，影响了整个出口市场，严重打击了羊毛产业。夏洛特·勃朗特的小说《雪莉》（*Shirley*，1849）就以 1811—1812 年工业萧条时期，尤其是纺织业卢德运动时期的约克郡为背景。尽管社会动荡，但旺盛的国内需求为战时农业带来利好。在奥斯丁生命的最后几年，战后严重的经济萧条使社会大众普遍困顿，尤其是越来越多的人只能依靠微薄的工资生活。在地主利益支配下，1815 年，议会通过了《玉米法》（*Corn Law*），以应对与法国及美国战争结束后国外粮食资源涌入导致的国内粮食价格大跌的境况。该法规定，禁止粮食进口，除非英国粮食价格一季度达到 80 先令（4英镑）。这一保护主义代表着农村精英阶层的利益，或者说代表着从中受益的富人群体的利益，它让粮食价格虚高，导致城市激进主义兴起，让饥肠辘辘的农民发起粮食暴动，攻击农场和玉米厂，以"面包或流血"为口号，要求提高工资。约克郡乡村学校的校长罗伯特·夏普（Robert Sharp）在日记中抱怨道："我观察了很久，也常常说圈起开阔空地和公地的狂热是农村人口毁灭或者贫穷的主要原因之一……大批工人将就业视为一种恩惠，却不能得到工作机会，饥饿总是如影随形。"[37]脱粒机等取代人工的机器的普及，加剧了紧张态势，让机器面临破坏性的攻击。

整个过程中，农业社会都依附于城镇网络，而奥斯丁的小说抓住了乡村生活和这些定居点之间的联系，后者是大城市商品流通的主要途径。像小说中的麦里屯①一样，那里的诸多商店对居民来说尤为重要。[38]英格兰大部分地区，只需一天即可到达附近市场，而这些市场在当地经济和社会中发挥重要作用。在那里，可以交易商品、买卖动物、雇用仆人、交流思想。市场是连接当地人民与更广阔世界的纽带，在这一纽带上，教区的影响力要比地主和牧师更为直接。

然而，尽管汉诺威时代的英格兰被归入城市文化，特别是巴斯和伦敦西区，但是其仍然带有强烈的乡土气息和田园风格。这一特点体现在诸多方面，比如豪华宅邸的公园、歌曲与詹姆斯·托马斯、托马斯·格雷和约翰·戴尔等人的诗歌中。奥斯丁以达什伍德夫人对巴顿别墅的反应表达自己对这种田园风格，或者说至少是对这种潮流的嘲讽，"巴顿别墅作为房子来讲，尽管很小，但是舒适，而且布局紧凑。不过要作为别墅就不那么完美啦，它的建筑太过规整，屋顶覆瓦，百叶窗没有漆成绿色，外墙也没有爬满忍冬花"。[39]

18世纪末，小说开始描写更加风景如画、崎岖不平的景观，从而淡化了农业和农村。然而，以农村为背景对于很多小说来说依旧重要，对于奥斯丁的大部分作品来说更是如此。事实上，在《劝导》中，描述安妮·艾略特对于散步的看法时，奥斯丁借鉴了詹姆斯·托马斯的诗歌《四季》（*The Seasons*，1730）。可以说，这一看法通过描述与引用引起共鸣，邀请读者加入安妮和简，"她散步的乐趣一定来自能够趁着好天光活动活动，欣赏这一年中最后的明媚景色，看看那黄褐色的树叶和枯篱笆，反复吟诵那几千首描绘秋色的诗句。因为秋天能够给多愁善感、温柔可人的人儿带来无穷无尽的感慨，能够诱发每一个诗人的诗情，让他们写下值得吟诵的诗句，他们或是描摹秋日，或是抒发情感。她尽量聚精会神地吟咏着、沉思着"。[40]

① 麦里屯为《傲慢与偏见》中的虚构地名，位于赫特福德郡朗博恩村附近，是贝内特太太妹妹菲利普夫人居所所在地。——译者注

注释

1. 伯克郡的皮尤西离斯蒂文顿不远。

2. *PP* II, 7.

3. *Juvenilia*, 38.

4. *PP* II, 5.

5. *PP* II, 15. 8.

6. R. Clark and G. Dutton, "Agriculture," in *Jane Austen in Context*, ed. J. Todd (Cambridge, 2005) , 187; T. Williamson, *The Transformation of Rural England–Farming and the Landscape* 1700–1870 (Exeter, UK, 2002) .

7. *Persuasion* I, 10.

8. *Letters*, 202.

9. C. Morris, ed., *The Illustrated Journeys of Celia Fiennes*, 1685–c. 1712 (London, 1947) .

10. D. Greene, "The Original of Pemberley," *Eighteenth Century Fiction* 1 (1988) : 1–23.

11. J. Black, Geographies of an Imperial Power: *The British World*, 1688–1815 (Bloomington, IN, 2018) .

12. R. A. Butlin, The Transformation of Rural England c. 1580–1800: *A Study in Historical Geography* (Oxford, 1982) ; A. Sevilla–Buitrago, "Territory and the Governmentalisation of Social Reproduction: Parliamentary Enclosure and Spatial Rationalities in the Transition from Feudalism to Capitalism," *Journal of Historical Geography* 38 (2012) : 219.

13. *Emma* I, 12.

14. *Emma* III, 6, 18.

15. *MP* II, 2.

16. *Sense* II, 11–12, 14.

17. *Sense* III, 6.

18. *Persuasion* I, 3.

19. *Persuasion* I, 3.

20. *PP* I, 3.

21. *Persuasion* I, 9.

22. *Persuasion* I, 9.

23. *Sense* III, 14.

24. *Juvenilia*, 24.

25. *Letters*, 47.

26. *Letters*, 23.

27. M. Mattfeld, *Becoming Centaur: Eighteenth Century Masculinity and English Horsemanship* (University Park, PA, 2017) .

28. *PP* I, 5.

29. *MP* I, 12.

30. *MP* II, 1.

31. *MP* II, 2, 5.

32. *Sense* I, 7, 9.

33. *Sense* II, 8, 10; III, 8, 14.

34. *Northanger* II, 11.

35. *Northanger* II, 11.

36. *Persuasion* I, 5–6, 10.

37. J. E. Crowther and P. A. Crowther, eds., *The Diary of Robert Sharp of South Cave: Life in a Yorkshire Village*, 1812–1837 (Oxford, 1997) .

38. P. J. Corfield, "Small Towns, Large Implications: Social and Cultural Roles of Small Towns in Eighteenth Century England and Wales," *British Journal for Eighteenth Century Studies* 10 (1987) : 125–38.

39. *Sense* I, 6.

40. *Persuasion* I, 10.

大约三十年前，亨廷顿的玛丽亚·沃德小姐交了好运，仅凭七千英镑的嫁妆，却很走运地得到了北安普顿郡曼斯菲尔德庄园的托马斯·伯特伦爵士的青睐，一跃成为准男爵夫人，生活富足，拥有气派的房子和一大笔收入。

——《曼斯菲尔德庄园》

我宁愿自食其力，也不愿意嫁给他。

——弗雷德里卡在《苏珊夫人》中的第 21 封信

如不伦瑞克的卡罗琳（Caroline，1768—1821）的例子所示，奥斯丁同情女性，但也意识到了妥协的必要[1]。卡罗琳于 1795 年结婚，她和毫无吸引力又不忠诚的丈夫（同时也是她的堂兄）乔治关系不好。乔治即摄政王，也就是后来的乔治四世。双方都有问题，但主要问题在于男方。简是卡罗琳的支持者。1813 年 2 月，简在信中写道："可怜的女人，我要尽可能地支持她，因为她是一个女人，而且我讨厌她的丈夫。"确实如此。1815 年 11 月，奥斯丁最初不愿意接受将《爱玛》献给她的书迷摄政王这一邀请，但最后还是将

---

① 不伦瑞克的卡罗琳（1768年5月17日—1821年8月7日），全名卡罗琳·阿米利亚·伊丽莎白（Caroline Amelia Elizabeth），不伦瑞克公国公主，英王乔治四世的妻子。他们的婚姻并不幸福，两人之间存在着严重的不和。奥斯丁在一封信中表达了对卡罗琳的同情和支持。——编者注

那点不情愿置之脑后，将献词写进书中。该献词具有商业价值，在社会层面也具有重要意义。毫无疑问，对她而言，受到赏识非常重要。

英国社会中女人的地位在很大程度上由社会存在感和压力决定，不过其他因素也至关重要。性别问题和社会问题很容易近乎自动地结合起来，造成毁灭性的影响。小说家们的生活让这一点更为明显。奥斯丁所欣赏的夏洛特·伦诺克斯（Charlotte Lennox，约1730—1804）既受制于社会体系，尤其是因为她需要资助，这种需求给拥有独立思想的人带来了许多困难，又受制于女性经济所面临的诸多普遍问题。虽然她结婚了，也能够赚钱，但是她的丈夫亚历山大是个无能之辈（奥斯丁自己的小说中淡化了这类问题），所以夏洛特生活穷困。在最后的岁月里，她不得不依靠1790年为作家设立的文学基金会的资助而生活。[1]

人口与住房结构的关系与现代英格兰截然不同。除了偶发的重婚、无效婚姻、妻子买卖及贵族离婚以外，婚姻是不可逆的。因此，婚姻通常只在配偶死亡或者一方逃跑时终结。这两种情况常常发生，尤其是前者。[2]对于大多数人而言，当然就社会规范来说，婚姻是性行为、生育和抚养后代的基础，大多数生育是在婚姻中进行的。当时没有现成的行之有效的避孕用品和安全的、更别说合法的堕胎方式，但是记录的非法堕胎率尤其低，若以现代标准来衡量，更是如此。尽管不可能计算出当时被杀婴掩盖的非法堕胎数量。此外，随着人口规模的扩大与人口增长速度的加快，18世纪私生子的增长率也在持续上升。

独身主义随处可见。事实上，许多人从未有过性生活。名誉和体面是社会的关键因素。大多数女人的立场让人想起约翰逊博士关于婚姻生活与独身主义的著名论断，该论断推崇前者，认为"婚姻生活确实有许多烦恼痛苦，但是独身生活了无乐趣"[3]。除此之外，别无选择。作为独身主义者，奥斯丁没有孩子，这也能够解释为什么她钟爱年纪小的亲戚们，又为何习惯将自己的小说作品称为孩子。所以，在1811年和1813年的信件中，她分别将《理智与情感》和《傲慢与偏见》称为"未断奶的孩子"和"亲爱的孩子"。有人认为奥斯丁之所以没有性生活，是因为法国的战争让大量男性服兵役或在战争中伤亡，造成男性稀缺，这种论断极为荒唐可笑。18世纪，婚姻变得更为普遍。18世纪早期，有近四分之一未婚人口，到18世纪末，只有不到9%的人仍然未婚。此外，在未婚状态下度过的成年时间也减少了。男性和女性的平均婚龄分别降至25.5岁和23.7岁，这大大提高了繁育更多孩子的可能性。经济发展及城市就业率与生活水平的提高是一大主要原因。因此，婚姻与土地之间的联系也减弱了，虽然在缺少纺织业等家庭产业的农村地区，这一减弱趋势并不明显。

在奥斯丁生活的时期，尽管死亡率不断下降，死亡和疾病的威胁依然存在，尤其是在婴儿时期，特别是出生后的头几个月。这意味着出生时的预期寿命仅对那些五岁以后孩子的长期生存率具有参考价值。此外，分娩十分危险。1814年9月，奥斯丁弟弟查尔斯的妻子范妮·奥斯丁在生下女儿伊丽莎白后，很快就撒手人寰，三周后伊丽莎白也夭折了。尽管如此，与《曼斯菲尔德庄园》里不到十岁就夭折的玛丽·普莱斯[4]不同，奥斯丁的兄弟姐妹们没有一个早夭的。那时的家庭通常雇用当地村妇抚养出生不久的孩子，直到一岁左右。

尽管将孩子送出去这一做法很普遍，但是可能会严重影响孩子的心理健康，特别是影响其与父母、兄弟姐妹和自我的关系。一个人的个人叙事中会带有这种分离留下的痕迹。对奥斯丁而言，无论是身体层面还是心理层面，这种分离都并不遥远，因为她能够去看望父母，父母也能来探望她，分离造成的影响尚不清晰。奥斯丁家族的孩子们成年后都十分出色，他们自力更生，渴望成功。更为常见的是，因为这种照料，奥斯丁更习惯汉普顿郡乡下人的口音。受当地文化的影响，口音不像21世纪初那样与阶级挂钩。

这一时期人们的平均寿命比他们的后代要短，这是由时刻面临着的死亡、疾病、伤痛等无处不在的威胁造成的。死亡往往是突如其来的，就像1801年奥斯丁家族之友的女儿玛丽安娜·梅普尔顿的离世和1805年奥斯丁父亲的离世一样，整个社会都是如此。萨尔特伦的帕克家族是德文郡地主精英，1789年乔治三世曾参观过他们的庄园。1649 年至 1840 年，掌管帕克家族的五个家主中有四个结过不止一次婚，其中有几位家主的妻子早逝。1764 年，第一代柏林顿勋爵约翰（John，first Lord Boringdon，1735—1788）的第一任妻子弗朗西丝去世后，他又娶了特雷莎（Theresa，1744—1775），但她也在生下第二个孩子（也取名为特雷莎）后不久就去世了。18 世纪 90 年代，第五代普利茅斯伯爵奥瑟（Other，fifth Earl of Plymouth，1751—1799）病入膏肓，其子及继任者第六代普利茅斯伯爵奥瑟（1789—1833）寿命更短。奥瑟为其家族名。1795 年 5 月，在妻子安妮突然去世后，奥斯丁的哥哥詹姆斯于 1797 年 1 月再婚。这种早逝让许多孩子都有继母，他们相处起来可能困难重重。詹姆斯的第二任妻子玛丽·劳埃德与他第一任妻子的女儿安娜相处得不好。

死亡率下降的同时，也许是因为产妇营养的改善，35 岁及以上女性的婚育率不断上升。此外，由于缺乏简便的避孕措施，健康的女性孕育了大量孩子。奥斯丁的母亲育有 8 个孩子，给家庭带来沉重的经济负担。乔治三世的妻子夏洛特王后（Queen Charlotte）育有 15 个孩子。乔治三世最钟爱的小女儿阿米莉亚（Amelia，1783—1810）身患绝症，这一沉重打击是他精神永久崩溃的关键原因。

奥斯丁认为一个家庭拥有大量孩子表示夫妻之间感情正常。事实上，尽管《劝导》中没有孩子的克罗夫特夫妇似乎是她作品中最幸福的一对，但是孩子通常是夫妻幸福的证明，反之亦然。三位沃德小姐中，后来成为普莱斯夫人的弗朗西丝拥有一个大家庭，十二年里生育了九个孩子。她的姐姐，即后来成为伯特伦夫人的玛丽亚也有几个孩子，但是嫁给牧师诺里斯的沃德小姐却没有孩子。而最后一位沃德小姐，在小说中呈现出的形象是一个自私的、不知道"如何与孩子友善相处"的女人。文中表明，她认为失去三个或四个孩子，对于普莱斯夫人来说才是"好福气"[5]。詹宁斯夫人预想一段幸福的牧师婚姻是"每年都要生一个孩子！……这样一来，……他们得多穷啊！"[6]实际上，塞缪尔·卫斯理和苏珊娜·卫斯理①的婚姻是出了名的不幸福，他们却育有 19 个孩子。

尽管平均生活条件提高了，但是那些从婴儿期幸存下来的人对自己的脆弱了然于心。那时抵御疾病能力依然薄弱，尤其是在医学知识有限的情况下。关于用钳子拔牙的叙述突出了疼痛的频率和不适。无论是英雄肖像，还是日常画像，都未能呈现个人生活的痛苦或是悲剧，比如约翰逊医生为自己肿胀的睾丸开刀[7]，或是安妮女王为生下可以长期存活的继承人而数次怀孕，却都以失败告终。对于许多人而言，祷告或是民间偏方是治愈疾病、缓解疼痛的唯一方法。与此同时，大量的人转而寻求报刊上那些大肆宣扬的专利药品，由此可见，人们，尤其是城镇居民，对民间偏方或祷告也不是很有信心。

然而，天花预防已取得进展。18 世纪 60 年代晚期，接种变得更安全。直到 1796 年，更加安全的疫苗接种才出现。虽然关于其有效性的争议不断，但接种仍降低了天花传播的概率。不过在解决其他重大问题上，未能获得可与天花预防比拟的进展。那些感染天花后存活下来的人仍常常留有天花瘢痕，比如奥斯丁的嫂子玛丽·劳埃德。

在获得良好医疗护理的情况下，其他疾病，比如肠道疾病，已不再威胁人体生命健康。在奥斯丁生活的时代，斑疹伤寒、伤寒、流感、痢疾、水痘、麻疹、猩红热和性病都是危及人类生命的重大疾病。1782 年至 1785 年，斑疹伤寒疫情肆虐。自 18 世纪 30 年代开始，"坏疽性咽炎"（猩红热或白喉）持续流行直至 18 世纪末。1807 年 1 月，奥斯丁注意到"伊顿镇韦尔比家的大儿子因高烧夭折了"[8]。事实上，可以通过流行的不同疾病及传播方式快速划分每一年。

风湿病、败血症和黄疸等非致命疾病让病患日渐虚弱，且很少或没有治疗方法。酒和鸦片是唯一的止疼药，便宜的含鸦片的鸦片酊则是公认的"万灵药"。1735 年至 1737 年，布里斯托尔的主教托马斯·塞克因其妻子对鸦片上瘾，共

---

① 塞缪尔·卫斯理与苏珊娜·卫斯理于1688年11月12日结为夫妻。塞缪尔在牛津大学受过高等教育，1697年，他被调派到英国林肯郡的爱华市（Epworth），任牧师一职。——译者注

花费了四分之一的收入购买鸦片酊。

当时没有医疗保障体系。虽然大多数教区都能够拥有一位医生，但是医术高超的医生很少，而且通常集中在城镇。医疗培训很到位，然而水疱、汞斑等的治疗并不恰当，而且往往痛苦万分，十分危险，还可能导致人体衰弱。此外，治疗没有阶级之分。一些病人意识到治疗可能会带来痛苦，就不愿意进行治疗了。以现代标准来看，那时的手术十分原始。比如，1811 年，拿破仑的外科医生在没有麻醉的情况下，给范妮·伯尼进行乳房切除手术。当时没有任何有效的麻醉剂，每个人都至少要受到剧痛的威胁。奥斯丁最后的时光当然也是痛苦万分，这也是她拥抱死亡的一个原因。宗教信仰也是影响她对死亡态度的另一个重要因素。

对假药和草药疗法的广泛信任反映出在个人层面，人们可以而且应当采取行动挽救生命，而不应当简单地迎接死亡，接受上帝的冷酷意志。然而，在集体层面，民众并没有真正施压推动公共卫生向前发展，取得进步。

致命的疾病、意外事故造成的伤害以及恶劣医疗条件的影响不仅仅是因为缺乏知识和有关医疗手段，特别是抗生素和消炎药的匮乏，生活环境也是一大影响因素。拥挤的住房，特别是共享床铺，助长了疾病传播，尤其是呼吸道感染。寄宿学校也常常共享床铺。7 岁时，奥斯丁曾被送去过寄宿学校。1783 年，南安普顿郡那场几乎夺去她生命的疾病，正是由从美国独立战争中返英的军队引起的。军队调动是当时疾病传播的一大常见途径，该主题并未在《傲慢与偏见》中呈现，这也是可以理解的。

大多数住房，尤其是穷人居住的房子，既不温暖，也不干燥，衣服很难晾晒。这就导致许多人不愿意洗衣服。此外，为了防止皮肤暴露于潮湿环境中，他们常常穿着很多层衣服，那些衣服大多数都很厚重。户外工作，步行或是骑马等交通方式的盛行，常常让人们面临恶劣的天气环境。此外，以现代标准来看，呼吸、牙齿和皮肤方面的问题一定给人们带来了许多困扰。这也能够解释为什么《理智与情感》中罗伯特·费拉斯对买牙签盒这件事那么坚持，虽然他只是为了拿腔拿调。房子大多臭气熏天。此外，营养不良让人们更难抵御疾病，也更容易被逆境影响心理健康。水果和蔬菜都是季节性的，而且价格高昂。除此之外，穷人也很少吃肉。

然而，奥斯丁更感兴趣的是与上述问题截然不同的社会医学问题，尤其是心理感知和驱动力[9]，以及它们如何在事件、情节和人物成长发展中发挥作用。在这些问题中，那个时期的人口统计不如社会和文化结构与展现人物个性和情节发展事件之间的相互作用重要。

社会关系与态度反映出清晰明了的文化传承以及普遍的经济与技术环境。犹太教与基督教的文化传承，在其教会的法律及教义中体现得淋漓尽致。它们规定一夫一妻的婚姻制度，禁止近亲婚姻；指明生殖繁衍为婚姻的目的，并谴责婚外生育；禁止人流、杀婴、同性相恋与兽交；让离婚变得极其困难；强制爱护儿童、尊重老者；命令民众尊重一切形式的权威，无论是宗教的还是世俗的，无论是立法的还是执法的，也无论是家庭的还是社区的。其他问题诸如婚内家暴和强奸，在今日得到了更多管制，而在那时却往往被人们忽略，或是置于上帝和国王权威下的父权体制之内进行审视。当时，主流思潮是父权制的、等级制的、保守的，是带有宗教色彩的，是由男性主导的。每一种社会思潮背后都涉及矛盾与妥协。比如，一些女性在政治上更为活跃，废奴运动是英格兰史上第一次由女性主导的大型政治运动。[10]糖被抵制，替代性的烹饪食谱出版。多亏了新闻业，关于奴隶贸易的争论传到了这个国家最遥远的角落。1793年，一份报纸上号召为在低地国家驻军的英国军队提供法兰绒马甲及其他服装，女性迅速响应，发挥了重要作用。

在人口比例中，女性占据了大多数。人口普查数据显示，1801年和1811年，英格兰和威尔士的女性与男性人口比例为109比100；1821年，这一比例为105比100。[11]许多女性与男性一样，需要艰苦劳作，还常常疾病缠身，但是当时女性身处的社会将主导权与尊重赋予男性，却很少承认女性的独立作用或成就。

大多数工作的艰苦性质、家庭与社会生活的影响和限制以及性别与年龄等共同定义了绝大多数女性的命运。社会与经济压力迫使女性走进婚姻，而且无论婚姻状况如何，她们都要出去工作。

对未婚男女而言，家政服务是一项常见工作。在当时的社会里，家务工作繁重，需要依靠人力完成且机器能发挥的作用极小，因此这一职业的出现是可以理解的。许多家务活动都包含繁重的体力劳动，比如挑水和洗衣服。湿衣服和被褥很重，很难搬运。在《沃森一家》中，就进行过一次"大扫除"。在服务的等级体系中是有可能得到晋升的，但大部分家政服务都是非技术性的，并不算一种职业，已婚仆人也相对较少。家政服务的工资很低，且大部分是以实物偿付，换句话说就是以食宿偿付，而且还不能退休。此外，社会规范极大地影响了人们可以从事的工作类型。

农业仆人也很重要。他们经常与雇主一起生活，虽然不像过去那样常见，但是也让许多核心家庭变得像个大家庭。这种家庭是更为普遍的家庭模式的变体，在地位、财富和前景方面截然不同。奥斯丁的家庭和她后续塑造的小说人物的家庭就是如此。

女性劳动力最显著的特点是多样性。除了在贵格会工作、担任卫斯理派[①]传教士和从事慈善工作以外，女性在教会中的影响力相对较小。而在军队中，除了扮演妻子这一重要角色和营妓这一次要角色以外，根本看不见女性的身影。尽管如此，许多行业都有女性参与其中，在家庭制造业中更是如此，尤其是纺织业。女性也会从事艰苦的体力劳动，比如做将煤炭运往地面的运煤工人，或是运鱼运盐的工人。因此，煤炭需求的增加，让越来越多的女性和儿童从事原本由男性从事的采矿工作，比如在地下养护道路，照顾马匹。

---

① 贵格会与卫斯理派为不同的基督教新教教派，遵循的教义存在差别。贵格会反对战争与暴力，他们注重内心，反对拘泥于形式。虽然规模较小，但以救济事业、慈善事业、伸张宗教自由等闻名于世。卫斯理派由英国人约翰·卫斯理（其父母为前文提及的塞缪尔和苏珊娜）于18世纪中期创立并迅速发展，教会主张圣洁生活和改良社会，注重对下层群众传教。——译者注

1802 年，坎布里亚郡豪吉尔煤矿的工资单上出现了 124 名 9 岁至 81 岁的女性，她们占总体工人数量的四分之一以上。

一般来说，女性从事的工作往往工资更低。在许多行业，比如手套制造业，女性从事技能要求更低的岗位。她们的工作被认为是技能要求更低的，因此工资更低。大部分穷人都是女性，反映出不同工作机遇的影响以及守寡、单身和意外怀孕等的影响。[12]

然而，不是所有女性都只能从事薪资不高的工作。一小部分女性从事的职业很有趣，还有一些女性受益于商业经济扩张。从印刷业到杂货业，许多名录上，女性企业所有者的姓名赫然在列。伊丽莎白·拉瓦尔德（Elizabeth Raffald，1733—1781）出版了《曼彻斯特指南》（*The Manchester Directory*，1772），她曾做过管家，是烹饪书《经验丰富的英国管家》（*The Experienced English Housekeeper*，1769）的作者，也是一家咖啡馆的经营者。自 17 世纪晚期，剧院中女演员开始扮演女性角色，更真实地呈现了女性和两性关系。这些都与女性观众密切相关。18 世纪晚期，激进作家凯瑟琳·麦考利（Catharine Macaulay）和英国皇家艺术学院创始人及画家安杰莉卡·考夫曼（Angelica Kauffmann）是推动社会发展的重要人物。女性从事各种类型的写作，主要是为了谋生，但是大多数女性作家面临资金不足和缺乏自信的问题。[13]

在女性经历和获得待遇方面有许多长期存在的问题，这些问题反映出传统观念对女性的限制与控制，反映出一种焦虑，其矛头直指那些明显超出所应扮演角色的女性。因此，在其戏剧《城市轻浮女人》（*The City Jilt*，1726）①和《唯利是图的情人》（*The Mercenary Lover*，1726）中，公然探讨女性欲望的伊丽莎·海伍德可能会被男性视为一个威胁，或至少被视为对男性的挑战。海伍德的《反帕梅拉》（*Anti-Pamela*，1742）不如塞缪尔·理查森的《帕梅拉》成功，是因为它引发了更多焦虑，说教意味也不够浓厚。18 世纪末，海伍德

① 这个故事讲述了女主因被男友抛弃背叛，转而引诱高级市政官，在利用该官员报复背弃她的男人之后，又对市政官加以嘲笑。——译者注

的作品并未进行重印，但是自 20 世纪 80 年代以来，其作品获得了更多关注。而流行歌谣中的女战士形象则提供了另一种颠覆传统的女性形象。[14]

家庭往往由男性主导，男性通常被视为一家之长。女性合法权利是有限的，尤其是拥有和处置财产的权利。婚姻对于财产来说非常重要。法律制度鼓励在分配遗产时，采取父系继承和长子继承法。相比之下，凯瑟琳·德·包尔夫人权力很大，是因为她是寡妇而且只有安妮一个女儿。

严格授产制（The Strict Settlement）[①]规避了普通法的继承法则。本来按照普通法规定，女性能够继承或掌握更多土地。该制度通过限制下属家庭成员的授权保护资产。事实上，约翰·高尔特（John Galt）的小说《限定继承》（又名《格力皮领主》，*The Entail: or the Lairds of Grippy*，1823）着重展现了主角为了确保资产永远归家族所有付出的努力。

严格授产制并不一定意味着地主不在乎其核心家庭成员，或是他们的孩子和妻子能够被随意或是冷漠对待。[15]然而，正如奥斯丁小说中展现出来的那样，该制度的结果可能远没有那么理想，尤其是对于寡妇而言。对于奥斯丁来说，这种家庭关系十分清晰。1704 年，她的曾祖母伊丽莎白·奥斯丁成了带着七个孩子的寡妇，而她丈夫的姐夫们是遗嘱执行人，她的公公承诺会帮助她。但最终她被所有人辜负了，尤其是她的公公，因为他仅给她的大儿子留了一些钱，却没有给其他孩子留，而有幸拿到钱的大儿子最后也没有管这些孩子的生活。伊丽莎白不得不变卖东西、借钱来努力偿还丈夫留下的债务。事实上，为了让其他的儿子得到教育，她不得不做学校的管家。她的做法也为其后代树立了学习的榜样。

然而，苦难仍在继续。伊丽莎白·奥斯丁的四儿子威廉，也就是奥斯丁父

---

① 严格授产制（The Strict Settlement），是英国土地贵族中流行的一套家产继承方案，旨在确保庄园或地产在家族中代代相传，并限制了继承者对土地的自由处理权。根据严格的继承规定，土地被限制在家族中的特定继承者手中，通常是长子或特定的男性后代。但是继承者只享有土地的使用权或收益，而无权将土地转让或抵押。这种制度通过确保庄园或地产不被分割或分散维持家族的地位和财富。这种制度对女性和非长子不利。——编者注

亲乔治的父亲，他的妻子死于难产，自己也英年早逝。威廉的第二任妻子并不关心孤儿继子女，并将他们从家中送走。其中一个名叫莉奥诺拉的孩子可能成了一名女性侍伴，终身未婚，穷困潦倒，后来便不知所终了。而费拉德尔菲亚则前往印度，为了钱嫁给了一个年长她许多的男人；乔治则凭借着天赋，获得了奖学金，先后前往汤布里奇公学和牛津大学读书，他正是奥斯丁的父亲。

这种个人和家庭的叙述体现了男女之间复杂的关系。帝国的婚姻要求，或成为军人或者海军的伴侣或情人，是奥斯丁生活时代大部分女性面临的特殊压力，也是奥斯丁笔下塑造的一些小说人物会面临的问题。[16]

与此同时，18 世纪，关于个人与家庭关系的讨论确实发生了改变。至少在理论上，男性对女性的态度有所软化，变得更能共情女性的感受和情感。这是鼓励人们践行更加"礼貌"文雅的社会规范过程中重要的一环。"绅士"一词所蕴含的美好品行也因此被重新定义。然而，正如奥斯丁所展示的那样，在女性因依赖他人而被控制时，就很难有"礼貌"可言了。这种控制来自父权制与社会，往往以家庭和金钱的形式表现出来。因此，《曼斯菲尔德庄园》开篇，三位沃德小姐截然不同的命运揭示了婚姻选择的重要性。命运的不同又给她们的后代带来了截然不同的影响。

对礼貌的追求无疑是各种各样公共对话的基本原则，但是对于私人谈话而言，并不一定如此。礼貌促进了道德进步、基督教宗旨和社会秩序等特定目标的实现。礼节与逐渐兴盛起来的礼貌崇拜，帮助父亲与丈夫树立象征性权威，让其权威更容易被接受，并试图重新定义绅士行为。[17]同时也培养了异性恋的社交能力。这提高了那些为女性提供与男性同等地位的活动场所的声望，也提高了能够为女性带来荣誉的绅士的形象。

然而，在一定程度上，礼貌意味着女性的被动，这种被动是隐藏在礼貌下的更广泛的社会被动或社会秩序的一部分。尽管在许多 17 世纪晚期的文学作品中，呈现出来的女性是享受操纵性关系的，然而一个世纪后，女性在文学作品中常常是诱奸的被动陪葬品与受害者。而这种诱奸必须通过改变男性行为来遏止，而非增强女性自信。《苏珊夫人》回归了 17 世纪晚期的写作模式，因其主人公远非被动的参与者。

玛丽·沃斯通克拉夫特（Mary Wollstonecraft）[①]在其小说《女教论》（*Thoughts on the Education of Daughters*，1787）中强调了那些教养远超之后应享有地位的上流社会女性面临的问题。女性不得不思考自己应如何在一个可能有损其名誉的问题环境中行事，但是她们能够得到友谊的帮助，那友谊源于爱、共同经历和天生的同情心。[18]渴望结婚的夏洛特·卢卡斯对着伊丽莎白·贝内特强调，在表达爱意时不必过分谨慎："如果一个女性隐藏了自己的爱意……从目的上来说，她可能就会失去得到他的机会；之后还认为世人都蒙在鼓里，这不过是聊以自慰罢了。几乎每种喜欢都多少带着感激或者虚荣，要是哪种因素都没有掺杂其中，就危险了……要是没有鼓励，很少有人能够全身心投入，去爱对方。女性十之八九最好都是心里有一分爱意，表现出两分爱意。"

这是一种悲观的想法，认为在爱情中付出努力，得到的回报不高。在婚姻中老去的女性将这种看法流传下去。补充的这部分更加悲观，"当她完全拥有了他，就能够有时间去爱，想爱多少就爱多少"。伊丽莎白·贝内特向来性格古怪，她回道："你说得对，这四个晚上让他们确定，比起柯默思（Commerce，一种纸牌游戏），他们更喜欢二十一点；但是就性格方面，我想他们彼此之间还是了解甚少的。"[19]《沃森一家》中，这样描述佩内洛普："为了结婚，她什么事情都愿意做，自卖自夸都可以……她没有信仰，没有荣誉，没有顾虑……我们必须结婚。"[20]

除了这种决心，还有对预期行为的限制。因此，在杂志和期刊中发表的戏剧报道中，常常能看见对女性克制的强调与关注。1782 年，《城镇与乡村杂

[①] 玛丽·沃斯通克拉夫特（Mary Wollstonecraft）是18世纪末、19世纪初英国的重要思想家、作家和女权主义者。她被认为是现代女权主义运动的先驱之一。著有《女教论》《玛丽：一篇小说》《真实生活的原创故事》《人权辩护》《女权辩护》《瑞典、挪威和丹麦短居书简》《玛丽亚：女人的受罪》等书。——编者注

志》（*Town and Country Magazine*）十二月刊"戏剧"专栏提及一位女演员，"她似乎过于习惯巡回演出剧团的咆哮式表演，以至于难以在常规舞台上扮演主角……她似乎难以呈现似水柔情"。当月，另一位女演员被认为拥有"充满力量的声音，但是缺少感染力。她的行动并不优雅，反而有些粗暴"。

然而，无论台上还是台下，用"礼貌社会"来描述奥斯丁生活的时代是远远不够的，尤其是在福音派反对礼貌，并认为礼貌是在鼓励虚伪的情况下。事实上，当时的文化具有高度模糊性，虽然这种模糊未能在小说中充分探讨。彬彬有礼是当时自我形象的一部分，但是事实上，粗俗言语、思想和行为也常在笑话书中呈现。[21] 人们常常举行反对说脏话、行淫邪、渎神灵等行为的游行，坚持遵循安息日仪式，是强调节制与约束的必要部分。在奥斯丁的一生之中，英国习俗改良运动（the Reformation of Manners Movement）由宣言协会（Proclamation Society）和反罪行协会（Vice Society）主导，该运动在一定程度上是在回应宗教和福音派圈子出现的粗俗行为引发的焦虑。

事实上，上述粗俗行为的一个典型表现是，人们对卖淫、随意性交、性病等的接受度很高。《哈里斯科文特花园小姐名录》（*Harris's List of Covent Garden Ladies*）是第一个提供相关信息的名录[①]，于 1757 年到 1795 年间发行，每年印发量达八千册。[22] 1782 年，英国王室财务总监理查德·沃斯利爵士（Sir Richard Worsely）起诉乔治·比塞特上校（Captain George Bissett）与其妻子通奸，但因陪审团裁定理查德纵容通奸行为，最终他只获得了一先令（五便士）赔偿。据说还有三十四名优秀青年也得到了她的青睐，虽然证据并不完整可靠，但是在一个色情文学大量印发的社会，赤裸裸的性行为并不稀奇，卖淫也随处可见。大部分强奸发生在家中或是工作场所，而且常常是由受害者认识的人实施。[23] "绅士"这一概念一部分是为了对抗那些令人厌恶的男性犯罪者形象，如浪荡子、强盗和海盗等。[24] 这一概念既是对上述形象的反抗，让人不安

---

① 该书是一份对当时伦敦的性工作者进行审查和分类的名录。——编者注

的是，同时也在某种程度上受其影响。

在塞缪尔·埃杰顿·利爵士（Sir Samuel Egerton Leigh）的小说《芒斯特修道院》（*Munster Abbey*，1797）中，展现了许多自命清高的贵族形象。塞缪尔是奥斯丁的远亲，26岁就去世了，他的小说由其遗孀整理，也可能是由她撰写完成的。事实上，正如第八章中引用的白金汉郡伯爵所言揭示的那样，许多人并未将他们在公共场合奉为圭臬的礼貌内化于心，这预示着在维多利亚时代，有公共场合的道德行为与私下个人恶行的双重表现。在奥斯丁生命的最后几年，摄政王，也就是后来的乔治四世掌管王国，他与其父乔治三世——那个1811年开始就疯疯癫癫的隐居者，形成了鲜明对比。

在那个时代的小说中，诱奸是常常出现的危险情节。男性引人误入歧途的诱导和虚情假意的承诺是小说的常见主题，正如汉娜·福斯特的小说《卖弄风情的女人》（*The Coquette*，1797）中呈现的那样，其结果往往是男性背叛，女性面临着被抛弃和怀孕的危险。这种道德观念在苏珊·罗森的小说《夏洛特：一个真实的故事》（*Charlotte: A Tale of Truth*，1794）中得到清晰呈现。小说《韦勒姆修道院》（又名《遗嘱：一部立足事实的小说》，*Wareham Priory; or, the Will: A Novel. Founded on Facts*，1799）中也是如此，小说中已婚的亨利·埃尔顿有一个情妇。该小说的作者可能是托马斯·亚当斯太太。奥斯丁为寻找角色阅读这部小说时，奥斯丁的哥哥爱德华和他的妻子伊丽莎白都对小说中警示此种罪恶的叙述表示赞同。[25]

奥斯丁的朋友安·巴雷特曾经问过她："你最喜欢你创作的哪些角色？""……埃德蒙·伯特伦和奈特利先生。但是他们和我所了解的英国绅士完全不同。"[26]这一回答反映出奥斯丁的个人经历，从中也可以看出她对所处世界及艺术的看法，折射出她对男性的认识和刻画。礼貌是人之所向，因为自我约束是必要的，达西曾强调这一点："每个人的性格中都存在某种邪恶倾向，天然存在，甚至教育都无法克服它。"[27]

无论是对于男性还是女性来说，这一点都成立，而奥斯丁非常善于呈现男性与女性角色之间的相似之处。比如，约翰和范妮·达什伍德，是一对长相并不出众的夫妇，常常互揭对方的短而不自知。这些相似之处对情节发展很重要，对爱情来说尤为重要。可以说它们具有颠覆性。因此，在同处于反抗家族控制的情况下，《傲慢与偏见》中的达西和伊丽莎白·贝内特发现彼此能够感同身受。此前，伊丽莎白没有理会母亲（尽管父亲很高兴）的愿望，拒绝了柯林斯先生。[28]

正如奥斯丁在小说《杰克和艾丽丝》中指出的那样，不是只有男性才"沉迷于酒精和赌博"。此外，在她那常常让人惊讶万分的少年时期作品中，奥斯丁描写了许多耸人听闻的情节，包括谋杀与偷盗：在《爱情与友谊》中，她描写了私生子问题；在《弗雷德里克与埃尔弗丽达》中，年轻的杰萨琳达·菲茨罗伊与马车夫私奔；在《杰克和艾丽丝》中，优秀的家庭教师迪金斯小姐与男管家私奔了。在《威廉·蒙塔古爵士》中，主角爱上了他遇到的每一位魅力四射的女子，为了达到目的，甚至愿意杀人。他射杀了一名对手，这与他之前因为打猎与婚礼冲突而放弃与一名女子结婚的决定遥相呼应。

这是在讽刺那些由男性性格与行为引发的择偶问题。在奥斯丁的小说中，这些问题经常出现。与其他作品相比，在《沃森一家》这样的作品中，这些问题更加尖锐。在《爱情与友谊》、《英格兰历史》和《曼斯菲尔德庄园》中都提到过同性恋问题，但是都很简短隐晦。

尽管整个社会存在许多个人的不雅行为，但是公众道德仍然重要。礼貌是一种公共行为，被视为必要的表演。此外，礼貌还有阶级层面的考量。礼貌和文雅是中产阶级的美德，关于其的讨论也往往被视为中产阶级作家的特征之一。然而，人们对于仅通过美德提升社会地位的想法并不感兴趣——尤其是对出身低微者而言更是如此。[29]恰恰相反，礼貌更倾向于回避社会中财富差异的影响及其后果，尤其是中产阶级地位的影响。不过奥斯丁完全理解礼貌与财富差异以及它们各自对社会礼仪的影响。在现实生活与小说中，在求婚与结婚时，财富问题往往让礼貌变得模棱两可。

男女平等的观念越来越为大众所接受，不过这种平等的普遍观念是尊重各自功能与发展差异，房子的布局即是遵循这样的原则。豪华宅邸的房间布局为第二章的一个主题，反映出人们心中男女的不同需求，同时反映出让两性和谐共处的空间是如何打造的。尤其是客厅，即原来的"退避室"①，为女性社交提供了适宜场所。贝内特先生以其特有的方式，把家里的房间分得清清楚楚，他向来对别人的缺点直言不讳："在书房里，他一向清闲自在。他曾对伊丽莎白说过，他愿意在除书房外的所有房间会见那些愚蠢自负之人，书房就不让他们踏足了。"[30]

根据现代标准，当时对于理想女性状况的特征定义中并不包括男女平等。在性方面也是如此，在结婚时，女性被期望在结婚时保持处女身，并在婚后保持忠贞，而对男性则没有这样的要求。当时，女性与男性都抱有上述想法。1779 年 5 月 4 日，下议院针对上议院发出的"加大通奸惩罚力度"的法案进行第二轮阅读讨论，下议院同上议院一样，当然也是由男性组成的主体。查尔斯·詹姆斯·福克斯认为该法案"不符合代表原则……完全没有女性代表"。比彻姆子爵弗朗西斯（Francis，Viscount Beauchamp）也反对该法案，他抱怨"只惩罚女性违规者而不对其男性共犯施加任何惩罚的不公平现象……他认为通奸率的提高，以及离婚率的提高是因为《婚姻法案》（*Marriage Act*），该法案将年轻人置于其父母和监管人的管控之下，迫使他们经常违背自身意愿进入婚姻，从而引发了不忠行为的发生"[31]。当时"议会单薄"（只有少数议会成员在场），下议院以 51 比 40 驳回该法案。

然而，按照欧洲标准来看，英国的社会习俗并非死板僵硬。许多法国贵族游客，比如吉斯尔伯爵（Count of Gisors）1754 年游览英国时，惊讶地发现有些年轻女子可以独自出行却不会名誉受损。[32] 简·贝内特与伊丽莎白·贝内特

---

① 在英国过去有个习惯，为了让女士们不受男士"吞云吐雾"的吸烟之害，要求她们在用餐后待在饭厅旁的另一个房间，也就是要求女士们从饭厅中"退出来"（withdraw），然后男士们就可以尽情地抽烟喝酒、高谈阔论，而不受干扰了。"drawing room（客厅）"为"withdrawing room（退避室）"的简称。——译者注

在内惹菲尔德庄园的游览即可以证明这一点。赫斯特夫妇这对已婚夫妇的到来也让这件事更值得人尊敬。他们非亲非故，却在一个单身汉家里参与年轻人的聚会，对此，小说中却无人认为这种行为有任何需要批评讨论之处。

此外，女性远没有被限制于私人领域和家庭生活中，她们的公共形象也很重要。无论婚前还是婚后，女性都可以成为雇主、消费者，而且能够在公共场合享乐而不受禁锢。而且，在家庭生活里，女性也能够坚持独立自主，实现自我控制，比如谱写乐曲，而且这种坚持不受家庭束缚。1787 年，奥斯丁的哥哥詹姆斯排演了一出献给家人的、苏珊娜·森特利弗（Susannah Centlivre）编写的戏剧《奇迹！女人保守秘密》（*The Wonder! A Woman Keeps a Secret*）的尾声中，他宣告，"女人不再居于从属地位"。

然而，依据现代标准，当时的情况远非理想。单身女性难以拿到足够养活自己的工资，而"文雅"这一观念又极大地限制了有教养的单身女性的选择。尽管具有"良好的判断力与优秀品质"，克拉拉·布里尔顿①的"一个侄女……一个贫困缠身的人，对于本就封闭的圈子来说，贫困是额外的负担"，她将面临的"情况比护士好不了多少"[33]。面对从前做过家庭女教师的韦斯顿太太，埃尔顿太太充满了优越感："看到她这么有贵妇风度，真是叫我惊讶！但她真像个淑女啊！"对此，韦斯顿太太曾教养过的爱玛反驳道："韦斯顿太太的行为举止总是特别得体，总是那么得当、简单、优雅，可以称得上是所有年轻女性最可靠的榜样。"[34] 换句话说，是埃尔顿太太的榜样。

简·费尔法克斯是《爱玛》中谜团一般的存在，因此是故事中的关键人物，她引发了关于奴隶制的讨论。举止优雅的费尔法克斯小姐十分自信："等我定下时间，我一点也不担心长期找不到差事。城里有不少事务所，问询他们很快就能有结果。那些事务所，倒不需要出卖人身，主要是买人的智慧！"她的话引得埃尔顿夫人回道："哦！亲爱的，出卖人身！你可把我吓坏了！

---

① 克拉拉·布里尔顿为简·奥斯丁小说《桑迪顿》中的角色，她的姑姑德纳姆夫人将她带到了桑迪顿小镇。——译者注

如果你是在抨击奴隶贸易的话，我向你保证萨克林先生一向是支持废除奴隶贸易的。"简的这种对比引起了误解，在下段对话里，简·费尔法克斯将这一点阐述得更清楚了，她是在指智力出售而不是奴隶制。当时奴隶制是布里斯托尔的主要问题，萨克林先生在那里经商，虽然他与奴隶贸易没有直接关系。"'我不是这个意思，我没想到奴隶贸易'，简答道，'我向你保证，我想的是女家庭教师的行业。干这一行的人，罪过和那完全不一样。不过对于受害者来说，很难说哪一种更让人难受。'"[35]

就像约翰·奈特利对邮局的认可一样，[36]自由经济及其相关机构是当时的发展重心。简·费尔法克斯提到"登广告的事务所，只要找他们，很快我就能找到合适的职位"。[37]她不是《爱玛》中唯一一个因主角充满好意却居高临下地干涉而面临困境的女子。奈特利先生极力表达自己对贝茨小姐的同情："她生活穷困，出生时家境还算富裕，后来败落下来了；等她到了老年，说不定还要更加潦倒。"[38]《凯瑟琳，或树荫》（*Catherine, or the Bower*）中，一位牧师的孤女，贫困潦倒，纵然不愿意，也不得不前往孟加拉结婚，而这种情节并不那么令人惊讶。[39]这一剧情是基于简的姑姑费拉德尔菲亚·奥斯丁的故事改编的。

简认为社会歧视不仅体现在婚姻方面，还体现在服装上。少年时代的作品《书信集》（*A Collection of Letters*）呈现了两者之间的联系。书中冷漠无情的格雷维尔夫人在舞会上评价玛利亚的服装"十分时髦"：

> 我可怜的女儿们将会因你而黯然失色……你穿了一件新礼服吗？……我想这礼服真够华丽呀……我敢说它真是太时髦出众了，但是我必须承认……我觉得这笔开支相当不必要。为何不穿那件旧条纹呢？我不喜欢因为别人穷就对他们吹毛求疵，因为我一直觉得更应该同情这些穷人，而不应该对他们过于责备，尤其是他们无力改变的时候；但是同时我必须说说我的观点，我觉得你穿上那件旧条纹礼服就

足够好看啦。说句实话，屋子里一半的人都不会注意到你穿没穿礼服，但是我想你今晚是打算发大财吧。[40]

　　更为普遍的是，需要应对上一代带来的各种压力的情况屡见不鲜。在那部书信集中，亨利埃塔·哈顿不愿意成为汤姆·默斯格罗夫的妻子，因为她的叔叔婶婶去世后，她拥有了比他还要多的财产。[41]这引发了关于财富的讨论。亨利埃塔告诉斯丘达莫尔夫人："我们这些继承财产的年轻女子绝对不能把自己嫁给没有什么钱的男子。"斯丘达莫尔夫人很赞同她的观点，她只关心默斯格罗夫的前途，尤其是他那"大有可改善的空间"[42]的庄园。《桑迪顿》中，德纳姆夫人向她的侄子爱德华爵士强调婚姻之事，告诉他"必须为了金钱结婚"。[43]

　　奥斯丁自己也面临着许多困难。她现存的第一封信是讨论关于金钱问题的信件。1796 年，她写信给卡桑德拉："你对丝袜只字不提，因此我自以为查尔斯没有买。因为我根本没有钱买丝袜，所有的钱都被我用来买白手套和粉波斯布了。"[44]这种对金钱的担忧构成了信件的主题。1805 年，奥斯丁向卡桑德拉抱怨道："我调查了一番，发现自己并没有富得流油，反而是一贫如洗。我连给萨科瑞十先令都付不起……准备好迎接一个即将深陷贫困泥沼的姐妹吧。"[45]这就可以理解为什么 1808 年奥斯丁对哥哥爱德华在戈德默沙姆举办的晚宴那么期待了："我要吃冰淇淋，要喝法国红酒，要摆脱拮据生活。"当时，因为制造和保存的难度，这些都是很奢侈的物品。

　　正如奥斯丁从她的家族历史、个人经历与观察中了解的那样，继承法和惯例对单身女性非常苛刻。未婚女性也很容易招致诋毁与嘲讽，尽管爱玛认为只有贫穷才会招致公众蔑视。[46]简笔下的角色，尤其是（但不只是）男性角色，对待女性的态度主要集中在金钱问题上，常常表现得居高临下、刻薄无礼。缺乏前途被视为一种犯罪。因此，《沃森一家》中，罗伯特·沃森批评他的妹妹爱玛，因为她姑姑的婚姻并未让她自己成为养尊处优的寡妇，也没有给爱玛留下任何财产：

> "天哪！永远都不应该让女人管钱。我总是说，丈夫一死，她就应该给你留下什么的。"
>
> "但那就意味着把钱交给我管，"爱玛回道，"而且我也是女人。"
>
> "它本来能为你的未来作保障的，现在你别无他法了。发现自己没能成为这八九千英镑的继承人，而是个身无分文、给家庭带来负担的人。对你来说，这是多么大的打击啊！"[47]

在这个凄凉的故事里，爱玛最终认识到，是这个"让人忍受可怕屈辱的不平等社会"和"冷冰冰的繁荣景象"，让她"变得对任何人来说都无关紧要"。[48]

18世纪中期以后，人们对女性能从婚姻中获得什么的期待值变高了，富人群体中婚姻浪漫与家庭和谐的观念流行起来；因感情不和而分居的做法也变得更加常见。这种趋势赋予人们些许自信，尽管如此，那些让夏洛特·卢卡斯接受柯林斯先生的明确而又令人信服的理由仍然十分中肯：

> 当然，柯林斯先生既不通情达理，也不讨人喜欢；同他相处也是件讨厌的事情，他对她的喜欢也定是虚无缥缈的。但是她还是要他做自己的丈夫。她对男人抑或是婚姻都没有什么过高期待，不过结婚一直以来都是她的目标。对于一个受过教育、家境不好的年轻女子来说，婚姻是她们唯一体面的退路。尽管不确定婚姻能带来多少幸福，但起码能让她们得到保障，免于贫穷的困扰。她现在得到这种保障了。她今年二十七岁，又长得不算漂亮，这样的归宿已然让她觉得自己万分幸运了。[49]

经济因素依然对婚姻具有极强的约束力。早些时候，柯林斯先生向伊丽莎白·贝内特求婚时说："不幸的是，你的那份财产太少了，足以让你所有的可爱与美丽失去魅力。"[50]身处这样一个没有财产就没有竞争力的婚姻市场，《劝导》[51]中，安妮·艾略特的那种自我牺牲的生活似乎是唯一的选择。这一点对男性与女性都适用，只不过对于后者而言，她们的选择更少，面临的结果也更糟。这不仅体现在上述考量中，也体现在不允许女性把握主动权上，体现在男性对女性司空见惯的、高高在上的控制里。虽然与婚姻无关，但是另一个能够清晰体现男性主导的例子是帕克先生决定接受海伍德先生的友好提议时，两人的不同表现。海伍德先生提出这一建议时并没有询问妻子与女儿们的意见，反而是帕克先生"询问了几句妻子的意见，'亲爱的，我想这对我们来说大有益处'"[52]。

奥斯丁以范妮·伯尼的经历为基础①，描写了女性的童年与受教育情况。除了高雅的社会表象与基石和对传统婚姻期待的强调以外，在面对社会危害时，还需要拥有保护自己的意识。[53]一些来自家庭内部的对幸福发起的挑战，让这些危害更为棘手。在《诺桑觉寺》中，奥斯丁借鉴了伯尼的小说《卡米拉》，提及了对女性、童年、经历与教育的长期存在的固有观念。[54]

除了父权制与纪律以外，亲情与情感将家庭紧密连接起来。所有社会与宗教团体的父母都爱他们的孩子，绝大部分也不会将其视为原罪的化身，尽管许多福音教徒仍这样认为。正如汉娜·莫尔著作中所呈现的那样，人性本恶仍是一个难以驳倒的观点。然而，父母作为权威者，其关于尊重、纪律和虔诚的谆谆教诲与亲情并不冲突。在抚养孩子时，父母认为有必要将基础技能传授给孩子们，并坚信这对孩子和父母来说都大有益处。当孩子要继承父母的职业时，尤为如此。这种趋势的出现是由于整个社会传承惯例的本质，也

---

① 范妮·伯尼出生于英国伦敦的一个上层社会知识分子家庭，她的小说强调了父权体制下女性受压迫的社会弱势地位，对女性的普遍困境进行了深入探讨。《卡米拉——一幅青年画像》中的主人公卡米拉生活在一个幸福的家庭，但父权给予她庇护的同时也严格限制着她的自由，要求她必须温顺、迁就他人，必须屈从于男性，并声称女子教育没有特定的价值。这也是范妮个人经历的映射。——编者注

是由于资本匮乏及大部分人就业机会有限。此外，国家未能提供教育，这为父母及其他亲属带来了巨大的负担，他们常常承受不起。在一定程度上，卫生、住房和社会福利也是如此。除此之外，公共组织与教会等开展的慈善事业十分广泛。社会精英理应在慈善行为方面为他人树立榜样。尽管程度不同，但是奥斯丁笔下的人物就是这样去做的。达西是个"慷慨的男子，为穷人做了很多事情"；爱玛"对贫病交加的家庭进行慈善访问"，关心那些需要"教区救济金"的人们；奥古斯塔·霍金斯发现简·费尔法克斯的处境让人心生怜悯，督促大家为她采取行动。[55] 为了取悦范妮·普莱斯，亨利·克劳福德强调他在埃弗林厄姆庄园开展的慈善事业：

> 他讲了自己之所以要在这么不寻常的季节前往诺福克郡，是真的有事情，要重新签订一个租约。这个租约关系到一大家（他认为是）勤劳肯干的人，原本的租约危及了他们的福祉。他怀疑他的代理人不怀好意，有意让本应尊重他的人对他产生偏见，他决定自己去一趟，将这件事情的是非曲直调查清楚。他去了一趟……做的好事比他预想的还要多……他拜访了一些农舍，尽管这些农舍就在他自己的庄园里，但是此前一点也不了解……跟受压迫的穷人成了朋友。[56]

出于人物性格的原因，布兰登上校在这方面做得更多："得知我之前的一位仆人陷入了不幸，因为负债被关了起来，我去拘留所看望了他。"他的嫂子在与严厉的哥哥（她的丈夫）经历一段不幸的婚姻后，又被人勾引，最终香消玉殒。在那之后布兰登很关心成了孤儿的侄女伊莉莎。此外，玛丽安·达什伍德一与上校结婚，就成为"村子的赞助人"。[57]

拒绝尊重他人是性格苛刻的标志，正如沃尔特·艾略特爵士一样，他因为安妮去拜访陷入困境的老校友而对她加以指责，这十分符合他的性格特点：

他说："安妮·艾略特小姐到西门客栈去看谁呀？——一个叫史密斯太太的寡妇——她丈夫是谁？到处都可遇见到的五千个史密斯先生当中的一个。她有什么吸引人的地方？又老又病。——说真的，安妮·艾略特小姐，你的爱好非常特别！别人厌恶地位低贱的朋友、劣等的房间、恶臭的空气、令人讨厌的关系，这些对你倒颇有吸引力。"[58]

上海译文出版社 2010 年版　裘因译

与此同时，尽管德文郡议员约翰·罗尔（John Rolle）于 1787 年提出的通过累计税与强制性国民保险为济贫事业提供国家资金支持的建议未能取得任何进展，但还是有一些关于济贫的国家规定的。1723 年颁布的《济贫院检验法》（*The Workhouse Test Act*）鼓励教区修建济贫院，从而为穷人提供工作与住宿，但是在 18 世纪中期以来人口不断增长的情况下，济贫院数量还是太少了。1782 年《吉尔伯特法》（*Gilbert's Act*）赋予治安官任命管理年老体弱者居住的工业之家（Houses of Industry）监管员的权力。然而，救济院仍然不如"院外救济"重要。院外救济常常为穷人提供实物帮助，有时为他们提供工作。该救济方式十分灵活，在应对季节性失业方面尤为如此。1795 年开始实行的斯佩纳姆兰（Speenhamland）院外救济制度，虽然并非普遍使用，但是该制度能够保证失业人群及雇佣劳动者获得的薪资和补助足够购买面包，养活家庭。除了符合传统标准的人群，尤其是老人、幼童及身体状况不佳者之外，低收入人群也被纳入贫困救济的合法范围中。根据社会规范，家庭获得的救济是交给男性的。[59]这一制度是政府为应对当时的革命危机而采取的一种适应性措施。

与此同时，穷人也在苦苦挣扎。1829 年，著名的激进主义作家、支持大不列颠和北爱尔兰联合的威廉·科贝特，对德比郡穷人饮食的描述骇人听闻，"而这就是英格兰"。对于大部分人而言，食物是最大的单项开支。他对 19 世纪的大额国债充满仇视，展现出托利主义激进的一面。他也反对"腐败选区"——那些由赞助人控制的选民人数很少的议会席位。

高昂的粮食价格往往会增加传染病感染和死亡的发生率。气候与天气也十分重要，不适宜的气候和天气会削弱人体的抵抗力。大多数住宅既不温暖也不干燥，木柴短缺让恶劣的天气更加难以忍受。爱玛与哈丽埃特·史密斯"有段时间会谈论穷人冬天必定十分难熬"，[60]尽管区分值得帮助的穷人与不值得帮助的穷人仍是一个问题。被一群令人生畏的吉普赛人围着讨要钱财，哈丽埃特·史密斯与比克顿小姐惊慌失措。[61]教育体系并未向社会结构与态度发起挑战。大部分孩子没有上学，学校的分布并不均匀，大部分的课程设置严重受制。人们普遍认为，教育应当反映社会地位，强化社会现状，因此不应教导穷人追逐梦想。女孩的教育机会尤为有限。实际上，家庭成员共同生活、紧密接触，需要合作与相互容忍，而这必然对父权的本质产生影响。父母作为权威者所灌输的尊重、纪律与虔诚不仅不与情感冲突，而且常被视为一种联结。个体喜好与家庭压力之间的矛盾往往并不新奇，与丈夫们的矛盾也是如此。伊丽莎白·贝内特佩服夏洛特·柯林斯（原姓卢卡斯）能够"引导丈夫，并且能够镇定自若地容忍他"，这部分的成功归功于她鼓励他尽可能多地去料理花园。[62]从表面上看，这只是一个单一领域的例子，但同时这也是不同个体空间在家庭生活中的投射。园艺生活满足了柯林斯先生践行值得赞赏的行为的渴望，而在某种程度上，这种私人行动也符合他向公众炫耀的需要。

由已婚夫妇及其未成年孩子组成的核心家庭是社会的基本组成单位。除了一些由寡妇或鳏夫构成的家庭外，很少有单亲家庭。出生、衰老与死亡让家庭的生命周期不断变化，当家庭纳入新的家庭成员时，无论是纳入年幼孩童还是病弱成人，都需要适应期。下例可以展示一种模式。提及韦斯顿夫妇刚出生的女儿，奈特利先生对经验的社会化展开反思："婴儿时期，她不那么讨人喜欢，但是随着年龄增长，她会自己调整改变的。"[63]这一观点可能就是奥斯丁本人的看法。1814年，她写道："人们不关心女孩，直到她们长大成人。"[64]

与此同时，正如奥斯丁指出的那样，核心家庭也是紧密连接的亲属关系网中的纽带。表亲婚姻的遍布反映了这种关系网，并由此让它得以维系。这种婚姻在《曼斯菲尔德庄园》及王室家庭中都有所呈现。这一时期，人们既注重与出生家庭的连接，又注重与婚姻家庭的连接，而表亲婚姻有助于为这两个家庭搭建桥梁。[65] 上述家庭单位与关系网反映出那一时期的社会规范，并且受限于这些规范。事实上，这也是奥斯丁小说的一大背景。虽然失当的情感与错综复杂的剧情常常让它变得复杂，但是求爱与金钱等情节突出了这些习俗带来的挑战，推动了情节发展，比如柯林斯先生对表亲贝内特姐妹的接连追求。因为这些小说都是喜剧，结局都是积极正面的，甚至是充满欢乐的，因此，其结论也是正面的。然而，现实情况要复杂得多。事实上，伊丽莎白·贝内特在总结《傲慢与偏见》前半部分时，反思道："我越是了解这个世界，就越是不满意。每一天我都愈加确信，人性都是变幻无常的，任何表面上的美德与理智都是不值得信赖的。"[66]

注释

1. S. Carlile, *Charlotte Lennox: An Independent Mind* c. 1729–1804 (Toronto, 2018) .

2. R. Phillips, *Putting Asunder: A History of Divorce in Western Society* (Cambridge, 1988) .

3. S. Johnson, *The History of Rasselas, Prince of Abissinia* (London,1759) , 26.

4. *MP* III, 7.

5. *MP* I, 3; III, 13.

6. *Sense* III, 2.

7. J. Wiltshire, *Samuel Johnson in the Medical World* (Cambridge, 1991) .

8. *Letters*, 49.

9. J. Wiltshire, *Jane Austen and the Body: "The Picture of Health"* (Cambridge, 1992) .

10. C. Midgley, *Women against Slavery: The British Campaigns*, 1780–1870 (London, 1992) .

11. For modern comparisons for the United Kingdom: 108:100 in 1951 and 102:100 for 2011.

12. B. Hill, *Eighteenth–Century Women: An Anthology* (London, 1984) .

13. J. Todd, ed., *A Dictionary of British and American Women Writers* 1660–1800 (London, 1984) .

14. D. Dugaw, *Warrior Women and Popular Balladry* 1650–1850 (Cambridge, 1989) .

15. E. Spring, *Law, and, and Family: Aristocratic Inheritance in England,1300 to 1800* (Chapel Hill, NC,1994) .

16. M. Lincoln, *Naval Wives and Mistresses* (London, 2007) .

17. H. J. Shroff, *The Eighteenth–Century Novel: The Idea of the Gentleman* (London, 1983) .

18. J. Todd, *Women's Friendship in Literature* (New York 1980) .

19. *PP* I, 6.

20. *Later Manuscripts*, 81–82.

21. K. Davison, "Occasional Politeness and Gentlemen's Laughter in 18th Century England," *Historical Journal* 52 (2014) : 921–45; J. Black, *An Illustrated History of Eighteenth–Century Britain*, 1688–1793 (Manchester, UK, 1996) , 61–71; H. Berry, "Rethinking Politeness in Eighteenth Century England: Moll King's Coffee House and the Significance of 'Flash Talk,'" *Transactions of the Royal Historical Society*, ser. 6, 11 (2001) : 65–81.

22. J. L. Wood, "Meaner Beauties of the Night," *Factotum* 30 (1989) :12–14.

23. A. Clark, *Women's Silence, Men's Violence: Sexual Assault in England* 1770–1845 (London, 1987) .

24. E. Mackie, *Rakes, Highwaymen, and Pirates: The Making of the Modern Gentleman in the Eighteenth Century* (Baltimore, MD, 2009) .

25. P. D. Garside, "Jane Austen and Subscription Fiction," *British Journal for Eighteenth–Century Studies* 10 (1987) : 186.

26. D. Le Faye, "Jane Austen's Friend Mrs Barrett Identified," *Notes and Queries* 244, no. 4 (December 1999) : 451–52.

27. *PP* I, 11.

28. C. L. Johnson, *Jane Austen: Women, Politics and the Novel* (Chicago,1988).

29. H. J. Shroft, *The Eighteenth-Century Novel: The Idea of the Gentleman* (London, 1983) .

30. *PP* I, 15.

31. W. Cobbett, *The Parliamentary History of England from the Earliest Period to the Year 1803* (London, 1806) , XX:599.

32. Journal du voyage de M. le Cte. de Gisors, Paris, Archives des Affaires Étrangères, Mémoires et Documents Angleterre fols. 25–26.

33. *Sanditon* 3.

34. *Emma* II, 14.

35. *Emma* II, 17.

36. *Emma* II, 16.

37. *Emma* II, 17.

38. *Emma* III, 7.

39. *Juvenilia*, 244

40. *Juvenilia*, 198.

41. *Juvenilia*, 206.

42. *Juvenilia*, 208.

43. *Sanditon* 7.

44. *Letters*, 2. 波斯布（Persian）是一种素色丝绸织物。

45. *Letters*, 108. 苏珊娜·萨科瑞 (Susannah Sackree) 是保姆。

46. B. Hill, *Women Alone: Spinsters in England*, 1660–1850 (2001) ; A. M. Froide, *Never Married: Singlewomen in Early Modern England* (Oxford, 2005) ; Emma I, 10.

47. *The Watsons from Later Manuscripts*, 122–23.

48. *Later Manuscripts*, 135.

49. *PP* I, 22.

50. *PP* I, 19.

51. *Persuasion* II, 11.

52. *Sanditon* 1.

53. C. A. Howells, "'The Proper Education of a Female... Is Still to Seek': Childhood and Girls' Education in Fanny Burney's Camilla: or, a Picture of Youth," *British Journal for Eighteenth–Century Studies 7* (1984) : 191–98.

54. P. Crown, "Portraits and Fancy Pictures by Gainsborough and Reynolds: Contrasting Images of Childhood," *British Journal for Eighteenth–Century Studies 7* (1984) : 159–68.

55. *PP* III, 2; *Emma* I, 10; III, 8; II, 15.

56. *MP* III, 10.

57. *Sense* III, 14.

58. *Persuasion* II, 5.

59. S. A. Shave, *Pauper Policies: Poor Law Practice in England*, 1780–1850 (Manchester, UK, 2018) .

60. *Emma* II, 1.

61. *Emma* III, 3.

62. *PP* II, 5.

63. *Emma* III, 17.

64. *Letters*, 276.

65. M. J. Corbett, *Family Likeness: Sex, Marriage, and Incest from Jane Austen to Virginia Woolf* (Ithaca, NY, 2008) .

66. *PP* II, 1.

抛开宗教、法律、秩序和礼节的约束，接着思考该如何履行生活中的相关职责。一个人若已成长到足以在上帝面前飞翔，还能指望他对上帝保持任何敬畏吗？

——《英国纪事报》，1779 年 7 月 15 日

奥斯丁的世界在很大程度上由宗教信仰和实践决定[1]，但对于如今的读者来说，她的一生可能并非处于一个宗教氛围特别浓厚的时代。这个时期的城市建筑不会因为教堂的存在而让人铭记于心，就如同时代的画家并不会因为其宗教作品而流芳百世。18 世纪通常以启蒙时期为名，在此时兴起的启蒙运动也带有世俗的特征。通常，人们将信仰归结为迷信的保守主义或者是非理性的宗教狂热。1780 年，在伦敦以及包括巴斯在内的各省中心发生了严重的反天主教戈登暴乱，这次暴乱被普遍视为时代的错误。而废除歧视非教徒和天主教徒的立法被认为是早该进行且必要的。英格兰教会的地位在人们心中垂垂欲绝。

实际上，近期的学术研究大大削弱了这种看法。这些研究证明大多数神职人员都相当虔诚，他们所做的事情也令人印象深刻，而且，人们建造教堂的数量比大部分人认为的要多得多[2]，宗教主题的绘画也是如此，特别是约书亚·雷诺兹的继任者本杰明·韦斯特，他在 1792 至 1805 年和 1806 至 1820 年期间担任皇家学院院长。这一时期，英国圣公会的海外传教活动显著增加。福音传播协会的记录显示，伟大的、善良的以及普通的教区居民都进行过虔

诚的捐赠。福音派圣公会与公民社会的概念传播紧密相连。

英国是一个教会国家。1673 年的《宣誓法案》和 1661 年的《结社法案》直到 1828 年才分别废除。这些法案要求王权下的公职人员必须进行效忠宣誓，承认英国国王是英国国教的领袖，并接受英国国教的圣餐。这一制度得到了托利党的大力支持，而辉格党则与持不同宗教观点者关系密切。废除这些法案的行动在 1787 年、1789 年和 1790 年均以失败而告终。

这种情况有助于确保英国圣公会的意识形态在英国民族认同中继续发挥作用，同时也延续了当地的紧张局势。异教徒们（包括相信三位一体的非国教徒以及那些不相信的人），倾向于更激进的政治立场，这是因为他们不属于既定的教会。进行激进主义运动的主要是中产阶级群体，而对贵族的地位和利益影响有限。无论教会在国家层面是否处于危险之中，英国圣公会成员都认为有必要在地方和所有教区保护教会。此外，神职人员往往对教会之间的竞争了如指掌。1790 年，托马斯·布兰德（Thomas Brand）牧师写信给同为圣公会教士的托马斯·沃顿（Thomas Wharton），"异教徒失败了。他们的成功将为那任何一种卑鄙的请愿敞开大门，而这些请愿是由野心勃勃的煽动者和心怀不满的人发起的。如果议会的投票受外部影响如此之深，那么宪法定将被彻底摧毁。此外，我们的什一税，我们的教区财产，我们的大主教和我们的显圣不知会变成什么样子"。[3]

此外，在缺乏现代政党组织结构的情况下，教会之间的联系为人们提供了社交场所，赋予了人们社会属性，这对政治结盟的发展和政治支持的动员至关重要。同时，这种联系对于文化和历史也相当重要。事实上，英国的历史在某种程度上是教会争夺的缩影。因此，修道院作家给英国历史带来的误导性影响是《大英百科全书》聚焦的一大主题。[4] 在奥斯丁的一生中，教会历史以及国家历史中展现的宗教一面仍然带有政治以及文化倾向，鉴于天主教徒解放运动的重要性，这并不奇怪。

在奥利弗·戈德史密斯（Oliver Goldsmith）写的唯一一部小说《韦克菲

尔德的牧师》（*The Vicar of Wakefield*，1766）中，教区牧师在为一位准军官祈福的重要时刻，提到了英国内战（1642—1646）期间"神圣的国王"（查理一世）的事业，这是一个经典的保守党主题[5]。奥斯丁在1791年写的《从亨利四世统治到查理一世之死的英国史》（*History of England from the Reign of Henry the 4th to the Death of Charles the 1st*）的书名借鉴了戈德史密斯的《从最早的时代到乔治二世之死的英国史》（*The History of England，from the Earliest Times to the Death of George II*，1771），更直接的一点是，她在戈德史密斯的书上做了大量的旁注——当然，奥斯丁也在她哥哥詹姆斯的书上写过一百多条旁注。这些旁注在很大程度上反映了保守党人的历史观[6]。奥斯丁的家人回忆道，奥斯丁强烈支持查理一世（1600—1649年，其中1625—1649年在位）[7]，她的作品《历史》（*History*）赞扬了查理一世以及他忠诚的追随者们，而将反对者称为"恶棍"，并指责他们是17世纪40年代内战和苦难的根源。她在《历史》的结尾写道："因此，我并不打算细说为何这位国王会因为其议会的失职和残酷行为而受到影响，并陷入痛苦的深渊，我将为他平反专横和暴政的恶名，并为此感到满足。我认为这件事并不难做到，只需摆出一个事实，我就一定能说服每一个理智善良、拥有正确三观的人，而这个事实就是：他是斯图亚特王朝之主。"[8]

这并不是一个刻意夸张的调侃戏弄。奥斯丁在戈德史密斯作品中写的旁注表达了她对"内战"（1642—1646年的战争）进程的看法[9]：对于1643年死于谋杀的主要议会议员约翰·汉普顿（John Hampden），她用遗憾的口吻写道："这样的美德竟被共和主义蒙蔽了！"[10]奥利弗·克伦威尔（Oliver Cromwell）在她的旁注下是一个"可憎的怪物！"[11]，她呼吁上帝保佑那些在1651年帮助奥利弗·克伦威尔的手下败将查理二世（1660—1685年在位）从伍斯特逃跑的群众；[12]詹姆斯二世于1688年针对罗马天主教徒和不从国教者出台了《信教自由令》（*Declaration of Indulgence*），英国国教主教对此事所做的"温和"声明引起了她的评论："太温和！不过我想，如果这是天主教徒的发言，那就过于放肆了。"[13]同时她也从这件事出发指出了历史学家的记述具有选择性。对于詹姆斯在不受拥戴的情况下仍坚持不懈，她也做出了类似评论："如果他认为这些措施是正确的，就不能责怪他为此坚持。"[14]威廉三世（1689—1702）是辉格党的英雄，却被奥斯丁描述为"恶棍"。[15]1714年安妮女王的去世使得戈德史密斯对斯图亚特王进行了批判性的总结，奥斯丁却对此进行了反驳，对于詹姆斯二世的儿子僭王"詹姆斯三世"的看法、对于其在詹姆斯党的支持下的夺位活动（1701—1766），以及对于1745年爆发的詹姆斯起义的评论，奥斯丁也与戈德史密斯的观点相左。[16]

在奥斯丁所处的社会时代，在如何（而不是是否）最好地敬拜上帝和寻求救赎、如何组织教会以及处理教会和国家之间的关系这一类问题上所出现的分歧，无论是集体的还是个人的，无论是政治的还是非政治的，都受到了人们的迫切关注。此外，"千禧年主义"在法国大革命之后变得尤为强劲，尤其是与自称是宗教先知的乔安娜·索斯科特（Joanna Southcott，1750—1814）有关的，她在1814年声称自己将生下新的救世主。虽然人们（特别是福音派）指责"礼貌"会助长虚伪虔信的风气，但"礼貌的"和"虔诚的"并非相互抵触的词语。事实上，宗教热情并不是例外。既有的教会并不缺乏活力，其会众也没有表现出死气沉沉。风俗改良协会（Society for the Reformation of Manners）的确立体现了英国圣公会虔诚的强大力量和良好的社会意识。

直到18世纪80年代，教会该如何为快速增长的人口提供服务这个问题变得极其严峻。从那时起，尽管新教堂纷纷建立，比如1787年在布里斯托建造的圣保罗教堂，但在许多发展中的城镇，如利兹和赫尔，教堂都无法提供足够的住宿。1818年和1824年，人口增长导致礼拜场所不足，为了应对这一问题，议会拨款兴建了一系列教堂。在1818年之前建立新的教区需要通过议会立法，这使得人们对教堂缺乏足够的认识，对于一个日新月异的国家来说，其中的新人口密集地区更是如此。令人担忧的问题还包括来自非英国国教教徒的竞争和当时人们口中的不忠行为。

最近发表的许多学术论文都强调了神职人员的奉献和勤奋以及教会事工的工作效率。在奥斯丁的小说中也可以看到相关内容。在《劝导》中，教区长谢利博士"四十多年来一直在满腔热情地履行自己的职责"。[17] 教士们诸如卡默顿的约翰·斯金纳（John Skinner，1772—1839）写的日记都能够体现他们的宗教信仰和慎独，也能够看出他们在履行教士生活的标准。[18] 虽然斯金纳本人其实是个难缠无比的人，与大多数教区居民都闹翻了，最终落得自杀的结果。教士的生活标准包括每天都要出席晨祷和晚祷，在缺席时寻找替代的教士，为穷人提供食物并对儿童进行慕道教育。英国圣公会等级制度能够有效地监督神职人员，这提高了教区居民的宗教忠诚度。尽管某些牧师会"兼任神职"，即在两个教区担职的同时并不会常住在这些教区，但教区居民们还是表现出了很高的虔诚度，同时也非常愿意遵守宗教规定。此外，汉普郡的多元化程度尽管很高，不履行宗教仪式也与助理牧师的存在并没有关系。英格兰教会在当时还没有达到即将灭亡的程度。作为神职人员的女儿，奥斯丁在这种环境中成长，与以前相比更具活力的教堂也在精神上塑造了她。

一般来说，增加牧师收入有助于吸引受过良好教育的牧师加入教会，至少在南方是这样的情况。当代人和历史学家普遍认为，从世纪中期起，由于农业利润的增长，以及多元化所带来的生活收入的增加，提高了神职人员的社会地位以及他们的总体受教育水平。

然而，北方的许多牧师并不像南方那样拥有大学学历[19]，而奥斯丁反复暗示了牧师的社会地位的不安定状态，主要是由于任职问题。从凯瑟琳·德·包尔夫人和柯林斯先生的关系中可以看出这一点。柯林斯先生总是过度称赞他的那位女赞助人，他把这个习惯发挥到了极致："她平常跟他攀谈起来，总是把他当作一个有身份的人看待。她丝毫不反对他和邻居们来往……她还曾到他的寒舍拜访过一次。"[20] 他结婚不久就和妻子每周都到凯瑟琳夫人家拜访两次并留下吃饭，结束后还能坐着她的马车回家，再也不用在黑灯瞎火中摸索着回家。[21] 这是一种礼遇，他对这种礼遇深表感激。

除了柯林斯先生和凯瑟琳夫人之外，其他人也有像他们俩一样的依赖关系。达西的父亲打算在教堂为韦翰提供职位，并在他的遗嘱中留下了相应的说明。韦翰犯过法，过着"游手好闲的生活"，最后希望寻求一份差事过活——特别是在金泊屯，那里有一座"极好的牧师住宅"——但达西却拒绝了他："我知道韦翰先生不应该成为一位牧师。"这表明了赞助人对教区居民谨慎且适当的行事态度，但也能够体现出赞助人所拥有的权力。所有那些热衷于在教会升职的人都必须将自己的赞助人考虑在内。[22] 这是赞助的延伸，也是对赞助的一般性质的强调。这种职业上的追求不仅影响自身，对亲属也会产生影响。柯林斯太太夏洛特·卢卡斯因为伊丽莎白的缘故，在达西和菲茨威廉上校之间更看好前者，因为前者"在教会里有很大的权力，而他那位表兄弟却根本没有"。[23] 相比之下，菲茨威廉的那些优点就无足轻重了。这种假设基于伊丽莎白的丈夫能够帮助柯林斯先生。柯林斯先生有一个愿望，就是让他现在的赞助人凯瑟琳夫人和他未来的赞助人，也就是凯瑟琳夫人的外甥达西关系更紧密。

赞助往往涉及各种各样的支持。教士查尔斯·海特"很有希望通过斯派塞一家人的推举，在一两年内从主教那里捞到点好处（意指将查尔斯从副牧师提为牧师）"。[24] 教士对于赞助人的依赖要求赞助人得具有一种风度，但是他们很有可能并不具备这种风度，比如，玛丽亚·伯特伦在评价她求婚对象所拥有的索瑟顿教堂时说道："我很高兴这座教堂没有和老地方的教堂一样离大房子很近。扰人的钟声一定十分可怕。"[25]

教会仍然欢迎出身卑微的人才加入，几位主教就是很好的证明。其他人则出身中层阶级，例如，1831 年起担任埃克塞特的主教亨利·菲尔波特，其父亲约翰经营一家小酒馆和砖瓦厂，也是一位土地经纪人。乔治三世在任命主教时十分看重贤能，1812 年至 1827 年担任首相的第二代利物浦伯爵罗伯特也是如此。然而，出身良好的人往往能够从关系和赞助中获得好处，有贵族背景的神职人员能够获得非常高额的收入。舒特·巴林顿是第一子爵巴林顿的儿子，曾于 1769—1782 年、1782—1791 年、1791—1826 年分别任兰达夫、索尔兹伯里和杜伦的主教。他的第一任妻子戴安娜·博克拉克女士是公爵之女，后来她死于分娩，一尸两命。

相比之下，大量的圣职候选人生活都过不下去，尤其是在竞争最激烈的英格兰南部。许多牧师的职业前景和微薄工资的提高都受到了限制。

教友的赞助对神职人员来说十分重要。53% 的教区工作的任命由私人控制，10% 由皇家控制，剩下的由主教以及剑桥大学和牛津大学控制。此外，三分之一的什一税由普通信众持有。

然而，如同大多数人一样，持有什一税的神职人员，都受益于食品价格的上涨。[①] 在 1770 年至 1800 年期间，大多数圣俸增加了两倍。事实上，什一税收入不断增加，使得 70 岁的乔治·奥斯丁能够在 1800 年从斯蒂文顿退休，并与妻子（因其健康状况需要）和两个女儿住在巴斯。奥斯丁对神职收入和前景的理解构成了她小说的一部分，她的理解也有根有据，她的家庭从当时繁荣的农业生产中受益匪浅。除了拥有什一税以外，若教士在教区内没有乡绅作为赞助人，即桑顿莱西的埃德蒙·伯特伦[②]的那种情况，[26] 他们是可以在教区内主持社会活动的。 神职人员是英国启蒙运动的核心，因此在更具书卷气的地方文化中也占有重要地位。他们在教育和小说出版以外的领域尤其重要。1799 年，布里圣埃德蒙斯的一位教士学校校长亨利·圣约翰·布伦出版了他的《地理要素：专为学校使用设计》（*Elements of Geography*, *Expressly Designed for the Use of Schools*）。

由于教会对持不同宗教观点者宽容有加，所以必须高效运作以抵抗竞争。教会教导信仰的职责得到了强调：在圣公会文学中，强调了牧师和信徒的宗

---

① 什一税是根据农产品的产量和价值来计算的。在农业社会中，什一税是指农民必须支付给教会的十分之一的收入。因此，当食品价格上涨时，农产品的价值也随之增加，导致农民需要支付的什一税金额也相应增加。——编者注

② 《曼斯菲尔德庄园》中的男主角。——编者注

教活动，而非停滞不前的安逸满足。克利夫兰总教区长弗朗西斯·布莱克本的一本晚期出版物《关于传教主题的简短论述》（*A Short Discourse on the Subject of Preaching*，1785）就强调了这一点。这里强调的奉献精神并不局限于福音派，的确，遵守和虔诚并不一定与福音派有关。

此外，有大量证据表明，许多教友都遵守教会关于礼节上的要求，同时也展现出了广泛的虔诚。礼节对教区居民的身份至关重要。因此，奥斯丁出生后，她的牧师父亲立即在家中为其洗礼，并在第二年春天将她带到教堂进行正式洗礼，以一种公开的方式来确认对信仰的承诺。

宗教世界观为教徒提供了最有效的解释模式、最好的心理防线，以及在一个不稳定的、往往是严酷的世界中生存下去的基本说明。格洛斯特郡农民威廉·格拉辛于1798年去世，他生前在自己那本被翻烂了的笔记本上记录了祈祷健康的咒语。止血符咒是一份信仰声明，开头是："我相信耶稣基督是上帝的儿子……这个符咒必须重复五次。"基督教出现之前的习俗仍然留存。爱德华·韦克菲尔德的《爱尔兰记事》（*Account of Ireland*，1812）就记录了许多这样的习俗，比如在圣约翰节前夕，人们会点燃篝火、让孩子荡秋千、驱赶牲畜，以确保健康和财富。然而，非正统的天命观是不可接受的。1792年理查德·布拉泽斯预言了世界末日，1795年再次预言，从那时起，他被视为犯有精神错乱罪行。

主日学校和祈祷文学作品，如穷人们所阅读的小册子，以及纪念日和包括洗礼、婚礼和葬礼的仪式，培养了人们内心的虔诚，以及强烈的救赎意识。这些有助于培养大众奉献精神的既定宗教作品还在继续销售。1812年，来自肯特郡的英格兰教会积极捍卫者约翰·刘易斯教士的《以问答方式解释教会教义，并以经文证明》（*The Church Catechism Explained by Way of Question and Answer, and Confirm'd by Scripture Proofs*）出版了第四十二版；1826年，罗伯特·纳尔逊的《英格兰教会的节日和节庆伴侣》（*A Companion for Festivals and Fasts of the Church of England*，1704）出版了第三十版。布道文和祈祷文学是销量最高的书籍。

大众的虔诚也被内化了，出现了高水平的内省或"内化"信仰，其中一些与福音派运动的崛起有关。在结合了传记和小说的自传式精神叙事中，这种内化信仰发挥了作用。人们领受圣餐的频率降低了，是因为他们通过内省后对自身的价值产生怀疑，许多人觉得自己不配接受圣餐。奥斯丁为她的家人（可能是）写的祈祷文也反映了这种虔诚。

很多人都会去购买虔诚主题的文学和布道书籍，这证明了宗教能够影响人们的感受和反应。人们通过听读、引用或是阅读《圣经》来对其进行了解。玛丽·沃斯通克拉夫特也许是个激进分子，但她也学习《圣经》[27]，而且她与汤姆·佩恩① 不同，她没有用《圣经》来开玩笑。玛丽的女权主义有着强大的宗教基础。[28] 多产的道德和宗教主题作家汉娜·莫尔也生活在这个时代。更为普遍的是，英国被视为一个新的"应许之地"，然而对于个人而言，通往尘世灭亡和地狱结局的风险却被评论家们反复提及。

公共层面的宗教和社区的精神健康都很重要，而且需要积极的行动。与此相关，英国圣公会在教育和社会福利方面都发挥了重要作用。事实上，人们认为宗教是维持秩序的一种方式。1815 年，英国圣公会的一个保守机构——全国穷人教育协会在沃里克开设了一所学校，以便于孩子们学习"勤劳、顺从和节俭的习惯"，也"有助于减少犯罪……但我们的首要目标是宗教教育"。[29]

在一个宗教既是一种社会义务，也是一种个人精神体验的时代，既定教会的性质是力图向所有人提供服务，这一目标可能引发一些批评。特别是那些信仰坚定的人，他们可能会十分厌恶理解上的妥协性，因为他们认为这会削弱信仰的纯粹性。但神职人员决心确保宗教知识和礼仪的标准，这意味着这些妥协不是为了迎合最低限度的标准，而是为了确保宗教实践的完整性。此外，教徒们的不满进一步反映了宗教、教会和神职人员的重要性，以及他们得到

---

① 汤姆·佩恩（Thomas Paine）是18世纪末、19世纪初的英美政治活动家、作家和革命家。他是美国独立战争时期的重要人物之一，也是法国大革命的支持者和参与者。——编者注

的广泛的信奉。没有人认为他们可以或应该被废除，也没有人怀疑信仰与理性、教会与国家、神职人员与教友、宗教与人民、天意与英国之间的密切关系。

反天主教主义作为公共承诺的重要部分，仍然是一股强大的力量。事实上，尽管天主教徒与天主教委员会谈判后，委员会在1791年为天主教徒修订了《效忠宣誓》和《最高权威宣誓》，但是直到1829年，天主教徒仍然还是被禁止参与某些公共活动。1781年，奥斯丁的表姐伊莱扎·汉考克嫁给一位法国伯爵时，人们担心她会皈依天主教。然而她并没有这样做，她的丈夫是一位亲英派，因此这个选择看上去更加容易让人接受。小说家范妮·伯尼在1793年嫁给了一位法国移民天主教徒。小皮特从1783年开始担任首相，因乔治三世反对其对天主教更为自由化的建议（如天主教解放等）而于1801年辞职。这是一个重要的政治问题，直到1829年才解决。还有一些观点在其他地方也不被接受——例如，舒特·巴林顿希望让天主教徒远离政治权力的想法。1807年，"反天主教"成为主导大选的关键问题。斯宾塞·珀西瓦尔（Spencer Perceval）在1809—1812年担任首相，他是一位福音派保守党人，坚决反对解放天主教。尽管如此，天主教公开信仰的传播依然存在，尤其是通过建立天主教堂。

虽然奥斯丁是一位虔诚的圣公会教徒，但她本人对天主教并不持批评态度。在《英格兰历史》中，她因为伊丽莎白一世对待天主教徒苏格兰女王玛丽的行为而对前者的形象进行了丑化，并在对后者的正面描述中引出了带有宗教因素的论述："她以最坚定的毅力承受了这一切，她思想坚定、恪守信仰，准备迎接注定的残酷命运。她自觉无罪，便心生宽宏大量。然而，你能相信吗？一些顽固而疯狂的新教徒甚至因为她对天主教的忠诚而辱骂她，而这种忠诚却反映了她如此美好的品德。但这恰恰证明了指责她的人的狭隘的灵魂和偏见。"[30] 随后，在写到玛丽的新教儿子詹姆斯一世时，奥斯丁对1605年的"火药阴谋"提出了批评，但批评之后写道："我个人偏爱罗马天主教。"[31] 这与她对斯图亚特王朝的同情相吻合。作为一种背景，英国圣公会教会比改革派新教更接近大主教。许多托利党人——例如，塞缪尔·约翰逊，以及1807—1809年和1814年起担任托利党议员、1827年担任首相的乔治·坎宁（George Canning）——都更喜欢天主教徒而不是异教徒，在乔治三世反对解放天主教之前尤其如此。

新教不服管教现象很严重，18世纪70年代的复兴在很大程度上归功于巡回布道和叙事布道，异教徒受到了影响。卫理公会是一股充满活力的新力量，其地位通过宏伟的教堂得以巩固，例如1813年在普利茅斯建造的教堂。与此同时，英国圣公会仍然占主导地位。宗教紧张局势很难衡量，因为宗教紧张带来的典型后果不是可能引起司法、政治甚至是军事的暴力，而是表现为：内婚（群体内的婚姻）的偏见；带有歧视性的政治、社会、经济和文化习俗；虐待和侮辱的言行。神职人员和教会及宗教机构在教育、慈善和社会福利方面发挥的作用进一步促进了人们对宗教团体的认同，尽管这个时候不同的宗教团体之间并不相互孤立。

牧师在这一时期的文化领域发挥着重要作用，尤其是在文学的各个分支中。与奥斯丁同时代并给她留下深刻印象的人中，拥有诗人、自然学家和牧师三重身份的乔治·克莱布首屈一指。1787年至1857年，第五代拉特兰公爵（Duke of Rutland）约翰赞助了克莱布，并成为他在贝尔沃城堡的牧师。在这些年里，克莱布出版了《村庄》（*The Village*，1783）、《波尔洛》（*The Borough*，1810）和《故事》（*Tales*，1812）。与奥斯丁一样，他真诚、虔诚、自制、谦逊。后来他成为威尔特郡的一名牧师。[32]

奥斯丁自己同样虔诚，正如在她坐落在温彻斯特大教堂的墓碑上所写的那样，她是一位牧师的女儿，六个兄弟中有两个成为牧师。此外，她的姐姐卡桑德拉在1795年与受人尊敬的托马斯·福尔牧师订婚，后来他随同赞助人，也就是放荡不羁的第七任克雷文勋爵威廉前往西印度群岛，在那里担任军团牧师，于1797年死于黄热病。

奥斯丁的三篇祈祷文留存了下来，她在1814年9月给安娜写信，讲述她对布道的看法（这也是乔治三世和约翰逊会见时聊的话题）。"我非常喜欢夏洛克的布道，几乎超过了任何其他布道。"[33] 这里提到了伦敦主教托马斯·夏洛克（Thomas Sherlock，1678—1761）的布道。出版物也推广了他的思想，如 1812 年出版的《夏洛克布道集》。主教本人曾在 1725 年和 1754 —1758 年发表过自己的布道。

奥斯丁对于他人的判断基于自身的虔诚。奥斯丁没有多少时间着重描写那些不符合她内心标准的教士。小说中的柯林斯先生在一定程度上参考了她的一位教士表弟爱德华·库珀（Edward Cooper），一位以自我为中心的福音派教徒，写的信给不了人什么安慰。库珀是斯特福郡哈姆斯特尔里德韦尔的教区牧师长，奥斯丁曾于 1806 年前往那里拜访过他。这位富有的库珀的朋友包括威廉·吉尔平（见第十一章）和托马斯·吉斯伯恩（Thomas Gisborne，1758—1846）。后者拥有多重身份，首先他是英国圣公会的牧师，也是一位作家，写了强调服从神圣社会秩序的《女性的职责》（*Duties of the Female Sex*）这本书，同时他也是流通图书馆的评论家，是一位诗人，也积极反对奴隶贸易，并反对将地质学与圣经割裂开来。

幽默的奥斯丁通过伊丽莎白·贝内特的口吻提到柯林斯先生"在他的教区居民需要时为他们举行洗礼、结婚和埋葬的仪式"的"善意"。[34] 书中指出了柯林斯对积累"别人家的家庭财产"的兴趣。[35] 在《诺桑觉寺》中，女主人公的父亲理查德·莫兰既非卑微之人也非穷困之人，相反，他拥有两处不错的房产，是其中一个房产的赞助人和拥有者，每年能收约四百英镑的租金。这是他计划在儿子詹姆斯接受圣职后赠予他的。[36] 与此同时，蒂尔尼家族所在地伍德斯顿由蒂尔尼将军的小儿子亨利拥有，他在书中是一个正面人物。[37]

在《曼斯菲尔德庄园》这部受福音派影响很大的小说中，埃德蒙·伯特伦也是一个正面人物，他是托马斯爵士的小儿子，打算加入教会。他计划居住在自己所属的教区，奥斯丁通过他的父亲托马斯爵士的口吻来对兼任神职现象进行了谴责：

不过，我的哪个儿子要是做不到这一点，我会感到莫大的耻辱……一个牧师如果不经常住在教区，他就不知道教区需要什么，有什么要求，靠代理人是了解不到那么多的。埃德蒙可以像人们常做的那样，既履行他在桑顿莱西的职责，也就是做祈祷、讲道，同时又不放弃曼斯菲尔德庄园。他可以每星期天骑马到他名义上的住宅去一次，领着大家做一次礼拜。他可以每七天去桑顿莱西当上三四个小时的牧师，如果他感到心安理得的话。但他是不会心安理得的。他知道，人性需要的教导不是每星期一次讲道就能解决的。他还知道，如果他不生活在他的教民中间，不通过经常的关心表明他是他们的祝愿者和朋友，那他给他们和他自己都带来不了多少好处。[38]

译林出版社 2004 年版　孔致礼译

奥斯丁将这段话定义为"简短训导"[39]，是一段十分严肃的描述。这远非简单的福音派观点，它反映了奥斯丁所处时代以及上个世纪许多教士和大部分教友对圣公会的极致忠诚。包括利物浦在内的高教会派不喜欢身兼多职制度，并试图在他们有限的手段范围内对其进行补救。

对埃德蒙有所企图的玛丽·克劳福德对伯特伦夫妇的观点感到惊愕，因为她曾希望"把教堂拒之门外，把神职人员沉入海底，只希望看到一个独立富有的人的可敬、优雅、现代化和不常住的住所"。[40]她的哥哥也表现出性格缺陷，特别是他宣称如果他是一位牧师，他只想偶尔传教。[41]

兼职现象导致在没有现任牧师的情况下，助理牧师常常拿兼职报酬来为一些教区服务。[42] 在 1780 年，英国只有约 38% 的教区有常住牧师，36% 的圣公会神职人员是兼职者。兼职现象的出现是由于教区地位的世俗化或神职人员的贫困，这些贫困源于神职收入的巨大差异，以及许多教区薪酬的不足。然而，非驻地牧师通常都住在附近，并且一般来说，那里也有常住的受薪助理牧师。奥斯丁描写了神职人员处境的困难，尤其是他们需要拥有教区职位才能养家糊口这一点。[43] 在许多得不到足够捐赠的教区，兼职现象更为普遍——例如埃塞克斯海岸，但这对柯林斯先生来说并不是问题。

柯林斯先生对莉迪亚与乔治·韦翰的私奔做出了非常严厉的回应，他告诉贝内特先生："……她此次淫奔，实系由于平日溺爱所致……她此次失足，辱没家门，遂使后之攀亲者望而却步，殃及其姐氏终生幸福……敬祈先生善自宽慰，任其妄自菲薄，自食其果，不足怜惜也。"[44] 接着，他又写信给贝内特先生："先生即迎之入尊府，诚令人不胜骇异，盖先生此举实系助长伤风败俗之恶习耳。设以不佞为朗博恩牧师，必然坚决反对。先生身为基督徒，固当宽恕为怀，然则以先生之本分而言，唯有拒见其人，拒闻其名耳。"（上海译文出版社 2001 年版，王科一译）贝内特先生评价道："这就是他所谓的基督宽恕精神！"[45] 这里的标点符号表明了奥斯丁的态度。在奥斯丁的信件和写作中都能看到她对那些不符合适当标准的教士的批评。在 1805 年 4 月写给卡桑德拉的信中，奥斯丁称另一位教士爱德华·巴瑟是个"恶棍"，他不配得到未婚妻带来的女仆的服侍。由于奥斯丁在《曼斯菲尔德庄园》中谈到了不常住的问题，一位喜欢住在巴斯的爱尔兰教士对她做出了批评。[46] 在《凯瑟琳，或树荫》中，奥斯丁将骄傲的达德利先生写为教区牧师，"他来自一个贵族家庭，是那家的小儿子"，他"永远"在为什一税"喋喋不休"，"并与那些主要的邻居们争论他强行要求的尊重和排场"。[47]

这是奥斯丁在心理和社会角度厌恶的东西，但也有意识形态和历史方面的原因。在 1809 年 1 月与卡桑德拉的通信中，奥斯丁写道，她"不喜欢福音派"，他们的狂热会让她想起清教徒，而由于奥斯丁对内战的看法，清教徒在她心中成了恶棍。

因此，神职人员不一定是奥斯丁小说中的英雄，也不一定总是彰显着美好品德。如果排除掉那些更加积极的年轻神职人员，情况更是如此。她的小说中没有和亨利·菲尔丁的亚当斯牧师或《伊夫莱娜》中受人尊敬的亚瑟·维拉斯一样的人，也没有和《韦克菲尔德牧师》中一样的叙述者。柯林斯不如汉娜·福斯特的小说《风流韵事》中那个平庸但受人尊敬的博耶先生有吸引力，《曼斯菲尔德庄园》中受人尊敬的诺里斯牧师则被写得相当无用，他的妻子则自私得可怕。而他们的继任者——热衷于红酒的格兰特博士"继续建造花园的围墙，并通过建立种植园来隔开教堂的院子"。[48]奥斯丁拒绝了摄政王的图书管理员詹姆斯·斯坦尼尔·克拉克要求她写一部牧师小说的想法，后来在1815年他再次要求她写一部海军牧师小说，她也拒绝了。

然而，虽然她的小说中没有挑战传统的英雄，但有品德高尚的神职人员，特别是埃德蒙·伯特伦、亨利·蒂尔尼和爱德华·费拉斯。埃丽诺·达什伍德向布兰登上校保证，"爱德华的行为准则和性情"配得上布兰登给他的在德拉福德的生活[49]。爱德华的确拥有良好品格，为人也十分谦逊。奥斯丁谴责那些蔑视教士的人物——例如，罗伯特·费拉斯：

> 一想到爱德华要当牧师，住在一幢小小的牧师公馆里，真叫他乐不可支。再加上异想天开地想到爱德华穿着白色法衣念祈祷文，发布约翰·史密斯和玛丽·布朗即将结婚的公告，这更使他感到滑稽透顶。
>
> 埃丽诺一边沉默不语、肃然不动地等着他停止这种愚蠢的举动，一边又情不自禁地凝视着他，目光里流露出极为蔑视的神气……逐渐从嬉笑中恢复了理智。[50]
>
> 译林出版社1984年版　孙致礼译

这种反教权主义与辉格党联系在一起。奥斯丁在埃丽诺身上很好地表达了托利党的教权主义。

奥斯丁期望其他人也能够展露虔诚。她的哥哥弗朗西斯也是如此。他是一位海军，是皇家海军中拥有强大的虔诚倾向的那一部分人。1809年，她提及在科伦纳战役中牺牲的约翰·穆尔（John Moore）将军时说："我希望约翰将军在牺牲的时候，能将自己的英勇与基督教联系起来。"[51]这一回应体现了英国"天意神授"更广泛参与的一面。1814年9月，奥斯丁在提到与美国持续战争的可能性时，基于理性的理由，她对这场战争有很强烈的预感，[52]她在给玛莎·洛伊德[①]的信中说："我把自己对美好事物的希望寄托在上帝的保护上，这个国家，尽管存在许多恶劣的现象，依然在宗教上不断进步，而我不相信美国人拥有这种保护。"[53]在北美，非英国国教教徒（非圣公会教徒）的比例高于英国。

奥斯丁对那些缺乏虔诚及行为不端的教友们并不宽容。典型的以自我为中心的伯特伦夫人"在听完一场有感染力的布道后"哭着睡着了，却毫无作为。[54]奥斯丁对亨利·克劳福德和玛丽亚·拉什沃思的通奸私奔的行为予以批评，在《苏珊夫人》和她的往来书信中，她都表示了对通奸行为的敌视态度。普莱斯先生说："如今，有那么多优秀的女士以这种方式进入魔鬼的世界，没有人可以回答。"安妮·艾略特批评了周日旅行，这是人们遵守安息日的一个例子。[55]

索瑟顿庄园关于礼拜堂的争论反映了奥斯丁的价值观。当别人告诉玛丽·克劳福德，从前礼拜堂早晚一直使用，但已故的拉什沃思先生停止了这种做法时，她开玩笑说"每一代人都有自己的进步"。范妮对此做出了回应："这是过去的宝贵之处。礼拜堂、牧师、大房子联系紧密，跟人们对这样一个家庭是什么样子的设想有很大的关系！整个家庭为了祈祷而定期聚在一起，这很好！"不道德和自私的玛丽回答时提到了社会控制："强迫所有可怜的女仆和男仆放下工作和娱乐，每天在这里做两次祷告，而主人们自己却编造借口不来，这对他们来说一定有莫大的好处……在这种问题上，还是让人们自己去想办法比较安全。"埃德蒙·伯特伦很好地回答了玛丽的观点，就像他后来在讨论他妹妹与她哥哥私奔的问题时一样。[56]埃德蒙还表现出对人类缺陷的把握，他没有把诺里斯夫人描述为残忍的，而是说她有"原则性的缺陷……

---

① 玛莎·洛伊德（Martha Lloyd）是简·奥斯丁和卡桑德拉·奥斯丁的好友。——编者注

以及腐朽堕落的灵魂"。[57]这些话体现了奥斯丁对人格的洞察力，这些洞察力来自她的经验。然而，埃德蒙能够提醒人们注意"一种改进的精神"，无论是在布道中还是在教友之间："人们感觉到，在传播颠扑不破的真理时，清晰的朗诵和饱满的精神可能会有分量；此外，与以前相比，现在有更多的人在这方面有了修养，有了鉴别能力和批判性思维。在会众中，有更多的人对事情有了一定见识，可以做出判断和批评。"[58]

从更广泛的意义来看，奥斯丁的小说也是英国圣公会作品，尤其是它们对人性的信仰和对积极的渴望："让其他作家来讨论罪恶和苦难。我尽快退出这些可憎话题的讨论，迫不及待地想让每个人（他们自己并没有很大的过错）恢复到可以忍受的舒适状态，并完成所有其他的事情。"[59]

奥斯丁在讨论罪恶的话题时非常克制，[60]甚至在与道德无关的《苏珊夫人》这本书中也是如此。据她的哥哥亨利所言，她反对亨利·菲尔丁作品中体现的低下的道德标准，[61]而她对理查森的青睐能够体现出她在风格和内容上的偏好。此外，奥斯丁在《爱玛》和《劝导》中都明确涉及了邪恶的话题，在《理智与情感》中，当埃丽诺对约翰·威洛比的真面目做出的反应，使得她开始考虑邪恶的起源：

> 她在沉思默想：一个才貌出众的人，天生的好脾气，坦率诚实，多情善感，谁想只因独立得过早而染上了游手好闲、放荡不羁、爱好奢侈的坏习气呢？这对他的心灵、性情和幸福都会造成不可弥补的损害。世态人情使他变得奢侈虚荣；而奢侈虚荣又使他变得冷漠自私。为了达到追求虚荣的可耻目的，他不惜损人利己，结果陷入了一场真正的爱情，但是对奢侈的追求，或者至少是由此而引起的拮据，又要求他牺牲这真正的爱情。每一种错误倾向不仅导致他弃善从恶，而且使他受到惩罚。[62]

译林出版社 1999 年版　孙致礼、唐慧心译玛丽安·达什伍德戏剧化地提出了宗教主题，她希望有机会"向上帝赎罪"。[63]罪过通常被视为集体的，也被视为个人的，前者有政治后果，在一个由上帝统治的世界里，这是可以理解的。因此，乔治三世相信，无论是精英还是民众，只要是堕落之人，都普遍带有腐败和派系主义的倾向。

如果说奥斯丁的作品建立在一种源于英国圣公会虔诚的评判主义之上，那么正如伊丽莎白·贝内特指出的那样，其重点在于"不思进取，不注意别人的感受，缺乏决断力"[64]，而不是罪恶。自相矛盾的是，"自我否定"是辉格党人、低等教会的态度，却被人们称赞为上帝赋予的"良好的心态和好的理解力"[65]的一部分。同样，在《理智与情感》中，神职人员爱德华·费拉斯向埃丽诺求婚成功，他"不仅沉浸在收获爱人的狂喜中，而且在理性和真理的现实中，是最幸福的人之一"。他和布兰登上校"在好的原则和好的意义上"彼此相似。[66]因此，奥斯丁作品的道德品质符合务实的英国圣公会说教主义的强大传统。

凯瑟琳·莫兰明智的母亲担心她参观诺桑觉寺后受到影响，回忆说："楼上有一本杂志中，里面有一篇写得非常好的文章，讲的是关于那些被大人物宠坏了的年轻女孩的话题——这本杂志叫《镜子》，我相信阅读它能让你有所收获。"当凯瑟琳还在继续无精打采时，莫兰夫人"急忙离开房间去拿那本杂志，迫不及待地想要治疗如此可怕的疾病"。[67]1779年3月6日的《镜子》第12期收录了一封来自"约翰·霍姆斯蓬（John Homespun）"的信，讲述了他的女儿们拜访一位富有的女士并养成坏习惯所带来的不良后果。由于亨利·蒂尔尼的意外出现，《镜子》变得多余了。

事实上，奥斯丁将说教的传统向前推进了一步，她的人物的轨迹显示出了一种明智的方式。在《曼斯菲尔德庄园》中，托马斯·伯特伦爵士反思后认为他对女儿们的教育是有缺陷的，因为虽然"在理论上接受了宗教教育"，但"从未要求她们将宗教与日常实践结合起来"，这与在教导她们如何管理"自己的性格和脾气"时缺乏"那种唯一足够的责任感"相关。因此，他没能实现让"她们成为好姑娘"的愿望。[68]与此同时，奥斯丁对自己的公开立场持谨慎态度。

奥斯丁小姐对宗教感情的主题都有着最深刻和最强烈的信念，但与当时流行的大声喧哗的宗教倡导者相比，她的沉默几乎成为一个错误。有一些人认为她能够利用自己的才能来产生更大的影响力，她不得不忍受这些人的责难。但她的老朋友曾说："我认为，现在我看到的是，她正在捍卫她心目中生活和礼仪描写者的真正职责，并宣称自己认为一个小说家可以适当展示的是'身教'而不是'直接说教'。"[69]

小说家当然也剖析了宗教信仰的社会层面，如在一个极好的章节介绍中："人们是在教堂里第一次见到埃尔顿太太的。但是，一个新娘坐在长椅上，虽然会打断别人的虔诚祈祷，却满足不了大家的好奇心，以后还得通过正式的登门拜访，才能断定她是真的很漂亮，还是仅仅有点漂亮，还是根本不漂亮。"[70]这是一种讽刺，也是一种准确的人类观察，它与对生活的积极参与相联系。

注释

1. I. Collins, *Jane Austen and the Clergy* (London, 1993) and Jane Aus– ten: The Parson's Daughter (London, 2007); M. Griffin, Jane Austen and Religion: Salvation and Society in Georgian England (New York, 2002).

2. T. Friedman, *The Eighteenth–Century Church in Britain* (New Haven, CT, 2011).

3. Brand to Wharton, March 12, 1790, Durham University Library, Wharton papers; Thomas Sunderland to Mylord, February 1, 1794, Preston, Lancashire Record Office, Cavendish of Holker papers, DD Ca 22/9/14.

4. *Encyclopaedia Britannica* (Edinburgh, 1815), VIII, 44.

5. Chapter 21.

6. J. J. Sack, *From Jacobite to Conservative: Reaction and Orthodoxy in Britain*, c. 1760–1832 (Cambridge, 1993).

7. J. E. Austen–Leigh, *A Memoir of Jane Austen and Other Family Recollections,* ed. K. Sutherland (Oxford, 2002), 71, 173. The references to the displaced household chaplain at Sotherton and to oaks can be linked to the Nonjuring family on Jane's mother's side.

8. *Juvenilia,*187–89.

9. *Juvenilia*,319–21.

10. *Juvenilia*,320.

11.*Juvenilia*,323.

12. *Juvenilia*, 324.

13. *Juvenilia*,331.

14. *Juvenilia*,331,333.

15. *Juvenilia*, 332.

16. *Juvenilia*, 337, 346, 341, 347–50.

17. *Persuasion* I, 9.

18. H. Coombs and P. Coombs, eds., *Journal of a Somerset Rector, 1803–1834* (Bath, 1971).

19. S. Slinn, *The Education of the Anglican Clergy, 1780–1839* (Wood– bridge, 2017).

20. *PP* I, 14.

21. *PP* II, 5.

22. *PP* II, 12; III, 10.

23. *PP* II, 9.

24. *Persuasion* I, 9.

25. *MP* I, 8.

26. *MP* II,7.

27. S. Tomaselli, "Remembering Mary Wollstonecraft," *British Journal for Eighteenth–Century Studies* 15 (1992): 127.

28. B. Taylor, *Mary Wollstonecraft and the Feminist Imagination* (Cambridge, 2003).

29. D. Fowler, "Reading and Writing in Warwick, 1780s–1830s," *Warwickshire*

History 11, no. 2 (winter 1999–2000): 72.

31. *Juvenilia*,186.

32. T. C. Faulkner, ed., *Selected Letters and Journals of George Crabbe* (Oxford, 1985).

33. *Letters*,278.

34. *PP* I,13.

35. *PP* II,7.

36. *Northanger* II, 1.

37. *Northanger* II,7.

38. *MP* II,7.

39. *MP* II,7.

40. *MP* II,7.

41. *MP* III,3.

42. An overly sympathetic account of Collins is offered in I. Morris, *Mr Collins Considered: Approaches to Jane Austen* (London, 1987).

43. *Sense* III,2.

44. *PP* III,6.

45. *PP* III,15.

46. Letter 44; D. Le Faye, "Jane Austen's Friend Mrs Barrett Identified," *Notes and Queries* 244, no. 4 (December 1999): 452.

47. *Juvenilia*,245.

48. *MP* I,6.

49. *Sense* III,3.

50. *Sense* III,v.

51. *Letters*,173.

52. *Letters*,273.

53. *Letters*,274.

54. *MP* III,16.

55. *MP* III, 15; T. Winnifrith, "Jane Austen's Adulteress," *Notes and Queries* 235, no. 1 (May 1990): 19–22; *Persuasion* II, 5.

56. *MP* I, 9; III, 16.7

57. *MP* III,16.

58. *MP* III,3.

59. *MP* III,17.

60. G. Koppel, *The Religious Dimension of Jane Austen's Novel* (Ann Arbor, MI, 1988).

61. H. Austen, "Biographical Notice of the Author," in the 1818 edition of *Northanger Abbey* and *Persuasion*.

62. *Sense* III,8.

63. *Sense* III,10.

64. *PP* II, 1.

65. *Sense* III,11.

66. *Sense* III,13.

67. *Northanger* II,15.

68. *MP* III,17.

69. Le Faye, "Jane Austen's Friend Mrs Barrett," 452.

70. *Emma* II, 14.

第六章

文化、艺术和启蒙运动

在海伯里，即便最热闹的地段，也不能指望看到多少行人车马。她所能指望看到的最热闹的场面，无外乎是佩里先生匆匆走过去，威廉·考克斯先生走进事务所，科尔先生家拉车的马遛完了刚回来，信差骑着一头鞋骡子在闲逛。而实际上，她看到的只是卖肉的手里拿着个托盘，一个整洁的老太太提着满满一篮东西出了店门往家走，两条杂种狗正在为争一根脏骨头而狂吠乱叫，一群游手好闲的孩子围在面包房的小凸肚窗外面，眼睁睁地盯着姜饼。这时候，她觉得自己没有理由抱怨，反倒感到挺有趣，便一直站在门口。一个性情开朗、悠闲自在的人，什么都看不见也无所谓，而且也看不到什么不对自己心意的东西。

——《爱玛》
译林出版社 2000 年版　孙致礼译

在上述这段话中，奥斯丁描写了许多乡村生活的重复乏味之处——毕竟海伯里并不隶属于伦敦。在这种重复之下，新来的人们就显得分外重要了，比如弗兰克·丘吉尔、宾利夫妇和达西先生，而能去拜访他们也有特殊的意义。他们是什么人、说什么话、穿什么衣服、互相间什么关系、行为举止怎样、带着何种目的，都叫人好奇不已，随后又免不了一番分析猜测，人们还会小心翼翼地交换对他们的看法。这一过程对人们而言是一种新的活动方式，一种新的反思途径，也是对价值观、优先权和阶级的一次评判维护。那些未曾谋面的人也一样会成为谈资，比如萨克林一家。[1]

由于生活过于乏味，人们试图通过赌运气甚至赌博来找乐子也就能解释得通了。赌博虽以纸牌赌博为甚，但事实上人们什么都赌。[2] 从更积极的一面来说，阅读是消解无聊的良药。读书不仅能使读者走进作者的想象世界，也能走进读者的想象世界，这个想象世界，可以是读者在自我阅读中建构的，也可以是与其他人讨论这本书或者其他书时建构的。阅读最特别的一点在于，读者不仅能从中知悉更多人的性格特点、汲取到个人经验里，它还供给了一种能让读者参与构建的叙事体。这种叙事是被控制着的：既受到作者的控制，又受到读者反应的控制。

在奥斯丁的时代，中产阶级正与无趣的生活作斗争，他们的活动与赞助在英国文化中越发重要。由于无法像许多精英阶层一样以一己之力提供持续的文化赞助，中产阶级主要通过公开表演作品和公共艺术市场来参与。此外，中产阶层规模扩大有助于形成一种开放、支持理性辩论的公共文化。这与英格兰人对自己宗教文化的印象形成了对等，如前章所述独特的英格兰圣公会，又如第十二章中讨论的英国性。

中产阶级的赞助并不仅限于公共场合。在文化赞助与消费领域，家庭也是一大主题。这对女性而言非常重要，尤其是在阅读方面。尽管并不局限于家庭范围内，但在家庭中，女性更能够确保独立自主——比如在音乐创作方面。同样，宗教可以通过阅读《圣经》、布道和个人祷告来进行私下"消费"。

相比之下，商业市场的性质及其起到的作用可能会引来忧虑，这类忧虑通常与对政治社会形势的看法有关。人们认为在企业里，价值观念在金钱面前沦陷了，这种对品格和道德的侵蚀实在不值当。事实上，现代化、商业化、城市化、愈加增长的精英化的文化之风盛行，至少在市场和价值方面的盛行，被通常受到传统公民人文主义思想影响的评论家们描述为奢靡和媚俗。奢靡之风对品位造成了威胁，更甚，对文明造成了威胁，这是一个沉重的话题，叫人忧心忡忡。这一话题致使讽刺漫画在诸多印刷品和散文中风行起来，同时也在这一时期的诸多虚构、非虚构文学作品中有所反映。

音乐类活动虽以伦敦为中心，却也绝不局限在首都。与戏剧界一样，一些没有现场音乐表演的城镇（除了当地酒吧的卡拉 OK，这是一个高度衍生的过程）在当时也会定期举办器乐音乐会，也有值得自豪的业余音乐协会，其中许多协会会购买或订阅伦敦音乐发行商的全部新产品。业余人士要以集体或个人的形式参加器乐、声乐的演出也不难。因此，自 18 世纪初格洛斯特、赫里福德和伍斯特举办了"三合唱"节之后，合唱音乐开始蓬勃发展。欢乐合唱（通常是无伴奏演唱的歌曲片段）的流行正印证了声乐表演的大受欢迎。家人、朋友和邻里都会去参加歌唱社交活动，活动还经常附带着其他方面的社交活动，特别是宴饮。1793 年，在伦敦，约翰·莱伊在给他母亲的信中写道，他拜访了布莱克希斯（Blackheath）郊区的亲戚。"特别有意思，每个人都兴致满满，非常高兴，我们跳舞跳得热火朝天，罗杰·德·科弗利爵士和其他乡下人也都很高兴参与其中，聚会上一共有九对夫妇。"[3]

虽然私人演出在奥斯丁的小说情节中有着重要地位，但她有时也会对这些演出心存疑惑。奥斯丁是这么评论约翰·达什伍德夫人在伦敦家中举行的"小型音乐会"的："和其他音乐会一样，这场聚会来了许多确实有音乐品位的人，还有许多对音乐表演完全没有兴趣的人；表演者也是一样，在他们自己和身边的朋友眼里，他们是英格兰头等的私人表演者。"[4] 这种讽刺是经验之谈，会与许多读者的亲身经验或是想象产生共鸣。

针对业余爱好者的室内乐作品和独奏作品在当时大受欢迎，于是相应的乐器、音乐和手册也随之生产出来。1785 年，一位法国游客评论道，音乐"在伦敦和整个王国都得到了普及"。音乐教师的地位开始变得重要，而女性在画作和小说中往往呈演奏音乐的形象，如乔治·罗姆尼（George Romney）为夏洛特·雷克斯（Charlotte Raikes）所绘的著名画像。奥斯丁自己也会为家人唱歌。[5] 在奥斯丁的讽刺文《小说构思》（*Plan of a Novel*，1816）中，女主人公"在音乐方面表现特别出色——音乐是她的最爱——而且她钢琴和竖琴都弹得很好"。在《傲慢与偏见》中，宾利小姐为达西小姐喝彩："她钢琴弹得非常出色。"[6] 在《苏珊夫人》中，"小钢琴"在主人公的要求下被搬进了她的化妆间，这样她的女儿弗雷德丽卡就可以练习钢琴了，[7] 而《爱玛》中的礼物钢琴则引起了人们的猜测。

在社交聚会上也是如此。在《傲慢与偏见》中，贝内特家的姑娘们先后在卢卡斯宅第举行的聚会上唱歌、奏乐。伊丽莎白首先献唱，玛丽随后唱了苏格兰和爱尔兰的小曲，还演奏了"一支长长的协奏曲"。玛丽安在《理智与情感》中亦然。[8]《曼斯菲尔德庄园》中的玛丽·克劳福德对自己的竖琴演奏技术非常自豪，而托马斯·伯特伦爵士回到曼斯菲尔德庄园时则要求他的女儿们为他演奏。[9] 相比之下，在《诺桑觉寺》中，年轻的凯瑟琳·莫兰对音乐的热情就有点摇摆不定：她一开始很热衷于音乐，之后就不想学了，于是很快就放弃了。[10]

私人音乐活动为音乐发行行业提供了扩张需求。大量独自演奏的人由此受益，减少了他们的孤独感。一般说来，从宗教文学作品到音乐演奏指南，再到提高艺术技能的各类技巧，自我提高在英国文化中非常重要。因此，报纸上刊登了一系列诸如外语学习的才艺培训广告。阅读本身也在进步，这使得关于阅读本身的争议逐渐减少。

如《傲慢与偏见》中的凯瑟琳·德·包尔夫人所言，自我提高在婚姻竞争中也十分重要。此外，宾利小姐也指出，年轻女性需要付出多少努力才能取得成就、增加自身的吸引力，而达西仅仅是靠读书就能轻松赢得这一切。[11] 显然，这是奥斯丁的社交圈子里经常讨论的话题，可以说达西这一角色的立场体现了奥斯丁本人的观点。

18 世纪，城乡富裕阶层进行了大规模的房屋重置，许多房子里都布置了华美的房间，用于展示乐器及乐器演奏。家中的乐器利于家庭空间的分隔和家庭活动的组织，新房子中也置有更多家具，尤其是桌椅、梳妆台、钟表、镜子，还有石膏天花板、窗帘和壁炉。许多人都在考虑是否要购置新家具以及质量和价格。于是，柯林斯先生显摆了他房子"房间里从餐具柜到挡板的每一件家具"。[12] 这一风潮不仅为工匠们提供了机遇与就业机会，也成了主客之间谈论的话题焦点。经济扩张、消费主义和物质文化之间息息相关。

中产阶级的赞助对戏剧界也至关重要。当时，戏剧摆脱了不道德、渎神的恶名，在伦敦和其他地方都发展了起来。为应对包括亨利·菲尔丁在内的反对派作家利用舞台做文章，1737 年的《戏剧审查法案》赋予了宫务大臣进行戏剧审查的权力，并将未获取许可证的剧院视为非法。然而，虽然这一立法出台后，伦敦就只有两个剧院能进行话剧演出了，但实际情况要更宽松些，伦敦以外的地方就更宽松了。这是这一时期治理的一个特点——比如，死刑的适用范围小于其犯罪涵盖的范围。直到 1800 年，不列颠群岛已有近 300 家剧院，这当中就包括 1788 年在约克郡里士满开设的一家。该剧院至今仍可参观，是演员与观众密切关系的见证。[13] 其他剧院也继续开设，其中就有 1805 年于巴斯开设的新皇家剧院。此外，1788 年的《授权法案》允许治安官为演出发放许可证。

流动演出队越来越多地在专门建造的剧场中表演，而区域巡回演出则由流动演出队的演出路线发展而来。1786 年，东安格利亚的主要剧团（即"诺里奇喜剧团"或"格拉夫顿公爵仆人"两家）不再在小城镇巡演，但在诺里奇、金斯林、大雅茅斯、巴恩威尔（剑桥）、贝里圣埃德蒙兹、科尔切斯特和伊普斯威奇等地仍有演出。戏剧作品在报刊上得到了广泛的讨论。

在舞台上，悲剧服务于道德通过历史与当代的各种背景呈现。在奥斯丁《英格兰历史》这一奇异有趣的作品中，她批评了尼古拉斯·罗（Nicholas Rowe）写的《简·肖尔的悲剧》（The Tragedy of Jane Shore，1714）。这本书在当时人气很高，奥斯丁却批评道："这是一部悲剧，因此不值得一读。"[14] 罗（1674—1718）是一名辉格党人，1715 年成为桂冠诗人。他是一位著名的辉格党作家，对奥斯丁来说自然不受欢迎。

道德与喜剧相得益彰。无论是在舞台上，在画布上，还是在印刷品上，中产阶级既是在看讽刺画，也是在看自己。讽刺画中映射的既有其描绘出的焦虑和冲动，也有对性格特征的讨论。因此，爱尔兰剧作家理查德·布林斯利·谢里丹（Richard Brinsley Sheridan，1751—1816）的喜剧《对手》（The Rivals，1775）、《斯卡伯勒之旅》（A Trip to Scarborough，1777）、《丑闻学校》（The School for Scandal，1777）和《批评家》（The Critic，1779）对礼仪进行了讽刺，某种程度上也体现了人们对社会地位的渴望。在谢里丹的剧作以及戈德史密斯的著名喜剧《屈身求爱》（She Stoops to Conquer，1773）中，错误身份都起到了重要作用。《屈身求爱》这部剧的背景比谢里丹的剧作更贴近奥斯丁同时期的社会环境和英格兰乡村现实。奥斯丁在《英格兰历史》中提到了《批评家》，说到其中以帕夫（Puff）先生著名的喜剧戏中戏《西班牙无敌舰队》（The Spanish Armada）的形式，写了有关沃尔特·罗利爵士及其朋友克里斯托弗·哈顿爵士的逸事 [15]。谢里丹本人是一名辉格党议员。

长期以来，虽然在谢里丹、戈德史密斯等人的剧作中常用错误身份来达到喜剧效果并推动剧情发展，但错误身份在剧作中的作用也体现了对身份的关注和对身份误认风险的担忧，其中后者在人物塑造上更侧重于欺骗能力。在奥斯丁年轻时最常上演的剧目《丑闻学校》中，约瑟夫·瑟菲斯是个自私自利、虚情假意的坏蛋，而观看这部优秀剧作的一部分乐趣就来自看到他受挫。这种误认在奥斯丁的剧情中非常多，如《傲慢与偏见》中的乔治·韦翰。爱上错误的人会让人陷入持续性的危机中。与上述的误认不同的是，对情况及意图的误认也在奥斯丁其他小说中重复出现，尤其是在《爱玛》、《诺桑觉寺》和《曼斯菲尔德庄园》中。

在喜剧中，紧张关系可以得到化解，且由于故事情节安排得当，社会角色扮演可以带来幽默的效果，不会带来长期的困扰。情节设计的反转包含着一种社会流动性和一套潜藏的社会规则。这些都可以在那个时代的戏剧中看到。例如，艾萨克·杰克曼（Isaac Jackman）。他和谢里丹一样是一个移居的爱尔兰人，创作了一系列喜剧作品。他的《离婚》（The Divorce，1781）是一部歌剧滑稽戏，讲的是一场为确保宣传度而安排的离婚。与谢里丹的《批评家》

一样，在这部剧呈现的世界里，人为施加的压力极大，堪称荒谬。这一点也可以从一些被称作"macaronis（马卡龙男）"所发出的讥嘲中看出。讥嘲声主要集中在 17 世纪 70 年代，而讥嘲者"macaronis"则集中在伦敦，打扮时髦、装腔作势。对一些人来说，这种讥嘲是一种攻击资本的方式。

然而，尽管谢里丹 1816 年才去世，《批评家》却是他最后一部一流戏剧，而《皮扎罗》（*Pizaro*，1799）则是他最后一部真正成功的作品。19 世纪最初十年并不是戏剧的盛期，但奥斯丁却去参观了伦敦的剧院：1811 年去了吕克昂（Lyceum）剧院，1814 年去了德鲁里巷（Drury Lane）剧院和考文特花园（Covent Garden）剧院。在《傲慢与偏见》中，伊丽莎白·贝内特在从伦敦前往肯特郡的途中去了"一家剧院"，但书中没有描述剧院或剧目。[16] 在《理智与情感》中，约翰·威洛比在"德鲁里巷大厅"里遇到了约翰·米德尔顿爵士。[17] 两人都不是对戏剧特别感兴趣的人，但去看演出是一种社交机会，甚至说是一种义务，尤其是对于已婚人士来说，要表现出伉俪情深的样子。就像巴斯和其他地方的集会室一样，剧院大厅是人们会面交流的地方。

除了剧院之外，还有私人制作的戏剧，比如奥斯丁家就有。这些私营戏剧可能会有社会名流参演。约翰·奥基夫（John O'Keeffe）的《愉快的惊喜》（*The Agreeable Surprise*，1781）是一部讲述有情人终成眷属的喜剧，于 1795 年在勃兰登堡剧院（Brandenburg House）上演，其演员名单中就有白金汉郡第三任伯爵夫人阿尔比尼娅（Albinia）的名字。

私人戏剧演出是《曼斯菲尔德庄园》中的热门话题，就角色的分配和剧本是否合适的问题，人们发生了激烈的分歧。[18] 年轻姑娘们的表演中出现了道德问题和社会问题。"有道德的"人物埃德蒙和范妮提出了异议，但埃德蒙最终还是妥协了。性格难以捉摸的人物，比如耶茨和玛丽·克劳福德，则支持这种表演。演出计划及其相关的社交活动投入了大量心力和财力，然而托马斯·伯特伦爵士的归来使之戛然而止。斯蒂文顿的演出更有秩序，但在《曼斯菲尔德庄园》中，戏剧中潜藏的紧张关系得到了巧妙的凸显。

在这一时期的大部分写作中，除了对矫揉造作之势的道德批判、对诚实的偏好、认为诚实是一种审美和道德选择之外，还充斥着一种流动性和不确定感。这种不确定感导致了无法对身份和等级进行明确分类，至少是对身份等级分类造成了挑战。在这种流动的状态下，身处伦敦的社会旋涡中，坐在巴斯的观众席上，人类得依靠表演而生存。表演在反映、维持着得体行为和社会分类的同时，也是对其的挑战。在对行为规范的确认、试探或打破方面，小说中描绘的男女形象体现了公共领域中的实际情况。此外，这种流动性可以创造故事情节，满足公众的趣味。

中产阶级在定义品位上起着重要作用。通过定义品位，行为举止更有条理、想象力更受鼓励，文化也得以发展。然而，对"礼貌"、消费主义和公共领域的关注可能会导致精英文化的持续作用被低估，世俗化被夸大。实际上，精英阶层在形式和内容上都有着涓滴效应。正如奥斯丁的小说所揭示的那样，模仿相当关键。这种模仿在物质文化和礼仪方面更常见。乔赛亚·韦奇伍德（Josiah Wedgwood）制作的陶器就是一个模仿的重要实例：他先制造出精品来，然后再造出便宜些的模仿品来卖给中产阶级。版画雕刻也是一个例子，过程一模一样。

同时，差异，甚至是分歧，影响着生活的方方面面，从生活方式到政治。如果学术上只强调礼貌消费主义或"下层受惠论"，那么差异和分歧的问题就得不到充分解决。奥斯丁的作品可以从这种紧张关系的角度来定位。该类紧张关系在 18 世纪 90 年代的革命危机之前就已存在，并且到了革命危机之后还一直存在。考虑到奥斯丁的个人经历、小说情节和人物塑造，她对工人阶级文化和街头文化几乎没有什么可说的也不足为奇。不过，非常感人的是，在《曼斯菲尔德庄园》中的兄弟姐妹之间，威廉·普莱斯经常同范妮回忆起他们在朴茨茅斯时的童年时光："我们总是一起蹦蹦跳跳的，不是吗？街上还有拉手风琴的呢。"[19] 这种文化很难复现了。

虽然与男性同处一个文化世界，但女性在获取、展示信息方面都面临着重大差异。因此，在展现群像人物关系的人物风俗画中，形象更突出的角色都是男性，委托画师作画的也是男性。此外，表演也是由男性主导的。管弦乐队中都是男性，在伦敦尽管也有女性钢琴家，但器乐演奏很大程度上还是一个全男性的职业。

尽管情况在逐步变化，但当时女性仍面临着重大难题。事实上，有人认为，在"适合"的角色之外表现自信的女性引起了关注。其中当然一定程度上存在形象固化的问题和轻蔑的对待，比如托比亚斯·斯摩莱特的通俗小说《罗德里克·兰登的冒险》（*The Adventure of Roderick Random*，1748）中的纳西莎被写成一个不成功的作家，"没有毅力、没有能力"来完成她的作品，但令人惊讶的是，她不写爱情故事，而是写没有爱情元素的悲剧。男女作家之间的情节设置当然有差异：许多男作家要么写责任，要么写爱情，但女作家则倾向于将两者结合。

与男性作家一样，许多女性作家都默默无闻，往往还比男性作家要更默默无闻。而且，那个年代连很有名的女作家也常常被人们所忽视，如简·韦斯特（Jane West，1758—1852）。这可能是因为界定一二流作品的标准中更侧重男性作家，当然此外还有更多原因。韦斯特是一位勤奋的作家，其作品是典型的跨流派创作，她写小说、写戏剧、写诗歌，也写一些含蓄风格的作品。更重要的是在品位方面，韦斯特是一个坚定的道德主义者，她认为玛丽·沃斯通克拉夫特等作家属于有问题的激进主义，并予以反对。从韦斯特的《埃德蒙·伯克挽歌》（*Elegy on Edmund Burke*，1793）可以看出她的政治观点，从其小说《教育的优势：玛丽亚·威廉姆斯的历史》（*The Advantages of Education: or The History of Maria Williams*，1793）可以看出她的道德准则。

这两本书都无法挑战奥斯丁的声誉。有和韦斯特一样风格的男性作家往往也被人们遗忘了。

标准易变，过去易变、现在易变、将来也一样——现在可能比过去一个世纪还要不稳定。另一个批评沃斯通克拉夫特的批评家汉娜·莫尔写了《珀西》

（*Percy*，1777），这是该时期最成功的戏剧之一，其书籍销量在当时也大大超过了奥斯丁的书籍。后来她曾被长期忽视，但最近，人们发现她写了第一本现代传记，而且她是一个书信往来比奥斯丁还多的人，于是她又成为关注的焦点。[20] 莫尔认为自己是一个保守派，同时她也（注意此处可不是"但"）设想女性能发挥重要作用。她呼吁女性爱国主义，广泛来说，即政治必须包括女性，女性负责维护国家道德。事实上，道德被视为国家的爱国保障。小说很大程度上同女性作家和女性读者有关，主要是因为书信形式在许多小说中都非常重要，而且女性的社交活动也少不了书信，特别是当女性由于婚姻等因素需要与同性朋友分开居住时，书信往来就更为重要。在奥斯丁社交圈里，也经常在书信中写小说评论。

事实上，小说和写信一样，从多种角度来看都可以视作是女性活动的重要组成部分。哪怕并不是真心应允，承诺对方会写信寄来的情节可以助推小说的情节发展。比如《傲慢与偏见》中，当卡罗琳·宾利离开街区时，虽然她本人毫无诚意，但她还是催简·贝内特"要经常写信联系，互相之间要毫无保留"。[21] 对奥斯丁来说，写信者对剧情而言十分重要，写信是揭示人物性格的方式，就好比《理智与情感》中的露西·斯蒂尔。信件毫无疑问是对话的一种形式，这是当时的一种重要休闲方式，尤其是对女性来说。[22] 当然，与此同时，许多书信体小说是由男性写的，特别是有开创性的《帕梅拉》，[23] 还有沃尔特·司各特（Walter Scott）爵士的《红堡》（*Redgauntlet*，1824）。

与书信相比，小说的工具性较弱，而且小说更个人化，不像书信带有社交属性，但它也可以被视为一种"毒药"。比如在谢里丹的戏剧《对手》中就有这样一段充满讽刺效果的桥段。"夫人，镇上的流通图书馆是一棵长满邪恶知识的常青树！它一年四季都在开花！玛拉普洛普夫人，有了这棵树，那些喜欢修剪树叶的人，最终会渴望得到果实的。"[24]

同时，小说涉及了人们关心的种种问题。大多数都与求爱有关，或是把求爱作为一个重要情节。小说为女性提供了理想伴侣和求爱方式的样本，而这可能并不被其父母和监护人认同，这让他们感到不安。但事实证明这种小说情节对许多女性读者特别有吸引力，从而该类型作品维持了女性化特点。总的来说，小说中非常认同为爱而缔结婚姻。然而，根据现实的惯例，出于对礼节和孝道（特别是对父亲的）的重视，为爱结婚受到了限制。这些在奥斯丁小说中都有体现，例如在《诺桑觉寺》的结尾，婚事必须征得又讨厌、控制欲又强的蒂尔尼将军的同意不可。

这样的婚姻通常在一个故事的结尾出现，而故事的内容主要就是一个人逐渐成长、融入社会。故事的主人公往往是一个非常年轻的女性，就像《曼斯菲尔德庄园》的范妮·普莱斯，故事的情节走向和时间线跟着她的人生轨迹走，适应他人和社会习俗是关键主题。范妮·伯尼的第一部小说《埃维莉娜：一位年轻女士的入世之路》（ Evelina: Or, A Young Lady's Entrance into the World, 1778）是一部以书信形式写成的小说，书中的埃维莉娜在17岁时接触外部世界，当她最后与引她入世的向导之一、贤者奥维尔勋爵（Lord Orville, 一个类似《理智与情感》中布兰登上校的角色）结婚时，她的入世之旅就结束了。这个逐渐成熟的过程令人感到兴奋，但也并不意外。在序言中，伯尼表示，她计划"以大自然而非生活为原型塑造人物，并体现出时代特色"。伯尼的第二部小说《塞西莉亚：女继承人》（ Cecilia, or an Heiress, 1782）中写的成长环境就远没有那么好了，既有恶毒的监护人，也有堕入精神错乱的戏剧性转变，还有一丝哥特式的味道。

她的第三部小说《卡米拉，青春画卷》（ Camilla, A Picture of Youth, 1796）没有第二部那么叫人不安，也更加传统。伯尼把它献给了乔治三世和夏洛特王后。奥斯丁非常欣赏伯尼的作品，在这部小说的订阅名单上赫然有她的名字。《卡米拉》面临的挑战比《埃维莉娜》更突出，几个人物都有缺点。男主人公埃德加·曼德尔伯特虽富有，却爱对人评头论足，为人很难相处，且过分关注外表。这些性格因素可以在后来奥斯丁写的达西身上看到，但两者之间也有明显的区别。女主人公的妹妹尤金妮娅因事故致残，还患过天花，然而，她的个性却向人们展示了何谓真正的美丽。女主人公的哥哥莱昂内尔则是一个性格恶劣且自私的人；一个自私的人物是女主人公的表妹印第安娜，她长相美丽，举止却十分轻浮。她的哥哥克莱蒙特对仆人很苛刻，是个恶棍。卡米拉的父亲是个教士，在书中是正面人物。书中有一个叫阿方索·贝拉米的男人，专门追求有钱女子，绑架了尤金尼娅。若非这个绑架犯意外自杀了，尤金尼娅就得被迫和他结婚了。这个情节颇有哥特式的味道。

伯尼虽然不是一个成功的戏剧家，[25]但在奥斯丁还在逐渐形成自己的风格时，她已是一位重量级的、备受认可的女性小说家了。在伯尼的作品中，除了以适应外界为主题，还有以女性所承受的压力为主题的，其中包括对女性的暴力。因此，伯尼的形象被描述为一个充满矛盾，甚至是充满愤怒的作家。[26]然而，伯尼和后来的奥斯丁一样，在某种程度上避免了意识形态的固定，[27]这符合奥斯丁是一个保守派作家的说法。此外，与奥斯丁相比，在伯尼的作品中，不同小说的写作风格变化更大。

男人也爱读书，奥斯丁的父亲乔治经常购买小说，于是他的女儿们也能读到这些小说。在《诺桑觉寺》中，亨利·蒂尔尼并不反感小说，就"年轻男性鄙视小说鄙视得让人吃惊"的说法，他作出回应称："确实吃惊；如果男性真是这样，那倒真是让人吃惊了，毕竟男人读的书几乎和女人一样多。我自己也读过成百上千本。不要以为女人知道的东西能难倒我。"[28]《桑迪顿》中的爱德华·德纳姆爵士也是如此。

在《诺桑觉寺》中，凯瑟琳·莫兰自己"在读《尤多福》［安·拉德克利夫（Ann Radcliffe）的《尤多福之谜》（*The Mysteries of Udolpho*）］时，想象力肆意纵横，躁动不安，叫人惊慌失措，失去了更衣、用餐等所有世俗的欲望"。[29]然而，她发现这座名义上的修道院与哥特式小说中的场景并不一样。讽刺的是，在《诺桑觉寺》中，现实生活令人不快，凯瑟琳得承受贪婪的蒂尔尼将军的怒火。他打压自己的孩子，营造了一种不愉快的氛围，这种氛围与哥特式小说中假想的危险不同，虽然都让人不适，但又有所区别，而且更真实，情感上更有压迫性。

感伤主义小说中，女性缺乏自我克制的倾向，这被认为是神经紧张和情绪化的表现，也会被看作是一种不成熟。沃斯通克拉夫特的小说《女人的错误：玛丽亚》（*Wrongs of Woman: or Maria*，1798）主要讲述男人的残酷和对女性的压迫，其中也提到了女性的感性和小说相互影响的危险之处。在故事中，卢梭的小说《新爱洛伊丝》（*La Nouvelle Heloise*）在一段不幸的恋情中起了推波助澜的作用。

敏感神经在感伤剧中也很常见。观众会接收到明确的线索。谢里丹在《批评家》中嘲讽了这一现象："女主角发疯时总是会穿上白缎子。"（第三幕第一场）小说家们既可以利用这些惯例，也可以对它们质疑、表明观点，或者两者兼用，既利用又质疑。通常，在人物描写或情节设计中常常会夸大女性的敏感情绪，比如在行为规范文学中，女性会被当作是未成年人对待。更积极且贴近现实的是，女性会被当作是家庭生活及社交文化的关键人物，特别是在音乐活动方面。奥斯丁多次成功地调侃了感伤小说的惯例。

同时，儿童也越发被看作是社会中的一个独特群体，开始有专门为儿童设计的产品出现，其中包括儿童文学，该类型书籍开始大规模出版，而女性作家在该类型的写作中发挥了重要作用。这些文学作品大多说教意味重。托马斯·戴（Thomas Day）的畅销书《桑福德和默顿的历史》（*History of Sandford and Merton*，1783—1789）是一个为儿童编写的模范故事，讲的是农民的儿子哈里·桑福德和富绅的儿子汤米·默顿的故事，前者品德优良，后者好吃懒做。大多数小说的主题都是通过比较来体现道德，这种表现方式可以追溯到布道词及威廉·霍加斯（William Hogarth）1747年的系列版画《勤劳与懒惰》（*Industry and Idleness*）等世俗作品。这种道德对比在这部小说及整个体裁中都非常突出。然而，对儿童的描写也更加随意了。与其他方面一样，惯例变化得很快。奥斯丁并没有在作品中投入大量笔墨描写儿童，特别是幼童，但她就儿童问题的讨论洞见很深，而且非常成功——例如，在《曼斯菲尔德庄园》中对年幼的普莱斯家的孩子们发出议论时。

这是英国启蒙运动的时代。理性既是目标，也是一种方法和体系。[30]同时代的人认为应该用理性理解人类、社会和宇宙，从而改善人类的处境，这一目标统合了宗教信仰、功利主义和对人类幸福的追求。人们认为，理性和节制（不是逻辑理性）是人类区别于其他物种的标志；相应地，精神病患者被当作是一种畸形。理性被认为是人类发展和社会组织的特征，与之相对，未开化的思想则是被一个恐怖的世界所迷惑了，在这个世界里，自然被指控为畸形焦虑的来源。在《爱玛》中，奈特利先生在提到弗兰克·丘吉尔时，从抵御恐惧的角度阐述了成熟的含义："我可以允许孩子感到恐惧，但不允许一个男人感到恐惧。当他变得理智时，他应该振作起来，摆脱所有和他的权威不相称的东西。"[31]

作为启蒙运动的一部分，因果关系的概念发生了很大变化，至少对某些人来说是这样。在这种情况下，天意的概念被取代了，在天气方面这种变化尤为明显。天气不再代表神的直接旨意，而是更多地被当作一种自然过程。为此，人们开始使用气压计和温度计等设备。此外，数据的出现带来了分类。于是，卢克·霍华德（Luke Howard）在《论云的变化》（*On the Modifications of Clouds*，1803）中确立命名了云的三种主要云型：积云（堆积状）、层云（层状）和卷云（雨状）。房屋里配备上了时钟外壳的气压计以展示、享受知识。人们普遍喜欢用地理学信息来展示社会地位和知识水平，在家中摆放地球仪和地图作为家居装饰的一部分只是其中的一种做法。[32]范妮·普莱斯完全不知道这些知识，在这种背景下，她在受过良好教育的表亲那受到了不公平的责难。

知识在这个背景下象征着地位，这种观点可能会让沃尔特·艾略特爵士感到惊讶，因为他强调血统。当然，他的家世显然并不能保证他的任何品质。事实上，奥斯丁笔下的人物并没有真正参与到科学革命的地方性活动中去，他们没有加入文学协会或哲学协会，没有参加科学课，也没有观察过 ORRERY（一种显示太阳系运作的发条机器）是如何运作的。来自德比的约瑟夫·赖特（Joseph Wright of Derby，1734—1797）最有名的一幅画作叫《哲学家讲授轨道仪》（*A Philosopher Lecturing on the Orrery*，1766），这幅画的主题体现了启蒙运动的价值观和知识。但同时，他的另一幅画作《气泵中的鸟的实验》（*An Experiment on a Bird in the Air Pump*，1768）则画了一个女孩正为一只实验致死的鸟儿而痛苦。这幅画突出了启蒙运动的困境：医学知识如何与对动物的情感相调和。

地质学在当时很流行，与之相关的天道的运作、历史、自然地理学的基础知识和旅游都很受大众欢迎，但奥斯丁的小说中除了风景描写，没有其他关于地质学的内容。詹姆斯·赫顿（James Hutton，1726—1797）是地质学发展的关键人物，他的作品在约翰·普莱费尔（John Playfair，1748—1819）的修改下变得更易读，特别是他的《赫顿地球理论图解》（*Illustrations of the Huttonian Theory of the Earth*，1802）。威廉·史密斯（William Smith）的《英格兰与威尔士并部分苏格兰地区地层划分》（*Delineation of the Strata of England and Wales with Part of Scotland*，1815）阐释了地质学。该种描述与矿物学的演化有关，从矿物学中也能获得有用的知识。

启蒙运动不仅与科学、知识和发现有关，它还借鉴了一种普遍的价值观，同时也将其重新概念化，而奥斯丁自然也参与其中。宗教信仰是影响这种价值观的主要因素（但现在往往得不到重视），如在反对奴隶贸易的运动中。主要的废奴主义文本是由神职人员撰写的，如由索尔兹伯里大教堂的牧师托马斯·伯吉斯（Thomas Burgess）撰写的《基于自然、宗教和政治责任对废除奴隶制和奴隶贸易的思考》（*Considerations on the Abolition of Slavery and the Slave Trade*，*Upon Grounds of Natural*，*Religious*，*and Political Duty*，1789）。

在《傲慢与偏见》中，傲慢、愚蠢、自私的卡罗琳·宾利表示，舞会"无聊得让人受不了。……如果每天都以谈话代替跳舞，那肯定会理性得多"。[33]这里所要讽刺的不是开明的观点，而是她试图通过用"理性"这样的字眼来挤入达西的视线，这样的企图简直可笑。她一点也不开明：她只是在幻想打着理性的名义反对舞会能吸引达西，她知道达西有一个很大的图书馆，而且不喜欢跳舞。事实上，与卡罗琳的意图和采取的方法相反，小说所推崇的是真正意义上的开明态度。伊丽莎白必须学会根据证据来评判达西和韦翰，而不是凭她最初的、非理性的印象来下定论。

不过，奥斯丁确实会对新兴的知识潮流表现出一定程度的怀疑态度，尤其是考虑到它们的社会背景。在《爱玛》中，这种怀疑让她对教育进行了反思。"戈达德夫人是一所学校的女校长——可不是神学院校长，也不是什么机构的校长，更不是一边什么说着长篇大论的虚伪废话，一边宣称要根据新的原则制度将自由的学问和高贵的品德相结合，最后可能还会害得年轻姑娘们为了巨额回报弄垮身体、陷入虚荣旋涡的地方的校长——那是一所真正的、货真价实的老式寄宿学校，学费合适，能学到的学问也刚刚好。"[34]

与政治一样，知识与文化走向中也存在着紧张关系，这些紧张关系影响着社交。这一点可以在《爱玛》中看到，围绕采草莓活动，就该怎样拜访奈特利先生家的话题产生了意见分歧。埃尔顿夫人提议："就像吉普赛人聚会一样——我们想在您的花园里散散步，自己摘草莓——我们要在全室外活动，比如在树荫下摆张桌子什么的。越自然、越简单越好。您不就是这么想的吗？"这个提议遭到了更追求实用的奈特利的反驳，他的话明显打压了大家的热情："我对简单自然的看法就是在餐厅里摆上桌子。我认为，要展现绅士淑女们的自然和朴素，还是有仆人与家具在场，在室内用餐最好。在花园里吃腻了草莓，回到屋里就有冷肉吃。"[35]像感性一样，理性和自然也可以背道而驰。奈特利也在提议采取英国式的中庸之道。

《桑迪顿》一书对启蒙运动以及虚假价值观进行了更尖锐的批评。书中的帕克先生对竞争对手布林索尔的浴场一通贬低，表示海伍德先生都没有听过这个浴场，他说："我们可以把诗人威廉·考珀描述信教的佃农时的诗句拿来形容布林索尔——'她对离家半英里的地方一无所知'，与伏尔泰的诗正相反。"实际上，帕克误解了考珀的《真理》（*Truth*，1782）。《真理》

中描写的虔诚佃农与伏尔泰所写的形成了对比。"他只得到了华而不实，她得到了丰厚的回报。"[36] 奥斯丁很赞赏考珀（1731—1800）。考珀是牧师的儿子，是福音派信徒，也是一个著名的赞美诗作者，并且反对奴隶制。奥斯丁笔下的玛丽安·达什伍德和范妮·普莱斯都表达了对他的认可。就奥斯丁而言，佃农知道什么是真正的价值，而帕克先生则不然。

注释

1. *Emma* III,6.

2. J. E. Mullin, *A Sixpence at Whist: Gaming and the English Middle Classes,* 1680–1830 (Woodbridge, 2015).

3. John Ley to his mother, October 19, 1793, Exeter, Devon Record Office, 63/2/11/6.

4. *Sense* II, 14.

5. D. Le Faye, "Three Missing Jane Austen Songs," *Notes and Queries* 244, no. 4 (1999): 454–55; R. Leppert, Music and Image. *Domesticity, Ideology and Socio–Cultural Formation in Eighteenth–Century England* (Cambridge, 1988).

6. *PP* I, 5.

7. *Lady Susan*, letter 17.

8. *PP* I, 6; *Sense and Sensibility* II, 2.

9. *MP* I, 6; II, 2.

10. *Northanger* I, 1.

11. *PP* I, 8.

12. *PP* I, 5.

13. S. Rosenfeld, *The Georgian Theatre of Richmond Yorkshire and Its Circuit* (London, 1984).

14. *Juvenilia*,179.

15. *Juvenilia*,187.

16. *PP* II, 4.

17. *Sense* III, 8; P. Gay, *Jane Austen and the Theatre* (Cambridge, 2006); P. Byrne, *Jane Austen and the Theatre* (London, 2007).

18. *MP* I,13–18.

19. *MP* II,7.

20. A. Stott, *Hannah More: The First Victorian* (Oxford, 2003).

21. *PP* I, 21.

22. D. Selwyn, *Jane Austen and Leisure* (London, 1999).

23. S. E. Whyman, *The Pen and the People: English Letter Writers 1660–1800* (Oxford, 2009). See also, on provincial culture, her *The Useful Knowledge of William Hutton: Culture and Eighteenth–Century Birmingham* (Oxford, 2018).

24. *The Rivals* I, 2.

25. B. Darby, *Frances Burney, Dramatist: Gender, Performance and the Late–Eighteenth–Century Stage* (Lexington, KY, 1997).

26. J. Epstein, *The Iron Pen: Frances Burney and the Politics of Women's Writing* (Bristol, 1989). For a less combative Burney, M. A. Doody, *Frances Burney: The Life in the Works* (Cambridge, 1988).

27. B. McCrea, *Frances Burney and Narrative Prior to Ideology* (Newark, DE, 2013).

28. *Northanger* I, 14.

29. *Northanger* I,7.

30. R. Porter, *Enlightenment: Britain and the Creation of the Modern World* (London, 2000); K. Sloan, ed., *Enlightenment: Discovering the World in the Eighteenth Century* (London, 2003); R. G. W. Anderson, M. L. Cay– gill, A. G. MacGregory, and L. Syson, eds., *Enlightening the British: Knowledge, Discovery and the Museum in the Eighteenth Century* (London, 2004).

31. *Emma* I, 18.

32. J. Golinski, *British Weather and the Climate of Enlightenment* (Chicago, 2007); J. Kington, *The Weather of the 1780s over Europe* (Cambridge, 1988).

33. *PP* I, 11.

34. *Emma* I, 3.

35. *Emma* III,6.

36. *Sanditon* 1.

奥斯丁所处的时代非常多变，让人兴奋的同时也十分不稳定，伦敦在当时的地位及其发展就是印证。到 1800 年，伦敦的人口超过了一百万。五年后，对社会价值与社会结构呈明显保守态度的乔治三世提到了"野蛮生长的大都市"，[1] 这是托利党长期以来所持的观点。然而，伦敦仍然是政治、法律和商业中心，它在印刷业方面的发展有助于产出新闻、观点和时尚。

伦敦的地位及其发展都是对变革进行文化批判的关键点，这种批判在英格兰长期存在。在保守派、乡村地区和圣公会圈子里更是如此。奥斯丁的小说《爱玛》以萨里郡（Surrey）为背景，而萨里郡又有些伦敦的影子，它在很大程度上反映了这种批判的传统主题。《傲慢与偏见》也是如此，它的背景设定在赫特福德郡（Hertfordshire），也很靠近伦敦，不过是在另一个方向上。这种对变革的批判也是《曼斯菲尔德庄园》中的关键问题。

伦敦的地位及其发展凸显了对既定礼仪和传统习惯的挑战。《傲慢与偏见》中，类似的冲击体现为战争和由战争产生的军备工作。伦敦人的自信在《傲慢与偏见》中得到了体现，当得知简·贝内特身体状况不佳时，宾利家的姐妹们反对在当地看病，"确信乡下的建议派不上用场，还是派人去城里找一位最有名的医生"。宾利和简·贝内特都拒绝了这一建议，[2]因为没有这个必要。当时医生们都聚集在伦敦和巴斯，而乡下的药剂师只能通过学徒制来接受培训。

对城镇与乡村的比较是一个频繁出现的主题，尤其是在《傲慢与偏见》中。第二天早上，人物们又回到了城乡比较这个话题。达西称："乡下的街区社会环境非常封闭，一成不变。"伊丽莎白·贝内特说到人们变化巨大，从他们身上永远可以看到新的东西。贝内特夫人接着说："在乡下和在城里一样，总有新事儿发生。……就我个人而言，除了商店和公共场所，我看不出伦敦比起乡下来优势有多大。乡下叫人心情好得多。"宾利性情温和而又诚实，他的话可能反映了简的观点："当我在乡下的时候，我从来没有想过要离开那里；而当我在城里的时候，也差不多是这样。城乡各有各的好处，我在任何地方都同样快乐。"这句话得到了中肯的评价："那是因为你性格正派。"[3]

在《爱玛》中，伍德豪斯先生是一个挑剔又自恋的"健康虚弱者"，总是无意间闹出笑话来。他的两个女儿中有一个住在伦敦，叫他非常挂心。这份关切延伸出了一段对话，尽管这段对话充满了以自我为中心的抱怨以及他特有的焦躁情绪，但它也大概反映了那个时期许多人的观点。

"嗨！我可怜的好孩子，其实，伦敦一年到头都是个容易发病的季节。那里没有一个人身体健康，谁也没法健康。你是迫不得已住在那里，真令人可怕啊！离家那么远！空气又那么糟糕！"

"那倒不见得——我们那儿的空气并不糟糕。我们那一带比伦敦大多数地区好多啦！亲爱的爸爸，你千万别拿我们那儿跟伦敦多数地区混为一谈。布伦斯维克广场一带跟其他地区大不一样。我们那儿空气可新鲜啦！……

"可你们要是在哈特菲尔德住上一个星期，那就会全都变个样。眼下嘛，我真不敢说你们哪一个看上去身体是好的。"[4]

译林出版社 2000 年版　孙致礼译

空气，确实是一大话题。因此，当威廉·卢卡斯爵士想搬到伦敦去时，他说："我喜欢上流社会，但我不太确定伦敦的空气是否适合卢卡斯夫人。"[5]在此情况下，空气不仅代表着字面意义上的空气质量，还代表着一系列非明面的问题，包括卫生问题。伍德豪斯先生所担忧的问题在穷困人权生活条件改善协会（Society for Bettering the Condition of the Poor）处有了不同的表达，该协会总部位于伦敦。1805 年，协会指出：

> 大都会较拥挤地区的许多居民都深受感染性发热的折磨……在穷人居住的许多地方，人们从来没有摆脱过热病感染的阴影；不管是在短街还是小巷，甚至一些公共建筑中，热病已经持续了 30 多年；而且，由于不管是在城市内不同阶层的居民之间，还是在大都会和王国的其他地区之间，持续的交流都不可避免，这种可怕的疾病经常从伦敦的贫民处传到乡村地区以及大都会的一些富裕家庭中。[6]

尽管如此，对于那些能负担得起的人，伦敦的医疗条件比英格兰其他地方都好得多。在《桑迪顿》中，海伍德先生不得不向来访的一个疑惑的伦敦人解释，威灵顿没有外科医生。在《爱玛》中，哈丽埃特·史密斯去伦敦看牙医，在那里，她参观了阿斯特利的露天圆形剧场，这是一个开放于 1773 年的表演场所，在那里举行过公开的爱国主义表演和马戏表演，[7]充分体现了城市的多样性。

奥斯丁在去伦敦之前就知道此地。她的表姐伊莱扎对首都的时尚界非常感兴趣。伊莱扎在伦敦长大，但后来嫁给了一位法国伯爵①，她和她的母亲在时

---

① 伊莱扎·汉考克 (Eliza Hancock)，是奥斯丁的表姐及嫂子。20 岁时，伊莱扎与一位法国陆军上尉结婚，后者后来成为法国伯爵，在恐怖统治期间他被送上断头台。伊莱扎返回英国，定居伦敦，并于 1797 年与奥斯丁的哥哥，亨利·奥斯丁结婚。——编者注

尚的西区波特曼广场（Portman Square）附近租了一栋房子，并常去阿尔马克家（Almack's）^①，那里是个非常时尚的集会室。

奥斯丁本人后来也多次到访伦敦。自1788年起，她在前往肯特郡和汉普郡的路上常常住在伦敦，还曾住在她的哥哥亨利的家中。亨利是一名伦敦银行家，奥斯丁很喜欢他。亨利对她与出版界、印刷界打交道而言非常重要，她去伦敦进行编辑校对工作时就住在他那里。同时，奥斯丁也喜欢到伦敦去社交，她想从农村社会的一成不变中抽身出来喘口气。亨利原本住在布伦普顿（Brompton），奥斯丁1808年去过他在布伦普顿的住处，后来有一段时间他在银行业取得了成功，便从布伦普顿搬到了伦敦的斯隆街64号（64 Sloane Street），房子更宽敞些。奥斯丁在1811年和1813年拜访过他在伦敦的住处，享受城市生活的同时继续写她的小说。⁸伦敦在很大程度上是出版界的中心，亨利·菲尔丁把帕森·亚当森送到伦敦去出版他的布道书可不只是《约瑟夫·亚当斯》（*Joseph Adams*，1742）中的一种情节构思。亨利的妻子伊莱扎去世一年后的1814年，他搬到了他任职银行楼上的宿舍，位于亨利埃塔街（Henrietta Street）科文特花园，那年春天奥斯丁和他一起住在那里。同年晚些时候，亨利搬到了位于骑士桥汉斯广场23号（23 Hans Place，Knightsbridge）的一所房子，奥斯丁在1814年和1815年来过，她很喜欢这所房子。房子有一个花园，奥斯丁喜欢边工作边在那里散步。

由于银行事业的失败，亨利于1816年搬到了查顿（Chawton）担任牧师，而此后没有记录表明奥斯丁再度访问伦敦。这是由于经济困境导致受赡养者必须做出选择的典型。经济困境是许多小说的主题，也影响到了奥斯丁笔下许多人物——例如达什伍德夫妇，以及贝内特一家。

奥斯丁写的许多人物都去过伦敦，特别是时尚的西区。在《爱玛》和《理智与情感》中都提到了邦德街（Bond Street），在后者中，玛丽安住在伯克

---

① Almack's是18世纪至20世纪期间英国首都最重要的、为数不多的上流社会男女公共社交场所之一。——编者注

利街（Berkcley Street）。在《曼斯菲尔德庄园》中，朱莉亚·伯特伦住在贝德福德广场（Bedford Square）附近的表亲家，她的妹妹玛丽亚住在温波尔街（Wimpole Street），后来她抛弃了丈夫，与亨利·克劳福德私奔了。[9] 在《理智与情感》中，帕尔默夫妇住在汉诺威广场（Hanover Square），而詹宁斯夫人每个冬天都在波特曼广场附近的伯克利街度过，达什伍德夫妇住在哈雷街（Harley Street），爱德华·费拉斯住在帕尔摩街（Pall Mall），约翰·威洛比住在邦德街。[10] 米德尔顿一家住在康杜伊特街（Conduit Street），他们不那么"上台面"的亲戚斯蒂尔小姐们住在费特巷（Fetter Lane）旁霍尔本区（Holborn）巴特利特大厦（Bartletts Buildings），[11] 那是城市和西区之间的中间地带。

在《傲慢与偏见》中，宾利一家住在格罗夫纳街（Grosvenor Street），那里是西区的中心地带，宾利小姐因为伊丽莎白·贝内特有一个"住在齐普赛街（Cheapside）附近"的叔叔而嘲讽她——换句话说，就是伊丽莎白的叔叔是个做生意的。从地理上看，齐普赛街在西区之外。伊丽莎白和简都"经常"和她们的叔叔住在一起，但那里和宾利家比起来"地方太不一样了，我们的亲戚关系也完全不同"。[12] 与宾利家正相反，堕落了的韦翰和莉迪亚躲在西区之外：他们住在圣克莱门特（St. Clement's）的东齐普街（Eastcheap）或丹尼斯街（Danes）。[13] 事实上，在《傲慢与偏见》中，伦敦的社会区隔更加锐化。"达西先生可能只是听说过一个叫天恩教堂街（Gracechurch Street）的地方，但他如果真的要到那里去 次，他可能会觉得花一个月的功夫也洗不干净身上染的污浊。"[14]

在《曼斯菲尔德庄园》中，玛丽亚·伯特伦准备与富有的拉什沃思先生缔结婚姻，因为这能"确保她在城里有房子，这是现在的首要目标"。在准备嫁给拉什沃思先生时，玛丽亚觉得"新马车和新家具可以等春天时到了伦敦再准备，到那时她的品位可能就更好了"。反过来，由于亨利·克劳福德"经常在伦敦"，人们就觉得他很有吸引力。当他考虑自己是否能成为一名传教士时，亨利表示："我的听众得是伦敦人。我要传教，就只对受过教育的人传教；只对那些有能力鉴赏我的作品的人传教。"[15] 伦敦还面临着社会阶层流动性下降的威胁。在《诺桑觉寺》中，伊莎贝拉·索普的父亲是一名律师，他们一家住在普特尼（Putney），家境也不是很富裕。由于她"又没地位又没钱"，她与蒂尔尼上尉的婚约不受他父亲待见。[16]

作为时尚的中心，[17] 伦敦对英格兰其他地方的人来说是个游览胜地。社交活动的设施和模式都以伦敦为模范，其他地方的习惯都以伦敦为准。卡迪纳夫人从伦敦到了赫特福德郡附近的贝内特家，告诉她们"最近以长袖为时尚"。[18] 凯瑟琳夫人告诉伊丽莎白·贝内特："你的母亲应该每年春天都带你到城里去向老师们学习"，这可以让她学到些技能。[19] 在《劝导》中，沃尔特·艾略特爵士因为迫于需要存钱不能去伦敦而抱怨不已。在《爱玛》中，贝茨小姐听说店主福特夫人"从城里收来了一批漂亮的新丝带"，[20] "城里"总是指伦敦，在附近的萨里郡当然也是如此代称伦敦的。爱德华·费拉斯认为，要是埃丽诺和玛丽安·达什伍德有钱，伦敦的"书店、音乐店和印刷店"生意都会好起来。[21] 政治也是如此。韦斯顿先生从伦敦回到哈特菲尔德后，在晚餐时先要"把他听到的公共新闻传出去"，然后才"开始谈家里的事儿"。[22] 所谓"公共新闻"没有明说，这有助于确保这本书没有时效性。

伦敦对英格兰乃至整个英国的经济都至关重要，包括在出版方面。出版业不仅属于经济活动，也是文化活动。贝尔法斯特（Belfast）的印刷商约翰·蒂斯德尔（John Tisdal）在1782年出版了他编辑的爱尔兰诗集《弗洛拉的盛宴》（*Flora's Banquet*），表示："这并不意味着只有英格兰的大都市才能产出有价值的作品；也不意味着一本书只有在标题页里带有伦敦字样或在评论中有伦敦相关内容才能引起别人的好奇。"然而，伦敦的出版商还是占着主导地位。

有些人说这座城市是自由的城市、贸易的城市、进步的城市；另一些人则从道德败坏、政治混乱和经济衰败的角度来看待它。爱德华·吉本提到："人群熙熙攘攘却找不到同伴，日子灯红酒绿却找不到乐趣。"[23] 乡村的自我意识衬托出了伦敦的焦虑与不安。这座城市各方面都与乡村生活截然不同，它人口拥挤、环境肮脏、噪声嘈杂，风景却又丰富多彩。作为一个燃煤城市，免不了被烟尘包围；除却烟尘外，大量的人口还产生了许多垃圾，气味难闻。这与乡村生活形成鲜明对比。城市的污秽让擦鞋匠有了工作机会，而仆人们为了保持衣服清洁，工作压力也增加了。

为解决伦敦的公德问题，乔治三世于1787年发表了"鼓励虔诚，鼓励美德，预防并严惩犯罪、渎神及不道德行为"的宣言，相关宣教协会也为宣传公德举办了许多活动。在伦敦存在大量毫无意义、只是为了炫耀的消费，比如在《理智与情感》中，罗伯特·费拉斯费了好大工夫去买了一只昂贵的牙签盒。[24] 城市是乡下的对立面，"在乡下自由又幸福，你可以从一个地方逛到另一个地方，享受自由又奢侈的孤独"。玛丽安·达什伍德在遥远的萨默塞特（Somerset）的克利夫兰就享受了乡村的这种特权。[25]

除了对伦敦的批判，还有另一类批评的声音也是奥斯丁和她的读者进行假想的重要背景。那就是伦敦的评论家对"时尚人士"的强烈批评，他们认为这些时尚人士为普通公民树立了一个糟糕的榜样。事实上，亨利·菲尔丁将伦敦描述为一个法庭腐败、西区住满贵族的地方，且商业往来上劣迹斑斑，与其他更受认同的商业大都市形成了对比。两者之间的相互作用是当时文学作品的一个重要主题。一般来说，伦敦在人们的印象里指的就是西区，许多艺术家和作家把这个地方设定为各类恶行的背景，特别是在描写来自贵族的恶行时，[26] 如菲尔丁的小说《阿米利娅》（Amelia，1751）中困扰威廉·布思的骗局。在菲尔丁的《约瑟夫·安德鲁斯》中，好色的波比夫人回到伦敦，献身给了"一位年轻的骑兵上尉，并沉迷于没完没了的牌局"。[27] 韦翰也很符合这种设定，他不是贵族却过着贵族般的生活："他那冠着诱惑旗号的阴谋诡计已经把魔爪伸到了每个商人的家里。"[28] 在奥利弗·戈德斯密史的戏剧《屈身求爱》中，农村的居民比伦敦的居民更加诚实安定。1785年，一个两年前到访过伦敦的游客说伦敦是英格兰唯一公开出售避孕套的地方。[29]

伦敦对快乐的否定，在奥斯丁的《理智与情感》中通过米德尔顿夫人反对她丈夫举办舞会得到了体现："在乡下当然可以办一场心血来潮的舞会；但在伦敦，高雅的名声更重要，要获得这样的名声可太不容易了，就为了满足几个姑娘，要是让人知道米德尔顿夫人举办的小舞会只有八九对人参加，伴奏只有两把小提琴，而且只有一个餐柜的小吃，这也太冒险了。"[30] 不过，伊莎贝拉·索普在《诺桑觉寺》中讽刺了伦敦的敌意："就我自己而言，我也没什么大愿望，全世界能找到的最微薄的收入对我来说也够用了。在人们真正的心之归处，贫穷本身就是财富。我讨厌富丽堂皇，我宁愿不住在伦敦。要是能在某个幽静的小村里拥有一间小屋，那简直叫我欣喜若狂。"[31] 实际上，她住在物价较低的普特尼。

在《曼斯菲尔德庄园》中，色调更加阴郁，氛围更加残酷，这部小说整体就是这样一个基调。玛丽·克劳福德想搬她的竖琴，抱怨想雇个运货车太难了，但埃德蒙·伯特伦指出，是她自己执意无视干草收获季的问题，雇不到车也并不奇怪。他理解及时收草的重要性，但她却把城市和乡村相提并论："我在伦敦时的座右铭就是每样东西都得要用钱来买，你们乡村的风俗太自立自强了，我一开始有点无所适从。"[32] 随后，当玛丽说"大都市……对其他地方而言是个好范例"时，埃德蒙·伯特伦表达了异议，他回应道："我希望全王国美德与罪恶的比例可不要像伦敦。大都市里可没有道德情操这一说，任何教派中的可敬之人都没法尽其善；圣职人员的影响力也无法充分发挥。"[33]

埃德蒙还补充，日常榜样的树立很关键，而不应该只是在大场合公开作秀。"一个好的传教士会受人关注和敬仰；但一个好教士要在他所在的教区、邻里中发挥作用，不仅仅只依靠优秀的传教能力。教区和邻里的人们能一定程度上了解到他的性格、观察到他平日的行为举止，但在伦敦就很少存在这种情况。伦敦的教士们存在感不高，大多数人只知道他们是传教的人。"[34] 因此，伦敦的神职人员只有听众，而不是会众，神职人员可以作为心理顾问与他们建立适度的个人关系。埃德蒙讲述了一个真实的例子，在奥斯丁的小说中，这个话题出现得更为普遍：

> 克劳福德小姐不要误解我的意思，不要以为我把他们称作良好教养的裁决人，谦恭文雅的规定者，精通生活礼仪的大师。我所说的言谈举止，更确切地说，也许可以叫作行为，是正当原则的产物，简而言之，是他们的职责应该传授宣扬的那些信条产生的效果。我相信，你走到哪里都会发现牧师有恪尽职守或不恪尽职守的，全国其他地方的情况也都一样。[35]
>
> 译林出版社 2004 年版　孙致礼译

伦敦推动了全国性经济空间的形成，不过，伦敦市场的专业化明显长期伴随着许多地方经济特色。伦敦人口不断增长，与今日相比，当时伦敦人口所需的大部分食物都来自英国国内，甚至就来自英格兰本土，而伦敦的物价则会印在乡村地区的报纸上。在奥斯丁笔下的农村世界里，伦敦是主要的农业市场。售往伦敦市场的动物，如诺福克的火鸡，被"赶着"步行穿过英格兰南部。同样，肉牛也是从苏格兰、威尔士和英格兰北部赶来伦敦的。

此外，伦敦的金融对英国其他地区也很重要。为确保地方经济与伦敦实际情况密切相关，且能通过伦敦互通关联，于是建立起了一个总部位于伦敦的跨区域信贷体系。1775 年，伦敦伦巴第街（Lombard Street）建立了一家银行清算所，实现了巨人进步：银行可以通过票据系统平衡信贷和提款。总部设在伦敦的众保险公司通过中介在全国各地开展业务。海伍德先生每年去伦敦两次领取股息。[36] 靠近首都是吸引人的关键之一，帕克先生称赞桑迪顿是个好的海滨浴场，因为它"离伦敦很近"——比起伊斯特本（Eastbourne），桑迪顿离伦敦要近一英里。实际上，这两个地方都在与布莱顿（Brighton）竞争苏塞克斯度假胜地的位置。露西·斯蒂尔对理查森先生的描述足以体现这座城市多富有："他赚了很多钱。"[37]

伦敦的出版物将设计传播开去，而伦敦的工匠在全国各地都颇受欢迎。聪明的乡村人纷纷前往伦敦实现理想、发挥才能，如托马斯·喜来登（Thomas Sheraton）①。对应的文学作品如查尔斯·维斯（Charles Vyse）的《新伦敦拼写书》（*New London Spelling Book*，1776）。语言标准是通过各类方法和这些书籍于伦敦制定的，而乡村报纸又对这些方法及书籍进行了宣传。有才华的外国人也纷纷到访伦敦。约瑟夫·海登（Josef Haydn）在1791年和1794年来到伦敦，成功举办了公开音乐会，演奏了他为音乐会而写的伦敦交响曲。

然而，大都会的影响并不妨碍英国其他地方的自主发展。乡村的银匠（如埃克塞特的）虽受到了伦敦设计的影响，但也制作出了具有独特特征的作品。各省既有能力保留当地的做法，也有能力采取主动。同时，这种现象在距离伦敦较远的地区最为明显，例如纽卡斯尔，而在离伦敦较近的地区最不明显。奥斯丁居住的地方及其小说的背景设定都属于后者。[38]赫特福德郡和萨里郡在很大程度上都笼罩在首都伦敦的阴影之下，例如，两者都订阅着伦敦的报纸。

伦敦发展的社会基础源于中产阶级的大扩张，并且越来越多的乡村精英阶层一年会在伦敦生活一段日子。伦敦的影响力很大程度上也得益于其发展的社会基础来自地区首府（如诺维奇和诺丁汉）、郡中心（如沃里克）以及发展中的现有娱乐城镇（如巴斯、巴克斯顿和坦布里奇韦尔斯等）。[39]由于各省城在各自特定地区内的重要性越发突显，被视作趋势典范的伦敦的作用和形象也更显突出。游乐花园是展示各类艺术和音乐的场所，与伦敦的步道和集会室一样，成了其他城镇所效仿的对象。

和利兹（Leeds）等其他城市一样，[40]伦敦既有发展增长也有社会分化。在奥斯丁的一生中，伦敦发生了巨大的变化。西区的街道平面图填满的同时还扩大了。于是，位于托特纳姆宫路（Tottenham Court Road）和新路〔New

---

① 托马斯·喜来登（Thomas Sheraton，1751—1806），著名家具设计师，与托马斯·齐彭代尔（Thomas Chippendale）和乔治·赫普尔怀特（George Hepplewhite）并称为18世纪英国家具制造"三巨头"。——编者注

Road，现在的尤斯顿路（Euston Road）〕之间的菲茨罗伊广场（Fitzroy Square）于 18 世纪 90 年代按照罗伯特·亚当的设计开始建造。当时，新路以北还没怎么发展。事实上，在路的另一边能找到肯德尔农场（Kendal's Farm），而托特纳姆宫路的东边在 18 世纪 90 年代还只是空旷的田地。在《爱玛》中，主人公的姐姐住在城市扩张的边缘。相比之下，西区再往南可以看到宏伟的房屋，这再次加深了这部分城市的贵族印记。

这一时期政治变化突发，伦敦和伦敦人都受到了影响。美国独立战争（1775—1783）的爆发引起了意见分歧，有许多支持革命的声音，但也有相当多愤怒反对的呼声。此外，伦敦市民还定期施压，呼吁进行激进的政治变革。威斯敏斯特协会（Westminster Association）要求在 1780 年实现男子普选、年度选举、无记名投票和平等选区。1788 年，第一个纯女性的废奴主义者协会在伦敦举行会议。

法国大革命期间，激进主义激增，激进机构伦敦通信协会（London Corresponding Society）于 1792 年成立。然而，保皇派也随之兴起。1795 年，《危机治安集会处置法》（*Seditious Meetings Act*）出台，这让鼓动改革更加困难了，伦敦通信协会的会员也随之减少。协会的反对者将激进主义事业污蔑为极端主义，称其不符合英国的特点，协会因此深受其害。《诺桑觉寺》可能正是在 1798—1799 年间写成的，奥斯丁借凯瑟琳·莫兰这个喜欢危言耸听的人之口发出警告："伦敦很快就会发生令人非常震惊的大事。"[41] 可笑的是，凯瑟琳只是在说一部新的哥特式小说，但埃丽诺误解了，以为她说的是暴乱。伦敦在 19 世纪最初十年集中出现激进主义。然而，这并没有影响奥斯丁在小说中对伦敦的描写及其语气。

在对伦敦进行批评的同时，对自然的崇拜，特别是对"雄伟"景观的崇拜迅速发展，促使着人们重新定位伦敦和所有城市的魅力所在。早些时候，人们常认为伦敦是自由、贸易、进步和社交的主阵地。就像"礼貌"本身一样，伦敦的诸多游乐花园和集会室有利于进一步实现建设一个自由有序、人员并然交杂的城市的理想。因此，这些人为设计的空间既回击了奢侈品流通与社会混乱有关的观念，也有助于缓解对大都市商业扩张的恐惧和担忧。[42]

尽管如此，纵观奥斯丁的一生，对伦敦的批评有所加剧。威廉·华兹华斯（William Wordsworth）在其《抒情歌谣集》（*Lyrical Ballads*，1798）的序言中断言，向城市迁移会产生严重恶果。早在四年前，伦敦诗人兼画家威廉·布莱克（William Blake，1757—1827）就发表了一首题为《伦敦》的凄凉诗。

> 我漫步过每一条特辖的街道，
> 附近有那特辖的泰晤士河流过，
> 我看见每个过往的行人脸上，
> 都写着软弱，都写着痛苦。
> 每个人都声声呼号，
> 每个婴儿都恐惧啼哭，
> 在每个声音中，在每个禁令中，
> 我都听到心灵铸成的镣铐。
> 扫烟囱的人如何号哭，
> 教堂之黑暗令人震惊，
> 不幸的士兵哀声叹息，
> 沿着宫墙成队地到处跑。
> 但最重要的是，穿过午夜的街道，我听到
> 年轻的妓女在诅咒，
> 引得新生婴儿眼泪不休，
> 折磨着婚姻的灵车。

布莱克能清楚地看到在乔治王朝的城墙背后、在大理石外观背后都藏着什么。对他来说，伦敦有一大群穷人、一大群弱势群体，他们太了解何谓苦难、

艰辛而又无望的生活，并且已经接受了现实，这就是他们的命运。虽然《曼斯菲尔德庄园》的背景设定在朴茨茅斯，但范妮·普莱斯对城乡差别的反思也与伦敦有关，那一段描写强而有力："强烈的太阳光落在客厅里，非但没叫她高兴，反而让她更忧郁了；在她看来，城里的阳光和乡下的阳光是完全不同的两种东西。在这里，热烈的阳光只是一种强光，令人窒息而又病态，只会叫原本沉眠的污渍尘灰重见天日。城里的阳光既不健康，也不叫人快乐。她坐在压抑的热浪中，坐在流动的尘埃里。"[43]

注释

1. George to Lord Hawkesbury, 3 February 1805, BL. Loan Manuscripts 72/1, fol. 135.

2. *PP* I, 8.

3. *PP* I, 9.

4. *Emma* I, 12.

5. *PP* I,6.

6. Paper from the Society for Bettering the Condition of the Poor, January 1, 1805, BL. Add. 35645 fol. 143.

7. *Emma* III, 16, 18.

8. E. Clery, *Jane Austen: The Banker's Sister* (London, 2017) .

9. *MP* III,14.

10. *Sense* I, 20; II, 3, 5; III, 2, 8.

11. *Sense* II, 10, 12.

12. *PP* II, 2; N. Pevsner, "The Architectural Setting of Jane Austen's Novels," *Journal of the Warburg and Courtauld Institutes* 31 (1968) : 404–22.

13. *PP* III,9.

14. *PP* II, 2.

15. *MP* I, 4–5; II, 3; III, 3.

16. *Northanger* II,10–11.

17. H. Greig, *The Beau Monde: Fashionable Society in Georgian London* (Oxford, 2013).

18. *PP* II, 2.

19. *PP* II,6.

20. *Emma* II, 9.

21. *Sense* I,17.

22. *Emma* II,17.

23. John Holroyd, ed., *Miscellaneous Works of Edward Gibbon*, vol. 1.(London, 1796) , 81.

24. *Sense* II, 11.

25. *Sense* III,6.

26. D. T. Andrew, *Aristocratic Vice: The Attack on Duelling, Suicide, Adultery, and Gambling in Eighteenth–Century England* (New Haven, CT, 2013).

27. H. Fielding, *Joseph Andrews,* chapter 16.

28. *PP* III,6.

29. J. L. Wood, "Bladder Policies," *Factotum* 38 (February 1994) : 10.

30. *Sense* II, 5.

31. *Northanger* I,15.

32. *MP* I,6.

33. *MP* I, 9.

34. *MP* I, 9.

35. *MP* I, 9.

36. *Sanditon* 2.

37. *Sense* III,2.

38. D. Wahrman, "National Society, Communal Culture: An Argument about the Recent Historiography of Eighteenth–Century Britain," *Social History 17* (1992): 43–72; P. Borsay, "The London Connection: Cultural Diffusion and the Eighteenth–Century Provincial Town," *London Journal* 19 (1994): 21–35; H. Berry, "Promoting Taste in the Provincial Press: National and Local Culture in Eighteenth–Century Newcastle upon Tyne," *British Journal of Eighteenth–Century Studies* 25 (2002): 1–17.

39. P. Borsay, *The English Urban Renaissance: Culture and Society in the Provincial Town*, 1660–1770 (Oxford, 1989).

40. M. Beresford, *East End, West End: The Face of Leeds During Urbanisation,* 1684–1842 (Leeds, 1988).

41. *Northanger* I, 14.

42. J. Conlin, "Vauxhall on the Boulevard: Pleasure Gardens in London and Paris, 1764–1784," *Urban History* 35 (2008): 24–47, esp. 46.

43. *MP* III,15.

第八章
巴斯

巴斯是许多小说家创作的背景，奥斯丁和托比亚斯·斯摩莱特尤其喜欢描写这个城市——奥斯丁《诺桑觉寺》和《劝导》，以及斯摩莱特趣味横生的《汉弗莱·克林克的远征》（*The Expedition of Humphry Clinker*，1771）都用了巴斯作背景。小说对这座城市的描写反映了对新事物的追求、对休闲的向往，以及巴斯在社会生活中的重要性。巴斯并不是一个新生的定居城市，人们在此处的定居史可以追溯到罗马时代。但在 18 世纪，这座城市迎来了新的变化，它既成为一个休闲之地——事实上，人们说起休闲之地就会想到巴斯——又成为一个新的城市景观。由于巴斯城矗立在一座秀丽的山上，这座城市显得特别引人注目。1800 年，巴斯的人口约为 3.3 万人，是英格兰和威尔士境内的第十大城镇，不过人口数会随着游客量与季节的变化而波动。

巴斯并不是独一无二的时尚水疗中心，巴斯城本身连同城里的水都是供游客参观游览的商品与消费对象。1700 年至 1750 年，英格兰新建了 34 家水疗中心，18 世纪后半叶成立的甚至更多。于是，南安普顿（奥斯丁于 1806 年搬到此地）原本并没有温泉，后来却开设了查利贝特（Chaleybeate）温泉。此外，在这些温泉中，由于更靠近伦敦，坦布里奇韦尔斯比巴斯更具优势。奥斯丁的表亲伊莱扎于 1787 年去过坦布里奇韦尔斯温泉，在奥斯丁写的《莱斯利城堡》（*Lesley Castle*）中，坦布里奇韦尔斯与伦敦和巴斯一样，是 1792 年玛格丽特·莱斯利和夏洛特·勒特雷尔可能相遇的地方。[1] 如果不是因为有 14 个孩子，《桑迪顿》中的海伍德夫妇就能负担得起"偶尔在坦布里奇韦尔斯待上一个月……在巴斯待上一个冬天"了。[2] 这些都表明，不同的温泉之间既可以是互补的度假胜地，也可以是竞争对手。在《傲慢与偏见》中，乔治亚娜·达西的朋友们去了斯卡伯勒。如果要去温泉度假村的话，埃尔顿夫人建议去巴斯或克利夫顿。[3] 埃德蒙·伯特伦表示，如果不在伦敦的水疗中心度假，那么坦布里奇韦尔斯和切尔滕纳姆的温泉也不算"乡下"。[4]

尽管如此，巴斯还是成了一个著名的水疗中心，在那里能做很多事情。安森夫人（Lady Anson）1751 年到访巴克斯顿时，感觉那儿很无聊，叫她很不满意。[5] 因而，巴斯开始努力让游客玩得开心、玩得满意。尽管巴斯已经很成功了，但它能发展成一个井然有序的休闲城市，能获得人们的尊重、成为一个安全放心的旅游胜地，很大程度上要归功于理查德·"博"·纳什（Richard "Beau" Nash，1674—1761）。1705 年，纳什接替韦伯斯特上尉，担任巴斯的第二任司仪。纳什就巴斯游客行为规范制定的"规定"于 1707 年首次发布。这是社会礼仪的制定过程的一部分，人们会通过印刷品或直接或间接地对礼仪的制定表达意见并辩论。小说则是组成这一过程的另一个方面，[6] 两者结合，使得社会礼仪编纂既有现实因素参与，又有虚构因素参与。

健康疗养是度假村的基础，但来到巴斯的人往往是想来找个好姻缘，并且，这个目标吸引着各个年龄段的游客。对于各个年龄段想要结婚的男女以及作为年轻女性监护人的父母们而言都是如此。刚遭到爱玛的拒绝，菲利普·埃尔顿就立即动身前往巴斯，参加了一个高级的司仪舞会，[7] 想在那里遇到自己未来的伴侣。[8] 整个过程都如愿进行，他与奥古斯塔·霍金斯迅速订了婚："刚介绍了一个小时，很快就有了显著的进展……这件事发生、发展得是如此夺人眼球——进展非常快，从一场偶遇，到在格林先生家共用晚餐，再到布朗夫人家的聚会——会心微笑、害羞脸红的频率越来越高。"[9]

埃尔顿是一名神职人员,在巴斯时,他住在白鹿酒店,这是一家大型的驿站。[10]巴斯是亨廷顿夫人的福音派"连接教会"的中心,因此教会在城市中占有重要地位。奥古斯塔作为埃尔顿的妻子在萨里郡定居后,向伍德豪斯先生推荐了巴斯的温泉,伍德豪斯先生却回应说他以前想去试试,但没去成。奥古斯塔以一种居高临下的态度对待爱玛,继续介绍巴斯其他与社会和婚姻相关的景点:"这是一个非常令人愉快的地方,不可能不对伍德豪斯先生的情绪没有帮助。据我所知,他有时会感到很压抑……至于它对你有什么好处……巴斯对年轻人的好处可多了,大家都知道。对你来说这可是个大好机会,你过得太与世隔绝了,没见过世面。"[11]爱玛并没有动心。设置奥古斯塔这个人物是对误解和社交失礼的讽刺。随后,弗兰克·丘吉尔在提到埃尔顿夫妇时,评论了巴斯虚伪的社交场面:"他们彼此多么相配啊!——真是幸运——他们仅仅是在公共场合偶遇认识了,然后就这样结婚了!——我想他们在巴斯只刚认识了几个星期吧!真是太幸运了!——想要在巴斯或其他任何公共场所真正了解一个人的性格,那些都是虚的,根本不可能了解到什么。要了解女人,只有在她们自己的家里,在她们自己的圈子里,看她们平时是怎么样的,才能形成正确的判断。"[12]另一本书《劝导》中也体现了巴斯的虚伪社交。伊丽莎·威廉姆斯在巴斯被约翰·威洛比勾引并怀孕,最后被他抛弃了,于是布兰登上校与他进行了一场决斗。[13]

巴斯的第一个泵房(Pump Room)①建于1706年;随后,哈里森集会室于1708年建成;1730年,老约翰·伍德(John Wood the Elder)又另外建造了帕拉第奥风格的集会室。哈里森的和林赛的这两套集会室一直同期使用到18世纪晚期。巴斯老城中心区以北郊区的建造很大程度上是考虑到游客的利益,同时也对城市形态产生了影响。老约翰·伍德并不是环形建筑的发明者,

---

① 泵房专门用于提供饮用矿泉水,是当时巴斯的社交中心。——编者注

但他是首个在巴斯大规模建造圆环建筑的。伍德于 1754 年开始建造国王圆形广场（King's Circus），其设计和装饰风格反映了他的共济会和德鲁伊教信仰。他的儿子于 1767 年开始建造皇家新月广场（the Royal Crescent）。

帕拉第奥主义极大地影响了巴斯的扩建。其中最著名的例子就是国王圆形广场（1754—1764）和皇家新月广场（1767—1774）。老约翰·伍德建造的皇后广场（Queen Square，1728—1734）和议会厅（1730）、他儿子建造的议会厅（1769—1771）以及在附近的普赖尔公园（Prior Park）花园中建造的帕拉第奥桥（Palladian Bridge）也体现了这种风格。其他帕拉第奥风格的建筑包括新建的教堂［特别是圣迈克尔教堂（St. Michael，1734—1742）和圣詹姆斯（St. James's）教堂（1768—1769）］，以及罗伯特·亚当的普尔特尼桥（Pulteney Bridge）。"巴斯耀眼的白色光芒"让巴斯"九月的气温特别高"，使安妮·艾略特不愿意在九月去那儿，[14] 这是因为它是按照 18 世纪的风格、以石材为主材料建造的，石材是浅黄色的鲕状石灰岩。奥斯丁的母亲的曾叔父、第一任钱多斯公爵詹姆斯一直是巴斯城市发展的财政支持者之一，并在 1727 年委托伍德建造了施洗者圣约翰医院（Hospital of St. John the Baptist）、教堂法庭（Chapel Court）和钱多斯大厦（Chandos Buildings），这是伍德在巴斯承接的第一项重要工程。

巴斯的人行步道是主要的社会景点。到 18 世纪中叶，巴斯已有了一系列的人行步道和花园：砾石小径与小树林（the Gravel Walks and the Grove）、哈里森步道与花园（the Harrison's Walks and Gardens）、露台步道（the Terrace Walk）、游行步道（the Parades），还有春天花园（the Spring Gardens）。它们的两边都是奢侈品商店、集会室和高档住宿场所。[15]

在发展成为一个时尚度假胜地的同时，受这些建筑和活动的影响，巴斯成为一大热门话题，为当时的描写诗、散文和绘画提供了主题和创作空间，如玛丽·钱德勒的诗歌《巴斯描述》（A Description of Bath，1733）。小说也加入了这一潮流。

然而，巴斯也引起了道德恐慌，在这个充满不安的时代，城市生活的许多方面都让人担心道德问题。从伊丽莎·威廉姆斯的命运可以看出，这座城市关注的重点是不当行为和虚伪的问题，这两方面都集中在婚姻市场和性方面。人们总觉得城市是一个邪恶的地方，充斥着赌博和性事，还有奢侈浪费等问题。[16]但巴斯的生活实际上是优雅与平等的融合。有了前者的保证，理论上各公司有可能抛开地位不论，平等行事，不用担心社会流动性的问题，从而避免了对融合的妨害。"博"·纳什非常鼓励优雅的生活方式，也正是这种生活方式让巴斯在后来的1987年得以被联合国教科文组织宣布为世界遗产。当时，对行为和虚伪的担忧——尤其是自私的伪善——在社会和小说中都一再出现。事实上，社会融合在现实中，以及在虚构的有关诱惑和不伦之恋的戏剧中都扮演了重要角色。

对荣誉的挑战会导致决斗，这种挑战是对适当社会关系的另一种威胁，并在小说中被记录了下来，如谢里丹以巴斯为背景的戏剧《对手》，以及托比亚斯·斯摩莱特的小说《罗德里克·兰登》（Roderick Random）、《汉弗莱·克林克》（Humphry Clinker）和《佩里格林·皮克尔》（Peregrine Pickle）。《对手》于1775年首次上演，1784年，奥斯丁的家人和朋友还在斯蒂文顿谷仓上演了这出戏，哥哥亨利还发表了詹姆斯写的序言。

无论多么具有威胁性，社会融合在实践中都有其局限。事实上，由于等级、地位和利益的不稳定混合，无论是在城镇内部还是在建筑等单个场所，空间的组织都将大部分人排除在外。

与伦敦西区一样，由于在小说、戏剧和绘画中反复出现，巴斯成为关于社会精英的城市戏剧中的标准场所设定。该城市也拥有了丰富的文化生活，特别是在音乐方面，而且在这方面比其他大多数城市要更先进。然而，1776年5月23日，在《斯温尼的伯明翰与斯塔福德纪事报》（Swinney's Birmingham and Stafford Chronicle）上刊登的一首诗，批评了在巴斯一场音乐会上的听众没有全神贯注听音乐，还特别谴责了一位在精彩合唱中说话的贵族。

1705 年，一家专门建造的剧院开业。随后在 1750 年，乌节街剧院（Orchard Street Theatre）开业；1767 年，该剧院成为伦敦之外第一个获得皇家许可的剧院。刊载诗歌和文学评论的《巴斯和布里斯托尔杂志》（*Bath and Bristol Magazine*）于 1776 年开始出版——这证明了温泉水疗已成为文化基建的一部分。桑迪顿也是如此，帕克先生"急切地表示愿意支持"图书馆，[17]这种急切之心和意愿并存的描写，很好地体现了他的个性和语言特点。

1702 年至 1703 年安妮女王的到访使巴斯大受欢迎，同时，在某种程度上，巴斯的邮政局长拉尔夫·艾伦（Ralph Allen，1693—1764）开采的巴斯石也让巴斯城得以发展，[18]巴斯由此成了一座时尚的城市。社会精英、政治家和画家们纷纷前往巴斯。除了奥斯丁之外，巴斯还吸引了许多作家到访，其中包括范妮·伯尼、凯瑟琳·麦考利和汉娜·莫尔等女性作家。奥斯丁的母亲卡桑德拉·利在父亲托马斯·利从他的教区哈普斯登（Harpsden）退休后，就和妹妹随父母一起去了巴斯。但不久后，卡桑德拉的父亲就去世了。奥斯丁的父母于 1764 年在巴斯沃尔科特的圣斯威辛结婚，她的父亲乔治·奥斯丁于 1805 年埋葬在那里。

不出所料，奥斯丁并不特别喜欢她在巴斯的生活。那是她的父亲乔治退休的城市，也是他去世的地方。从她的书信中可以看出，1801 年至 1804 年她与家人在巴斯生活期间，一直在四处拜访，谈话中全是对衣物的关注。1805 年 4 月，她写到了她所穿的斗篷，还有"大量愚蠢的问答，以及司空见惯的废话，话里几乎毫无智慧可言"。[19] 1804 年 10 月，悉尼公园 4 号（4 Sydney Park）的短期租约到期后，奥斯丁一家搬到了绿园大厦（Green Park Buildings）。次年 1 月，乔治·奥斯丁去世，全家于 1805 年 3 月 25 日搬离绿园大厦，住进了盖伊街 25 号（25 Gay Street）。奥斯丁夫人一直都很喜欢盖伊街，那里离她住在百乐宫（Paragon）的兄弟家更近。

奥斯丁对这座城市非常熟悉，她曾经走了很远的路到邻近的村庄去，当年的村庄现在已经并入城市的郊区了。奥斯丁早先曾在 1797 年到过巴斯，这座城市给她的青少年时期留下了一抹烙印。在奥斯丁的《杰克与爱丽丝》中，由于嫉妒，露西在巴斯被毒死。在《阿米莉亚·韦伯斯特》中，主人公在前往巴斯的途中，乔治·赫维看到了她，向她求婚。在《三姐妹》中，玛丽·斯坦诺普向她的意中人提出了一连串无理的要求，其中就包括一个年度日程："我每年要在巴斯过冬，每年春天待在城里（伦敦）。"在《爱情与友谊》中，一个挑三拣四的女人警告她的女儿要"当心巴斯那些无意义的奢侈品"。[20]

"无意义的奢侈品"在大多数小说中扮演着重要角色，旅行通常是特定情况和计划的结果。在《劝导》中，沃尔特·艾略特爵士要离开凯林奇，别人劝说他不该搬到伦敦，应该搬去巴斯，部分理由是他在巴斯定居既不会失去地位，也不会失去乐趣。拉塞尔夫人每年冬天都有一部分时间在巴斯度过，享受那里的社交活动。[21]沃尔特爵士的律师朋友谢泼德先生在当中起到了关键作用，他认为沃尔特爵士在伦敦不受信任。同时，还有人认为，相比起沃尔特爵士的女儿安妮现在居住的地方，巴斯"更广阔的社交圈"会对她更有利。[22]

在《劝导》中，奥斯丁笔下的人物住处都与其收入和社会地位相匹配。对于那些希望在旅途中也彰显地位的人，如沃尔特·艾略特爵士，住宿在巴斯的什么地方是很重要的。[23]除了去旅游的人，还有一些去那里养老的人，比如乔治·奥斯丁。住宿费用是这个城市社会细微差别的一部分。住所的时尚程度、费用多少与社会地位有关。

在《曼斯菲尔德庄园》中，亨利·克劳福德去巴斯见他的叔叔；尽管时间还早，但"这和我叔叔平时的时间差不多"。[24]同样在这部小说中，由于索瑟顿庄园现任主人要迎娶新娘，他的寡母拉什沃思夫人搬离了那所房子："她带着她的男女仆和她的敞篷双轮马车，带着一位真正的贵妇的礼节前往巴斯——在那里，她在她的晚会上炫耀索瑟顿的奇观——就像享受牌桌之上的乐趣一样尽情享受晚会，就像她从前一样。"[25]

巴斯之所以能一直保持突出地位，是因为自1793年至1815年的大部分时间里，大陆旅行都迫于战争而停止。在以前的战争中，法国人不会扣留英国游客，但这次却不同。同时，巴斯面临着来自切尔滕纳姆和海水浴场日益激烈的竞争。这座城市不再像以前那样被称作是时尚之都了。对自然景观的追求对巴斯来说特别具有威胁。亨利·蒂尔尼介绍的威廉·吉尔平的时尚观给凯瑟琳·莫兰留下了深刻印象，"她主动拒绝了整个巴斯市，认为它不值得成为风景的一部分"。[26]这个年轻姑娘并不太聪明，对她喜欢的年轻人教她的话半懂不懂，却给出了过于热情的反应。同时，她的回答也反映了当时潮流青睐自然景观越发多于城市风光。

另外，巴斯部分地区的时尚发生了变化，这使得年轻的默斯格罗夫在去巴斯的时候不想去市中心的皇后广场，[27]而奥斯丁1799年时曾在那里住过。尽管如此，人们还是坚定地努力保持巴斯的魅力。1789年的《巴斯改良法》（*The Bath Improvement Act*）扩大了该市的权力范围，赋予了其购买权与拆除权，而巴斯利用这些权力重建了旧市区。城市勘测师托马斯·鲍德温（Thomas Baldwin）负责建造了新的巴斯街（1791—1794），新街更宽阔，而且有柱廊。伊莎贝拉·索普抱怨说，巴斯"尘土飞扬"。[28]许多新开发的房屋都位于低洼潮湿的地方，1801年，奥斯丁家不得不花时间去找合意的住所。与此同时，北部的高地则继续建造新的建筑，特别是卡姆登广场（Camden Place），沃尔特·艾略特爵士在《劝导》中就住在这里。

在巴斯没有海水浴。在奥斯丁生活的时代，海水浴是一种时尚，对于那些有财力的人来说，去泡海水浴是一个旅行的理由。"来一次海水浴就可以让我永远保持健康"，这是去布莱顿的表面原因，也反映了医生们的建议。1789年至1805年，乔治三世在韦茅斯推广了这一想法。1803年和1804年，奥斯丁一家去莱姆雷吉斯海滨度假，在《劝导》中就写到"年轻人都特别想去"莱姆雷吉斯。[29]卡桑德拉·奥斯丁于1804年去了韦茅斯，奥斯丁笔下的人物也去了那里——例如，《爱玛》中的弗兰克·丘吉尔和《理智与情感》中的帕尔默夫人（还有她叔叔）。在韦茅斯，划船和游泳都是消遣方式，但两者都很危险，因为当时对游泳的认识非常有限。在《爱玛》中，狄克逊先生让局面转危为安："他在韦茅斯帮助了简·费尔法克斯，当时他们一行人在水面上，风帆间有什么东西突然旋转起来，她差点被打进海里。如果不是他临危不乱抓住了她的长袍，她就要立刻掉到海里无影无踪了。"[30]

1754 年 7 月 22 日，《索尔兹伯里日报》（*Salisbury Journal*）列出了 18 位来过汉普郡莱明顿"尝海水、享乐趣"的"知名人士"，1754 年 9 月 2 日那期又列出了另外 13 位。度假村在 18 世纪末大获发展，不仅有拉姆斯盖特、马盖特、布莱顿和韦茅斯，而且在德文郡的海岸，还有西德茅斯、道里什、托基、埃克斯茅斯和廷茅斯。西德茅斯的福特菲尔德露台（Fortfield Terrace）始建于 1792 年，18 世纪 90 年代埃克斯茅斯和托基也都致力于提供上流住宅。1801 年，埃克斯茅斯开设了集会室；1811 年，道里什紧随其后。1815 年，第一本康沃尔郡部分地区的旅游指南出版。

尽管有乔治三世的赞助，海滨度假区的名声还是存在诸多问题。事实上，1783 年，白金汉郡的第二任伯爵约翰，一位风流倜傥（而且已婚）的前外交官，对韦茅斯衣着暴露的浴场美女表达了倾慕：

> 韦茅斯有一种别样的风雅，即便是东方和北方的暴风，在它面前也会变得柔和。这种温暖让我们如同过着最原始、最纯真的生活。无论你看向哪里都能看见赤裸裸的肉体，也没有无花果叶遮蔽，而且毫不羞赧。确实如此……[31]

韦茅斯的声誉在一定程度上因皇家的赞助而有所改变，但布莱顿是另一个新的时尚度假胜地，它所受的赞助比韦茅斯的更受质疑。从 1783 年起，威尔士亲王乔治在那里度夏，由于需要一处住所，1787 年，他将一座房子改建成了别墅。随后，这栋叫布莱顿馆的房子成为一个东方风格的行宫。1807 年，在亲王的赞助下，皇家剧院在布莱顿成立。

奥斯丁没有去过布莱顿，那里确实是伦敦时尚人士的度假胜地。《莱斯利城堡》中，愚昧的玛格丽特·莱斯利很喜欢布莱顿，那里是她"最爱的消遣场所"之一。[32] 伊丽莎白·贝内特担心她的妹妹莉迪亚会在布莱顿受到"诱惑"，而且，正如情节所示，她的担心并非无根无据，因为这些诱惑不仅为莉迪亚带来了灾祸，也为她的家庭带来了隐患，影响了其家族声誉和姐妹们的婚姻机会。[33] 为了度蜜月，拉什沃思夫妇去了布莱顿，"在那里住了几个星期。每个公共场所对玛丽亚来说都很新鲜，而布莱顿在冬天和夏天几乎一样欢乐热闹。当那里新奇的娱乐活动结束后，就该去伦敦尝试更多活动了"。[34]

奥斯丁曾到访过西德茅斯、道里什、廷茅斯、莱姆雷吉斯、拉姆斯盖特和沃辛。她对这些地方的看法可能正体现在奈特利先生的观点中。奈特利先生觉得，韦茅斯和其他差不多的地方是"王国中最闲散的地方"。[35] 然而，一如往常，奥斯丁关注的是人物性格和行为上的微妙之处，因为奈特利口中与弗兰克·丘吉尔有关的一切都带着无意识的嫉妒色彩。度假胜地在她的情节设置中起着作用。简·费尔法克斯和弗兰克·丘吉尔在韦茅斯秘密订婚：奈特利先生说弗兰克是"在一个水疗地"遇见简并赢得她的芳心的。[36] 在《曼斯菲尔德庄园》中，大手大脚的汤姆·伯特伦在韦茅斯过了一段日子，遇到了另一个没用的人约翰·耶茨阁下。[37] 斯尼德夫妇在拉姆斯盖特待了一阵，斯尼德夫人在那儿"被男人团团包围"，同时，来访的亨利·克劳福德为了保持形象试图讨好小女儿。[38] 游客不仅仅是为了娱乐才去海水浴场的。在《爱玛》中，约翰·奈特利和他的妻子伊莎贝拉带着他们的孩子到绍森德洗海水浴，主要是因为"小贝拉的喉咙不舒服，所以来吹吹海风、洗洗海水浴"。[39] 奥斯丁的兄弟查尔斯和他的家人曾在1813年去过绍森德。

新闻报道对名气的意义，以及由此而来的现实反差性、争议性，在《桑迪顿》的一开始就体现出来了：帕克先生说尽管居民海伍德先生不同意，但威灵顿肯定有一个外科医生：

"既然如此，先生，我可以向您证明，不管您是不是真的不知道，这个教区一定有外科医生。请看看这个，先生。"他掏出一个小记事本，"这些广告是我昨天在伦敦时，亲自从《早报》和《肯特公报》上剪下来的，如果您肯赏脸看一眼的话，我想您就会相信我并没有信口开河。您会在这里看到一则医疗界解散合伙关系、另起炉灶的广告——医生就在您这个教区，业务广泛，人品无可争议，引荐人德高望重。您可以看看，先生，这上面写得详细着呢。"他将两小块长方形的剪报递给他。

"先生，就算您把全英国一周内出版的所有报纸都拿来给我看，我也不信威灵顿有外科医生。"海伍德先生好脾气地笑着说，"我打一出生就住在这儿，从小伙儿长成个汉子，到现在都五十七年啦，我想要是真有这么个人的话，我准会认识。……当然啦，要是绅士老爷们常常坐着驿车走这条羊肠小道，外科医生在山顶上置宅开业倒也是笔不错的投资。"[1] 40

帕克错了。此处，当帕克拿桑迪顿和布林索尔进行对比时，名气再次发挥了作用。帕克对前者大加赞美：

> 大自然叫它如此与众不同——多么清晰明了——这儿有最好最纯净的海风吹拂海岸、极好的海水浴、细硬的沙子，离岸十码远就有深水，没有泥土、没有海草、没有黏糊糊的岩石，这都是人们公认的——这儿就像是大自然专为病弱者设计的度假胜地，没有哪儿可以比拟……
>
> 就在去年，有两三个投机者试图开发布林索尔这个小村庄，村子周围尽是死气沉沉的沼泽地和荒凉的旷野，还弥漫着烂海草不断散发的臭味，想开发那里的人什么都得不到，只可能失望而归。……那儿的空气糟糕透顶，路况恶劣人尽皆知，水咸得要死，三英里范围内都产

---

[1] 《桑迪顿》是奥斯丁未完成的小说，尚无较完整的译本。本书采用译言古登堡计划《苏珊夫人》中的《桑迪顿》章节，译者为石小竹、陈媛熙。

不出一盘好菜——至于土壤则又冷又贫瘠，连卷心菜都种不出来。[41]

强调自然非常讽刺，因为帕克的重点在人为干预上，他自己就是一个创造者，专想些不切实际的东西。自始至终，他都是讽刺的焦点。

注释

1. *Juvenilia*,145.

2. *Sanditon* 2.

3. *Emma* II, 18.

4. *MP* II, 3.

5. Stafford, Staffordshire County Record Office, D615/PCS 1/1/40A–B.

6. R. S. Neale, *Bath: 1680–1850: A Social History, Or, A Valley of Pleasure, Yet a Sink of Iniquity* (London, 1981).

7. *Emma* II, 1.

8. *Northanger* I, 3.

9. *Emma* II, 4.

10. *Emma* II, 5.

11. *Emma* II, 14.

12. *Emma* III,7.

13. *Sense* II, 9.

14. *Persuasion* I, 5.

15. P. Borsay, "The Rise of the Promenade: The Social and Cultural Use of Space in the English Provincial Town c. 1660–1800," *British Journal for Eighteenth–Century Studies 9* (1986): 127–29.

16. P. Borsay, "Image and Counter–image in Georgian Bath," *British Journal for Eighteenth–Century Studies 17* (1994): 165–79.

17. *Sanditon* 2.

18. B. Boyce, *The Benevolent Man: A Life of Ralph Allen of Bath* (Cambridge, MA, 1967).

19. Letters, 103–4; M. Lane, *A Charming Place: Bath in the Life and Novels of Jane Austen* (Bath, 2000).

20. *Juvenilia*, 31, 59, 83, 105.

21. *Persuasion* I, 2; II, 2.

22. *Persuasion* I, 2.

23. *Persuasion* II,6.

24. *MP* II, 2.

25. *MP* II, 3.

26. *Northanger* I, 14.

27. *Persuasion* I,6.

28. *Northanger* II, 12.

29. *Persuasion* I, 11.

30. *Emma* II, 1.

31. Buckinghamshire to Sir Charles Hotham, July 12, 1783, Hull, University Library, Hotham papers, 4/22.

32. *Juvenilia*,155.

33. *PP* II, 18.

34. *MP* II, 3.

35. *Emma* I, 18.

36. *Emma* III, 10, 13.

37. *MP* I, 12, 13.

38. *MP* I, 5.

39. *Emma* I, 11–12; *The Guide to All the Watering and Sea–Bathing Places* (London, 1815); J. K. Walton, *The English Seaside Resort: A Social History*, 1750–1914 (Leicester, 1983); G. Shaw and A. Williams, eds., *The Rise and Fall of British Coastal Resorts* (London, 1997).

40. *Sanditon* 1.

41. *Sanditon* 1.

第九章

交通与工业

令人遗憾的是，每当英国制造业有改进的苗头时，身为制造商下属的工人就会背叛他们的雇主。

——《索尔兹伯里和温彻斯特日报》1790 年 6 月 7 日

在奥斯丁的时代，人们的主要交通方式是步行。尽管一些作家曾写过相关内容，[1] 如伦敦就有作家曾经创作过流浪题材小说，但步行作为一种交通方式却鲜少被当时的学者提及。[2] 这些研究更关注收费公路、运河和铁路的早期发展。奥斯丁在世时已经见识过热气球，但她并未对此发表任何言论。与热气球不同，收费公路、运河、铁路（特别是前两者）在当时发挥着极其重要的作用。

然而，尽管"有头有脸的"人不会徒步远足，但在奥斯丁生活的时代，大多数人都是步行出门，正如卡尔·菲利普·莫里茨 1782 年在伦敦到牛津的途中所发现的那样。[3] 与后来汽车发展导致的交通革命不同，现阶段交通设施既有新变化，也有诸多延续，这一点在地方尤为明显。这些流动人群多为小贩，其中一些是妇女，他们每天差不多要走 20 英里。

此外，无论是日常通勤上班，还是每周去市场，大多数时候人们出门都会选择步行。对许多人来说，步行是唯一或最主要的选择。在很大程度上，人们仅在当地开展社交活动，这对缔结婚约产生了直接影响。此外，人们在步行前往目的地时，可以轻轻松松偶遇他人，并与之交谈。

各种经年形成的小路和小道遍布各地，连接了所有的居民点，比当代规划的井然有序的人行道更加密集，人们步行出门也更加便利。许多小径和道路不容易走，它们在很大程度上反映了当地的地形特征，特别是地貌、排水系统和土壤类型。在地下水位较高的地区，如米德兰平原（the Midlands）、埃塞克斯（Essex）南部和伯克利河谷（the Vale of Berkeley）的重黏土区，每逢降雨，小路便会变成泥潭，致人无法通行。英格兰西南部的大部分地区也有这种情况。

丘陵和山区的地形使出行变得更加困难。即使在低地地区，一个小山头也会影响行程。此外，陡峭的山坡也不利于行动。不过，一旦上了山，下山就相对容易了，因为这里排水良好，比谷底干燥得多。爱德华·费拉斯曾说过，在冬天，谷底"泥泞不堪"。[4] 与此同时，下山路上的风景也十分秀丽。

如果条件允许，没人会在冬天远行。冬季天气恶劣，道路难以行走，渡船也出行不便，光照时间较短。爱玛发现12月下旬，地面"被雪覆盖，天气阴晴不定，一会儿结霜，一会儿融解，对于想出门锻炼的人们，这是最不适宜的天气，每天早上都以降雨或降雪开始，每天晚上都会冷到结冰"，这样，"许多天来她一直是个最体面的囚犯"。在《劝导》中，可怕的天气意味着无人会在1月中下旬拜访默斯格罗夫家，除了不受欢迎的牧师，[5] 因为他在当地孑然一身，要靠邻居们的热情招待才能度日。

因为融雪，人们在年初几个月出行十分不易。1776年2月，冰雪融化，洪水席卷汉普郡（Hampshire），奥斯丁的母亲因此留在了家里。而正如奥斯丁所写的那样，1805年的4月天气晴朗，"我们除了到处闲逛，什么也没做"。[6] 天气状况不同，道路条件也不同，出行时了解当地情况就变得尤为重要。

《简·奥斯丁信件合集》中也提到了有关步行的一些问题。奥斯丁笔下的令人讨厌的格里维尔夫人不喜欢玛丽亚，她说："玛丽亚小姐，你不会有机会变得精致，因为我不会派车来。如果下雨，你可以带把伞，你都习惯风吹雨淋了，所以你才会皮肤粗糙、脸颊泛红。你们这些不能经常坐马车的年轻女士，就不要介意在什么天气下跋涉，也不要介意风吹拂过你的腿。今晚可没有月亮，你就一个人害怕地走回家吧。"[7]奥斯丁笔下的人物经常步行出门，如《傲慢与偏见》中的伊丽莎白、《劝导》中的安妮和《爱玛》中的简·费尔法克斯。事实上，这可能是她们正直和有毅力的象征，就像伊丽莎白一样。伊丽莎白与姐姐简不同，她"不骑马"，而是步行三英里到内瑟菲尔德，尽管她的母亲说她"风尘仆仆"。她跳过栅栏，跳过水坑，"拖着疲惫的脚踝、穿着脏兮兮的长袜，顶着一张因运动而发热的脸"来到这里，让宾利家的女人感到不可思议。这次步行使她显得与众不同。达西欣赏"运动给她的肤色带来的光彩"，但宾利小姐认为这是"一种可恶的自负的独立，一种乡下人对礼节的极端漠视"[8]。

这种冲突张力在小说中更为普遍。伊丽莎白步行不仅仅是为了前往目的地，更在于享受步行的乐趣，尤其是她宁愿选择去散步而不是去拜访凯瑟琳夫人的行为，更说明了这一点。[9]伊丽莎白的妹妹凯瑟琳和莉迪亚通常会步行一英里到附近的梅里顿镇，再步行一英里回来。"当没有更好的选择时，就可以到梅里顿走走，消磨早晨时光，给晚上聊天制造话题。"[10]其他人物也是如此，例如，凯瑟琳·莫兰走到了贝肯悬崖，爱玛·伍德豪斯从威斯顿走了回来。

在奥斯丁的小说中，远行的艰难被淡化了。在《傲慢与偏见》中，对舞会的期待抵消了因恶劣天气而无法出门的沉闷感。"从发出邀请到舞会举办，接二连三地下雨，她们无法走去麦里屯。"[11]对于行人来说，下雨是一个大问题，特别是对于女性来说，考虑到她们的衣服和对外表的期望。范妮·普莱斯在去村子的路上淋了一场大雨，只得去牧师室烘干。埃丽诺和玛丽安·达什伍德的散步和计划也受到了降雨的影响。[12]

步行当然也为情节发展提供了机会，尤其是每次步行要不从一开始就有同伴，要不从独自一人到遇见同伴，或者两种情况皆有。因此，在奥斯丁少年时代的虚构爱情作品《弗雷德里克和埃尔弗里达》中，主人公和夏洛特很快一同步行，在途中他们遇到了另外两个人，从而推动了情节的发展。在《杰克和爱丽丝》中，同样出现了散步的情节："威廉姆斯夫人拜访了约翰逊小姐，告诉约翰逊在她的猪圈和查尔斯·亚当斯的洗马池中间那条路上有一片柑橘林，她可以去那散步。爱丽丝非常理解威廉姆斯夫人的良苦用心，也很高兴能在散步结束后看到查尔斯的洗马池，她欣然接受，但没有喜形于色。"[13] 在《三姐妹》中，玛丽·斯坦霍普走到斯通汉姆村，她在路上"责骂了其未婚夫，透露自己渴望拥有一辆有银色花纹的蓝色贵妃马车"。[14]

在奥斯丁的晚期小说中，步行也很重要。在《爱玛》中，爱玛说自己和新任韦斯顿夫人在"百老汇巷遇到了韦斯顿先生，当时下起了蒙蒙细雨，他非常有风度，迅速地离开，从米切尔农场那里为我们借了两把雨伞"。其间，奈特利先生步行一英里到海伯里上门拜访，打断了对话。边走边谈没有那么正式，从而为交际提供了机会，其中就包括一些不被密切注视的私人谈话。《傲慢与偏见》中的小伎俩也体现了这一点，"卢卡斯小姐从楼上的窗户看到柯林斯先生正向房子走来，于是立即出发，假装在小巷里和他偶遇"，[15] 他们因此订了婚。柯林斯一向自命不凡，并不知道自己被"安排"了。这不仅是全书剧情的一部分，也体现了柯林斯的性格。

步行在城市中也非常重要，特别是在许多人行道路规划的地方，如许多温泉城市（特别是巴斯）。在伦敦，人们出行距离较长，所以更多使用马车，但在西区，步行就很重要，尤其是在逛一排排商店的时候。

骑马是仅次于步行的出行方式，同样面临前面提到的问题，如天气、地形和排水系统的影响。此外，骑马出行还涉及性别问题，男性骑马较为普遍，女性则很少骑马。例如，诚实勤劳的农民马丁先生是爱玛闺蜜哈丽埃特·史密斯的追求者，每周都会骑马去当地的集镇金斯顿，[16] 奥斯丁自己往来于查顿和肯特时，也会经过那里。《爱玛》中去博克斯山郊游之旅，先生们骑马，女士们坐马车。[17] 妇女的出行问题使得奥古斯塔·霍金斯如此评论道："我希望我们有一头驴子。我们都可以骑着驴子来……我真得和他谈谈买头驴子的事。我认为生活在乡村里，驴是必需品；因为，尽管一个女人有很多爱好，也不可能总是把自己关在家里，当然也不可能走很长的路，你知道的，夏天地上有灰尘，冬天地上又尽是烂泥。"[18]

在《傲慢与偏见》中，贝内特夫人以她一贯的坦率和热心向简提议，当去内瑟菲尔德的宾利家吃饭时不坐马车，而"骑马去，因为好像要下雨；这样你肯定能在那逗留一晚上"[19]，这就能建立起期待中的社交关系。简确实骑着马去了，身上也湿透了。这种联系得到了发展，贝内特夫人证实自己的做法确实有效，尽管其他情况下她牵线搭桥的尝试都不成功。

在《曼斯菲尔德庄园》中，范妮·普莱斯有一匹"珍视的灰马"，这匹马死了之后，埃德蒙又给她买了一匹。[20]投机取巧的玛丽·克劳福德则借这匹新马学会了骑马。在《劝导》中，克罗夫特夫人驾驶马车比她的海军上将丈夫还稳当。在奥斯丁的早期作品《书信集》中，骑马被建议作为一种医疗手段。《失恋少女》中提到："我们周围有许多愉快的骑行机会，我有一匹迷人的马，非常喜欢这个活动……我骑马很多。"然而，"简小姐"透露，她自婚后便没有骑马。[21]奥斯丁的朋友安妮·勒弗罗伊（Anne Lefroy）是斯蒂文顿附近一位牧师的妻子，1804年12月，由于马匹脱缰，安妮摔到地上不幸身亡。四年后，奥斯丁感怀朋友之死，写下《纪念勒弗罗伊夫人》（*To the Memory of Mrs Lefroy*）一诗。在这首诗中，奥斯丁赞扬了安妮的"基督教精神"。

在狭窄的小路上，马匹可以轻松行进，但马车必须走宽阔的道路。因此，道路状况非常重要。1555年《公路修缮条例》规定每个教区都要负责道路的维护，当地社区特别要下定决心，并有能力维系道路良好状态。然而，路面土质松散粗糙，一旦天气恶劣或者车流量巨大的时候，就难堪重负，所以需要经常修缮。但当时机械化程度非常低，修缮需要大量人力和财力，许多道路无法得到充分维护。通常情况下，当地社区只会填补路上大洞。然而，土地精英们可以改善其所在地附近的道路，比如拉什沃思先生就改善了索瑟顿庄园附近的道路。[22]

虽然当地的道路网已四通八达，但也存在许多问题，激发了人们对于改善道路的兴趣。戈德史密斯在 1773 年发表的戏剧《委曲求全》（*She Stoops to Conquer*）中写到了一次乡村旅行，发生在第一幕第二场："这条路该死的漫长，路上一片漆黑，路面潮湿松软，肮脏不堪，充满了危险气息。" 1782 年 12 月，杰里米·李斯特（Jeremy Lister）在庚斯博罗（Gainsborough）时写道："道路状况极其糟糕，只有通往林肯郡的路尚能让人接受，但总体来说走那条路就是走在厚厚的沙子上。"[23] 在《沃森一家》中，奥斯丁提到沃森夫妇沿着一条"肮脏的小路"飞奔，[24] 而傲慢的罗伯特·沃森则向他姐姐抱怨说："你从村子里来这的路简直是臭名昭著……路况真的是越来越差。天啊！如果我住在你附近，我都会给它赋诗一首。话说现在谁是那条路的检验官呀？"[25] 在《曼斯菲尔德庄园》中，伯特伦夫人不得不"走一条不太好走的路，而且一走就是 10 英里，去拜访拉什沃思夫人"，而且乡村出行的诸多问题也是这部小说的一个主题。马车走在狭窄的小路上，本就影响了舒适度，外观也受到了影响，刮掉了马车的清漆，而诺里斯太太继续说道："要是你看到那天路上是什么样就好了！我当时就想，就算我们理所应当地用上四匹马拉车，我们也过不了这条路。当我们进入斯托克附近的崎岖小道时，石头路面上又是霜又是雪，你都想象不到有多糟糕……还有那些可怜的马啊！就看着它们拼命往前拉！……等我们到了桑德克罗夫特山脚下时……我下了车自己走上山去。"[26] 在从威灵顿到桑迪顿的途中，马车上的谈话"可以减轻漫长的爬山过程或是险路之旅中的乏味"。[27] 1798 年，奥斯丁本人在从肯特到斯蒂文顿的途中也受到了恶劣天气影响，但至少那次旅行大大受益于路况较好的收费公路。要知道许多地区都尚未设置收费公路，例如，在德文郡的部分地区，虽然到 1772 年为止已有 20 个收费公路基金会，但到了 1800 年，在比德福（Bideford）和朗塞斯顿（Launceston）以及伊尔弗拉科姆（Ilfracombe）和林顿（Lynton）之间仍然没有收费公路，南哈姆斯区（South Hams）的交通状况依旧很差。

在当时，从某个角度来看，马车是社会地位的体现。埃尔顿先生与奥古斯塔·霍金斯"和上层社会的联系似乎都靠他们的大姐，她嫁得很好，丈夫是布里斯托尔附近的一位大人物，有两辆马车！"这意味着他拥有一座马车房，以及相应的马匹、马夫和司机等。亨利·克劳福德有一辆马车，帕尔默夫人也是如此，但朱莉亚·伯特伦去索瑟顿游玩时更喜欢乘坐较小的家庭邮车。她赢了姐姐玛丽亚，成功坐到了亨利旁边，从而有机会跟亨利熟络起来。后来，玛丽亚提议她和拉什沃思先生结婚后，两人在伦敦买了新马车。露西·斯蒂尔描述她的朋友理查森夫妇时说："他们都是上层人士。理查森先生财运亨通，他们有自己的四轮大马车。"[28] 佩里夫人希望她当医生的丈夫能买一辆马车，这样别人就能知道他有能力负担马车的费用。[29] 诺里斯夫人可以借用伯特伦夫人的马车，因此 "不需要租马就可以到处交际"。[30] 讨厌的约翰·达什伍德夫人希望她的弟弟爱德华·费拉斯有出息，拥有一辆马车。[31] 在《劝导》中，玛丽·默斯格罗夫总是不停抱怨，她哭诉道："没有自己的马车，真是太不舒服了。默斯格罗夫夫妇带着我，真是太挤了！他俩块头都那么大，占了好大一块空间！"[32] 丹纳姆小姐"立刻咬牙切齿地想，她们现在坐的马车太简朴了，需要换辆华丽的马车"。[33]

奥斯丁很清楚马车的相关费用，因此也很清楚拥有社会地位所需付出的代价。1797 年冬天，乔治·奥斯丁拥有了一辆马车，但到了 1798 年年底，他不得不放弃，因为无力承担维护马车的费用。自此以后，他再也没有买过马车。

出行不仅耗费金钱，途中还可能遇到危险，路面缺陷会影响马车行驶。在月明星稀的夜晚，车夫更容易看清路面，在这样的夜晚社交活动也相对较多。[34] 若是拴马绳断裂，马匹失控逃窜，也会影响行驶安全。一些陡峭的山坡特别危险，难以通行。在《桑迪顿》开头，马车在一条崎岖小路上翻车，车主帕克先生当即决定折返到收费公路，[35] 而《劝导》中幽默的海军上将和克罗夫特夫人的马车"经常"翻车，不过他们并不在意。[36]

然而,马车翻车可能会置人于死地。在奥斯丁早期的讽刺小说《爱情与友谊》中,爱德华和奥古斯都因马车翻车而死亡。事实上,在 18 世纪 80 年代到 90 年代,英国盛行快速驾驶。即便车速没那么快，或者没到致命的地步，也常发生事故：1812 年 10 月，奥斯丁提到自己乘马车从汉普郡的奥尔顿出发，在前往伦敦的途中翻车了。[37]交通事故并不只有翻车这一种形式，《爱玛》中，由于一匹马跛了脚，耽误了前往博克斯山的行程。[38]

收费公路基金会大幅改善了道路状况。当地商人和土地所有者首先取得了议会特别法案授权，允许其募集道路修缮资金并收取通行费，随后他们联合成立了收费公路基金会。许多收费公路改善了道路维护质量，拓宽了道路，这样就能迅速承载车辆，乘车出行也随即成为风尚。[39]相比较而言，步行者走"收费公路"可以避免支付通行费，但这基本上是穷人的手段，奥斯丁这样的小说家对这种选择不会感兴趣。尽管基金会反映了地方上的举措，但收费公路证明了其存在的价值，并能产生利润，从而国家道路系统得以建立。在奥斯丁出生时，英格兰的大部分地区都在 12 英里范围内就有一条收费公路。在奥斯丁的时代，道路发生过许多变化，拓宽并改善道路，虽然往往规模都相当小。以往的道路状况相当糟糕，但现在路面得以铺平修整，道路更加宽阔，人们出行也更加便利。埃丽诺和玛丽安·达什伍德与母亲一同搬去德文郡东部，在那里，霍尼顿和伊尔明斯特收费公路基金会（the Honiton and Ilminster Turnpike Trust）在 1907—1812 年间新修了一条路，连接亚尔德和伊尔明斯特附近地区，库伦普顿收费公路基金会（the Cullompton Turnpike Trust）于 1813—1816 年间修了另一条路，连接布罗德克雷斯特（Broadclyst）附近地区和库伦普顿（Cullompton）附近地区。收费公路提高了行驶效率，也让人们更方便估算行程时长。

收费公路是奥斯丁所处世界的一个重要方面。她经常拜访爱德华·奥斯丁，爱德华住在肯特郡的戈德默舍姆，旁边就是阿什福德（Ashford）到法弗舍姆（Faversham）的收费公路，就像凯瑟琳夫人在罗辛斯的庄园附近有一条收费公路一样。奥斯丁的曾叔父弗朗西斯·奥斯丁是韦斯特汉姆和伊登布里奇收费公路基金会的最初受托人。此外，1749 年建成的收费公路连接了萨里郡的金斯敦和朴茨茅斯，为人们往来于伦敦和汉普郡提供了便利，乔治三世在 1773 年访问朴茨茅斯时也曾走过这条路。约书亚·雷诺兹爵士在乔治三世完成检阅舰队后返程的报告中提到：

国王十分满意他在朴茨茅斯受到的接待。国王自己说道，他相信了报纸夸他受人爱戴的传闻，人民的欢呼声很响亮。在返程期间，全国各地的人都聚集在他换马的城镇。在戈达尔明（Godalming），每个男人手里都拿着一根树枝，每个女人手里都拿着小花束，他们激动地唱着《上帝保佑国王》，国王尽可能放慢速度，她们把花献给国王，数量之多，都堆积到国王的膝盖。国王深受感染，忍不住流下许多眼泪，甚至加入了合唱。[40]

戈达尔明离《爱玛》的拍摄地很近。有了这些收费公路之后，人们越来越能感到出行轻松，出行体验感逐步提升。这在奥斯丁的小说中有所体现。夏洛特·卢卡斯搬到肯特郡时，发现这里的道路"符合她的要求"，[41] 而伊丽莎白·贝内特表示亨斯福德离朗博恩将近 50 英里，绝不是"很近"，达西回应她说："只要道路通畅，50 英里算远吗？也就大半天吧。我觉得很近啊。"[42] 事实上，奥古斯塔·埃尔顿问过："韦斯顿先生，对于有钱人来说距离又算什么呢？我姐夫萨克林先生有时东奔西跑的，你听了准会大吃一惊。你也许很难相信，他和布拉格先生驾着四匹马拉的马车，一个星期往返伦敦两趟。"[43] 财富和道路通畅都缩短了距离。

在《爱情与友谊》中，麦克唐纳庄园附近有一条收费公路，这部分情节具有苏格兰背景。在《理智与情感》中，詹宁斯夫人称赞布兰登上校在德拉福德的住所，一部分是因为它"离公路只有 0.25 英里"，不过这带来一个意想不到的好处："所以永远不会无聊，因为只要你去房子后面的那个古老的紫杉树凉亭里坐着，你就能看到来来往往的所有马车。"[44]

基于这些改变，人们更能准确地估计出行的情况。尽管埃丽诺·蒂尔尼担心，年轻的凯瑟琳·莫兰仍能够在没有仆人的情况下安全地从诺桑觉寺出发，经索尔兹伯里到她在富勒顿的家，这段路程足足有 70 英里："她原先只知道出了诺桑觉寺，索尔兹伯里就是目的地，但是走完第一段旅程后，多亏驿站站长告诉她一个个地名，她才知道怎么前往索尔兹伯里；她对路线一无所知。不过她并没有遇到什么麻烦，也不曾受过惊吓。她年纪轻轻，礼貌待人，出手大方，因而获得了像她这样的旅行者所需的各种关照；她陆续走了大概 11 个小时，中途除了换马，并没有停下脚步，途中也没有发生任何意外或惊险。"[45]

18 世纪 80 年代，约翰·麦卡丹（John McAdam）开始了改善路面的实验，他将坚硬的碎小石头堆在一起，形成一个非常坚硬的路面，路面中间微微凸起，具有排水功能，直到 1819—1820 年期间，麦卡丹才发表有关这个实验的主要材料。1819 年，麦卡丹的这项技术被用于埃克塞特到埃克斯茅斯的收费公路上。后来，约翰·梅特卡夫（John Metcalf，1717—1810）以及更杰出的托马斯·特尔福德（Thomas Telford，1757—1834）在建造桥梁时改进了这项技术，优化了麦卡丹道路系统。石桥取代了木桥和渡口，提高了道路系统的承重能力和耐久度。人们扩宽了现有桥梁，桥面则更加宽阔，全桥总跨度也更长。例如，1774 年，维尔伯爵夫人桥的开通为埃克塞特下面的埃克塞河提供了一个交叉点。然而，这一过程并非没有争论。例如，1789—1790 年，有人提议在塞尔比附近的欧塞河上建桥，为此还在约克召开了一次大会，因为反对者担心这会影响河流的航行，并要求第五代利兹公爵兼外交大臣弗朗西斯制止这项措施。

道路状况改善，有助于人员出行和货物运输，往来于主要中心城镇变得更加容易。在马匹品种上，阿拉伯马跑得快，人们通过杂交培育阿拉伯马，出行时间得以缩短，此外，钢制马车弹簧取代了皮革带，进一步优化了出行体验。

设施改善后，出行也更加舒适。全国各地都开设啤酒屋或旅馆，为旅行者提供招待，如戈德史密斯的戏剧《委曲求全》中的"三只快乐的鸽子"。在奥斯丁的一生中，许多老旧旅店或重建或扩建，也出现了许多新旅店。罗伯特·费拉斯和他的新妻子露西在从伦敦到道里什的途中，入住埃克塞特的新伦敦旅馆，"坐上了贵妃椅"[46]。然而，许多旅馆的条件堪忧，一些人不敢在旅馆睡觉，甚至《爱玛》中的虚构人物塞琳娜·萨克林出行都带自己的床单。[47]旅途也会经常因各种状况耽搁，比现在要麻烦多了，比如凯瑟琳·莫兰从巴斯到诺桑觉寺的途中，在驿站停下喂马，被迫等了好久。"在小法兰西等了两个钟头，无聊极了，实在无事可做，只能吃吃逛逛，虽然肚子并不饿，周围也没什么可瞧的。本来，她很羡慕他们的出行派头，羡慕这辆华丽的四轮马车，衣着光鲜亮丽的左马骑手在马鞍上有规律地起伏着，侍从们规规矩矩地坐在马上，但这种派头实在太麻烦了，她的羡慕也随之少了几分。"[48]

而在前往朴茨茅斯的途中，范妮和威廉·普莱斯在纽伯里停了一段时间，舒服地吃了顿饭。之后的旅程如先前计划一般，一路并无多少枝节。但是，范妮和姐姐苏珊以及埃德蒙·伯特伦，回程只用了一天，一天之内从朴茨茅斯到牛津着实累人。"他们一天都在赶路，等到了牛津，大家都快累晕过去了。"除此之外，詹宁斯夫人和达什伍德家的女孩们历时三天才抵达伦敦，她们"很高兴能摆脱马车的束缚"。[49]

出行变得更有规律，出行时间也缩短。到1783年，每周有25班从诺里奇到伦敦的班车。第二年，约翰·帕尔默（John Palmer）①证实了驿站马车运送邮件的计划确实可行，而从布里斯托尔到伦敦只需不到16小时的时间。驿站的投入使用大大改善了服务大众的水平。到1788年，从伦敦到曼彻斯特所需的时间缩减至28小时，从埃克塞特到伦敦所需的时间缩减至32小时，从伦敦到伯明翰的平均速度上升到每小时15英里。布兰登上校从巴顿庄园骑马到霍尼顿，然后走西南方向的主路前往伦敦。[50]

---

① 巴斯的约翰·帕尔默（John Palmer of Bath，1742—1818）是一位剧院老板和英国邮车系统的倡导者，该系统是英国邮政局改革的开始。他曾两次担任巴斯市长和邮局总审计长，后来在1801年至1807年间担任巴斯选区议员。——编者注

然而，有些路线则比较耗时。在 1787 年，乘马车从埃克塞特到巴恩斯塔普尔需要超过 12 小时。从某种程度上看，一些路线还具有不可预测性。1806 年，约翰·李（John Lee）在从伦敦到牛津的途中，注意到马车还存在一个问题："在从洪斯洛到斯劳的道路上，领队的马匹行经路线并不持平，蹄印甚至有重合，车夫告诉我们，这样可以让两匹马靠拢在一起。但我表示怀疑。"从牛津到伍斯特，他发现马车的速度有所放缓。早上七点离开牛津，直到晚上六点一刻才到达伍斯特。[51]

有些人想要"早出发、晚歇脚、快赶路"，出行也可能受此影响，弗兰克·丘吉尔就是如此。[52] 在现实中，这往往是男性特权。约翰·威洛比坐着四匹马而不是两匹马拉的马车在早上八点离开伦敦，这样就能在晚上八点到达索姆塞特的克利夫兰："我就下车了 10 分钟，其余时间都待在马车上。我下车也就是为了在马尔堡吃顿午饭，午饭非常简单，就是些冷牛肉和啤酒。"[53] 同样在《理智与情感》中，詹宁斯夫人则更加悠闲，乘自家马车从埃克塞特附近的巴顿出发（虚构的地方，可能是厄普顿派恩村），前往伦敦，共用时三天。[54]

马车相关的礼仪成为小说中的重要主题，作家们也将其写进了作品。在《爱情与友谊》中，爱德华爵士在公共马车上休息时鼾声不止，叙述者不得不忍受阵阵鼾声。此外，公共马车可能会很拥挤。[55] 当然，私人马车有时也是如此，例如《劝导》中默斯格罗夫夫妇的马车。在《诺桑觉寺》中，年轻女子在无人陪伴的情况下，乘坐由年轻男子驾驶的敞篷马车被认为是不合适的。[56]

作为礼仪的一个方面，空间也是个问题，即使是大马车也一样。凯瑟琳夫人乘大马车去伦敦时，愿意捎伊丽莎白·贝内特一程，但凯瑟琳夫人仍然强调自己地位的优越性：她不太想让伊丽莎白坐在马车里，而是让她坐到驭者座，就是靠近车夫的那个座位，通常情况下那是仆人的位置。[57] 然而，在《曼斯菲尔德庄园》中，驭者座为调情制造了机会。朱莉亚·伯特伦去索瑟顿庄园的途中想坐在亨利·克劳福德身边，她因此破坏了玛丽亚的计划，但这种座位安排也取悦了玛丽亚无趣的未婚夫拉什沃思先生："比起帮她登上车厢，他当然更乐意牵手拉她上车。"[58]

一个人拥有、使用的马车都表明了其社会地位，尤其是一辆大马车，在安排座次方面也显示了地位差异。这也为奥斯丁提供了一种现成的方式，来揭露书中人物骄傲和居高临下的态度，比如奥古斯塔·埃尔顿和她的姐夫经常提到一种新型的四座马车，也就是双排座活顶四轮马车，沃尔特·艾略特爵士想知道克罗夫特家出行是否用四匹马拉车。[59]人们认为坐邮车优于坐驿站马车，詹宁斯夫人就选择坐邮车，露西·斯蒂尔也因此感到自豪。[60]

出行不仅对奥斯丁个人意义重大，而且也是其小说情节的重要组成部分。事实上，出行在《傲慢与偏见》中起到了特别关键的作用。在书中，奥斯丁常常把出行剧情架构在既定惯例之上。她把出行作为推动情节发展的工具。伊丽莎白·贝内特陪同加迪纳夫妇并没有按原计划去湖区，而是经牛津、布伦海姆、沃里克、凯尼沃斯和伯明翰去了德比郡，这也让她能够拜访彭伯里庄园，并出乎意料地见到达西。

在旅途中有两点十分重要，一是享受了解风景的过程，二是享受离开家后得到的片刻自由。奥斯丁并没有像丹尼尔·笛福、亨利·菲尔丁、劳伦斯·斯特恩、托比亚斯·斯摩莱特以及模仿他们的作家那样在书中使用详细的旅行计划，并展示旅行的文学价值。以丹尼尔·笛福为首的一众作家使用详细的旅行计划是为了强调讽刺意味。相比之下，奥斯丁小说中的出行描写更接地气，几乎算是平平淡淡。她没有从宗教和心理层面关注出行，她更关注的是旅途中人物的精神体验，以及随之而来的特殊感觉。[61]事实上，这种特殊感觉有时具有 "家庭"色彩和讽刺意味，例如在诺桑觉寺内部的行程。

然而，在她早期作品中，出行的范围可能更广。在《爱情与友谊》中，爱德华从贝德福德郡出发前往米德尔塞克斯，"在南威尔士，我走进了这座美丽的山谷，虽然我自诩相当精通地理学，但我不知自己为什么会走到这，[62]我本来以为我已经到了米德尔塞克斯，可以去见姑姑们了"。[63]

在奥斯丁的其他作品中也有缺乏地理知识的情节。哈丽埃特·史密斯问道：

"弗兰克·丘吉尔先生会经过巴斯和牛津吗？"这个问题表明她根本不知道从约克郡到萨里的路线。[64] 弗兰克·丘吉尔花了三天两晚抵达目的地。[65] 年轻的范妮·普莱斯"不能把欧洲的地图拼在一起，不能说出俄罗斯的主要河流，也没有听说过小亚细亚，昨晚我们问她，她会走哪条路去爱尔兰；她说，她应该穿过怀特岛"。[66] 实际上，有许多书籍和地图供真正的旅者和幻想旅者使用，还有以出行为主题的棋类游戏，如约翰·沃利斯的《英格兰和威尔士之旅》（1794）和《欧洲之旅》（1794）。[67]

在旅程中，叙述者这一角色体现了事实与虚构、观察与评论之间的转换。信件也是如此，人们经常把信件作为一种旅行记录，例如埃德蒙·伯特伦对伦敦之行的记述。[68] 如果人们可以面对面接触，就没有必要写信，毕竟前者才是正常的交流形式。信件一方面记录了现实人物的状态，另一方面也多少包括虚构的成分。在信件中，写信人为每个场面都提供了相应的地理位置，这样有助于描写旅程，以得到读信人的回应。无论是虚构的还是现实的，信件如同旅程，都顺应着剧情为角色提供了做出心理反应的机会。在小说中，信件也能改变角色的腔调和语气。

随着邮政系统的改进，信件的性质发生了明显的变化。按照写信人说法，信件的长度与邮差到达的频率有关。随着寄出信件和送达信件的时间越来越稳定，信件送达率也不断提高，人们渐渐养成写信的习惯，也产生了对消息的渴望："虽然没那么多话可说，但每个人都沉迷于写信，至少大多数女性都是如此。"[69] 奥斯丁小说中的女性大多如此，邮政系统解决了孤立和孤独的问题，但此种写信方式确实略显轻率。然而，这里的抨击对象伯特伦夫人游手好闲、自私自利，她的丈夫是一名国会议员，享有免费邮寄的特权，这让她更乐于通过邮政系统寄信。

写信人都知道，他们的信件是按照时间顺序发送的。这就可以理解莉迪亚·贝内特和人私奔后："朗博恩一家人每天都过得非常焦虑，最令人焦急的便是等待邮差送信来。每天早晨的首要目标就是等待信件，往往等得人焦躁难安。不管信上的是好消息还是坏消息，总是要讲给大家听，还盼望着第二天会有重要的消息传来。"[70]

简·费尔法克斯没那么心急，她通过书信与朋友保持联系，因此经常去邮局取信，对邮政系统印象尤其深刻。她评价道："邮局真了不起！办事又迅速又准确！一想到邮局要处理那么多信件，又处理得那么好，就特别令人惊讶！很少出现什么疏漏或失误！全国来来往往信件成千上万，很少有信送错了地方，要说丢失的信件，一百万封里可能也找不出一封来！况且每个人的字迹都有所不同，有些人的字属实难以辨认，都要一封封辨认，就更令人惊叹了！"[71]

从当时邮政系统发展情形考虑，这确实是合适的评价。1784 年，邮局推出了快件系统，到奥斯丁写《爱玛》的时候，该系统已经有效运行。受益于收费公路，它连接了更多当地邮局，向各家各户投递信件。许多邮局都设在邮车停靠的旅店里。通过这个整合而成的系统，各地得以相互连接，组成规范的国家邮政系统。严肃的约翰·奈特利从金钱的角度向爱玛解释，听上去也更加有理有据："邮局工作体系确实完善。工作人员做惯了就成了行家。他们一开始就必须眼疾手快，经过不断锻炼，就变得更眼疾手快了。如果你需要进一步解释的话……他们干活儿是有报酬的。这就是他们能力强的关键。公众付钱，必须得到良好的服务。"[72]虽然大多数人都很少出行或体验外面的世界，但想象力不受限制。许多人身体健康，但日常生活中基本上就在当地集镇或集市活动。然而，人们也会反复听到外面广阔世界的故事，从而成为家庭和社区记忆的一部分。教会也会反复提及外面的世界。此外，集镇上可以看见许多外地人的身影，报纸印刷厂通常也开在这里。

因为不同季节的农活有所差异，人们在小范围内流动属于正常现象。通常情况下，许多人都会前往更远的地方找工作。虽然不仅仅局限于男性，但这在男性社会中尤为明显。这些人来自社会各行各业，包括但不限于陆军、海军和商船的新兵、牧民、准备找工作的仆人以及陪同主人的其他仆人。帕特里克·科尔库恩（Patrick Colquhoun）"难以想象"多少人"带着家人从大不列颠和爱尔兰最偏远的地方来到伦敦大都会"。[73] 从数量上看，这些人的旅程远比富人的旅程重要，但人们更在意富人的出行。这是地理作为消费主义的一个方面，尤其表现在包括小说在内的出版物上。

收费公路系统和企业的组织形式优化了马车服务，从而加快了货运速度，[74] 作为整合生产者和市场的一种方式，不断发展的运河系统也是如此。[75] 事实上，18世纪90年代，英格兰的大部分地区都出现了"运河热"，但奥斯丁所在的乡村地区并不明显（即威尔特郡、汉普郡和肯特郡）。相反，运河主要建在北部和中部地区。南部地区最重要的交通纽带是肯尼特—埃文运河，在奥斯丁居住地以北的区域，不过她出行时会穿过这条运河，正如乔治三世一样，后者在1788年参观了斯特鲁德沃特运河（Stroudwater Canal），看到了一条隧道穿过科茨沃尔德山脊，令他印象深刻。[76] 此外，运河网连接了隆东和巴斯，奥斯丁所在的中心地区也有计划修建运河。《索尔兹伯里和温彻斯特日报》1789年3月16日和4月6日的新闻，赞扬了修建途经索尔兹伯里的英格兰—伦敦运河计划，之后在4月13日的刊物中补充说："大西部运河正在筹划阶段，我们很高兴听到，运河沿线的大多数绅士愿意鼎力相助。他们都有钱有权，支持这项事业不仅是为了积累个人财富，而且遵循了实现公共利益这一含有爱国色彩的高尚原则。"

低地国家、法国和意大利北部有常态化的运河载客服务，但英国运河并不载客，仅用于货物运输。奥斯丁的写作关注乘客而不是货物。

铁路也是如此。马车道已经存在了很多年，马匹沿着铁轨牵引马车，尤其是拉着马车从煤矿区到装煤码头。萨里铁道公司是世界上第一家铁路公司，修建了第一条公共铁路，连接了万斯沃思（Wandsworth）和克罗伊登（Croydon），于1803年投入使用。很快，蒸汽机车的使用改变了这一局面，尤其是使长距离运输成为可能。1804年，罗杰·霍普金斯（Roger Hopkins）在南威尔士的潘尼达伦（Penydarren）和亚伯辛农（Abercynon）之间修建了一条有轨电车道，理查德·特雷维西克（Richard Trevithick）在这条路上第一次尝试使用蒸汽铁路机车，它本质上是一台可移动的梁式发动机。蒸汽机车的不断发展，为铁路革命提供了技术。英国的工业化则反向提供了必要的市场需求、资本和技能。1822年，乔治·斯蒂文森（George Stephenson）开通了赫顿铁路，1825年，更加著名的斯托克顿和达林顿铁路投入使用。

交通运输的改善促进了贸易，而这种贸易与所谓的消费主义的传播有关。各类出版物上介绍了各种产品和风尚，包括糖和烟草等杂货，以及茶、咖啡等含咖啡因的饮料。[77] 而泡茶和咖啡必须用茶壶等器皿。蒂尔尼将军非常满意他在诺桑觉寺使用的早餐餐具，他的评价明显反映了精英阶层的时尚消费主义，而凯瑟琳·莫兰也曾称赞过这些餐具。因此，她是一个尽职的客人，尽管她在这种情况中更像是不请自来的客人，但也正是这一点让她显得具有魅力的同时，又不失天真。将军"承认这套餐具非常洁净简朴，认为应该鼓励本国的制造业；他本人五味不辨，用斯塔福德郡的茶壶泡出的茶，和德累斯顿或塞夫的茶壶泡出的茶没什么区别。但这是两年前买的餐具，现在已经旧了。从那时起，制造工艺有了很大改进。他上次进城时，看到了一些漂亮的样品，如果不是他完全不爱慕虚荣，可能早就心动去订购一套新的了"。[78] 两年前的餐具就是"旧物件"，而且将军也在考虑换新，这非常具有消费主义色彩。对于商品世界，奥斯丁的态度算得上尖锐，比如在《桑迪顿》中，她提到图书馆也在出售"世界上所有无用的东西，但没有这些东西是不行的"。[79] 更为普遍的是，随着越来越多的人使用新物品，人们也更加关注新鲜事物和时尚趋势。罗伯特·费拉斯能够"就牙签盒发表演讲"，[80] 这让他看上去很可笑。

人们产生商品需求，商店得以发展，并为商店带来了关键利润，而商店的发展又满足了人们的需求。零售店基础设施不断完善，改变了市场和城镇景观的性质。商店互相弥补、互相竞争，在一定程度上取代了传统商业市场、小贩、行商和旅馆中的私人交易。[81] 然而，这些形式的交易仍然继续发挥着作用，但奥斯丁没有谈及，这表明农村社会的范围与个别小说家的视角之间存在着差距。持有执照的小贩人数一直保持在几千人，直到19世纪第一季度才有所上升，这一部分归功于管理小贩的政府部门简化了申请执照的程序。[82]

商店的发展扩大了城乡的差别。里德尔夫人的服装店开在贝辛斯托克，简在店里买了些物件来装饰帽子。《爱玛》里也有类似的地方，也就是海伯里的福特商店，"一家主营毛织品、亚麻制品和服装的综合商店，也是当地规模最大、最时髦的商店"。[83]弗兰克·丘吉尔和爱玛在福特商店购买了帽子以及两副手套，一副为男式海狸手套，另一副是约克皮手套。[84]同样是在福特商店，爱玛试图说服哈丽埃特·史密斯，"如果她想要普通的薄纱，就不要去看花色料子了；而且不管蓝色丝带有多漂亮，都不配她黄色的料子"。[85]购物在很大程度上成为一种休闲活动和社交消遣，人们可以在平等的基础上不经介绍而碰面。

广告不仅反映并维持了零售模式的变化，还为报纸蓬勃发展提供了保障，而贸易目录则提供了信息。埃德蒙·伯特伦为了从谈话中回过神来，拿起一份报纸，发现"各种关于'南威尔士最理想的房产'、'致父母和监护人'以及'资本猎人'的广告"，最后是一匹打猎骑的马。[86]

批评家们坚持认为，奢侈会使人堕落和腐化。当然，随着物质产品增多，人们对各类商品的需求也在增加，生活的物质结构随之慢慢变化。这在城市中最为明显，但流动的零售商也把商品带到全国各地。人们的服装反映了这场"消费革命"，因此露西·斯蒂尔开始猜测玛丽安·达什伍德的礼服数量。[87]礼服数量确实是年轻女士间的话题，这个话题比费拉斯的牙签盒更有趣。东印度公司进口的棉织品既好看，又为大众市场提供样式，如果没有这些棉织品，人们只能选用价格昂贵的丝绸和锦缎。东印度公司的船只停靠在朴茨茅斯，增强了该港口的重要性和魅力，范妮·普莱斯有一个哥哥就是其中一艘船的中级船员。

消费主义涉及范围很广，囊括了社会的多个方面。墙纸成为时尚的产物，地毯则更加常见，这一时期各色家具也更加丰富。受到商品广告的鼓动，同时也为了延长平均寿命，人们购买了更多药品。家具更为直接地反映了社会变化，包括"礼仪"的兴起和打牌、喝茶等久坐活动的出现。当柯林斯先生来访时，为了方便进行单独活动，需要在客厅里摆放单独的桌子。在《爱玛》中，当爱玛经过哈特菲尔德的大厅去客厅见弗兰克·丘吉尔时，时钟敲响了。[88]

家具的生产和销售由该时期的企业特征决定。许多家具并不是为特别富裕的人设计，看上去相当简朴。这些家具使用当地木材并在当地制造，与继承下来的家具一起使用。同时，富人也购买家具，这些家具是时尚世界的一部分，其设计不断改变，并通过时尚刊物加以宣传推广。它们的原材料通常是桃花心木等进口木材，具有异国情调，使用镶嵌木材和单板加强装饰，绘画等艺术作品也和房间其他物品相辅相成。总体来看，这些物品体现出了房屋主人精心营造的生活环境，以及其物质文化和审美价值的完美结合，就像汤姆·默斯格罗夫所发现的，"沃森小姐坐在最好的彭布罗克桌前，面前摆着最好的茶具"。[89]在彭布罗克桌的每一侧都有一个铰链式的落叶窗。

奥斯丁花了很多笔墨写"消费革命"，但是在很大程度上，她未提及工业革命、煤和铁统治的世界及其相关的新交通手段，即运河系统。这一点可以理解，因为以煤为燃料的工业只分布在煤田及其附近区域，而运输成本的降低与安全性的提高，也大大促进了区域专业化，兰开夏、约克郡和西米德兰兹因此受益。技术不断革新，特定区域也不断发展，对变化的统计数值也随之不断更新。木材需要大量热值才能燃烧，但产出的热量几乎无法控制，这就使许多工业流程的基础非常薄弱。相比之下，煤是一种易于运输且易控制的高热值燃料，对制造业大有裨益。煤炭可以全年开采，而水磨则受到冰、洪水和夏季水流下降的影响。英国是这一技术变革的关键中心。到了1750年，煤炭已占英国能源生产的61%，产生的能量相当于燃烧430万英亩森林所产生的能量。[90]

煤炭对特定行业的发展非常重要，特别是钢铁行业。18世纪90年代，亨利·科特（Henry Cort）采用了轧制炼铁法，用煤生产可锻铸铁比使用木炭成本便宜。在南威尔士地区，1796 年只有 25 个熔炉，等到了 1811 年，已有 148 个熔炉。梅瑟蒂德菲尔（Merthyr Tydfil）是威尔士的一个小村庄，在 1801 年成为世界上主要的铁生产中心。英格兰的煤炭产量从 1775 年的 880 万吨上升到 1800 年的 1500 万吨。曼彻斯特和谢菲尔德一样离查茨沃思比较近，到 1821 年，曼彻斯特拥有超过 5000 台动力织机。

精英阶层并没有无视这些变革，相反，他们也参与了这个过程，尤其是提供了土地、矿权和资金。1806 年，奥斯丁曾在斯塔福德郡逗留，当地大地主，格兰维尔·高尔伯爵兼斯塔福德侯爵（1721—1803）积极参与了开采煤炭、石灰和铁石的开采，以及运河和矿产铁路的开发。

然而，在工业发展的同时，传统中心的去工业化也相当严重。在科尔切斯特、埃克塞特、塔恩顿和伍斯特等历史悠久的中心城市，关键产业纺织业的生产有所下降。受诸多因素影响，例如运输不畅、煤炭短缺、英格兰内部的竞争、远离市场、其他地方港口的发展以及战时的干扰，德文郡的纺织业明显衰退。从埃克塞特出口的布匹从 1777 年的 39 万件下降到 1800 年的 8126 件。英格兰南部的精英阶层无法享有如高尔伯爵这样的中部地区的地主所拥有的机会。

为了弥补这一损失，南部精英人士通过改良农业、发挥政府力量和推崇更加兼收并蓄的企业家精神来追求利润。帕克先生和德纳姆夫人依靠开发桑迪顿浴场来获利。贵族头衔与土地位置没有必然联系，在 18 世纪末，开发德文郡附近的伊斯特本为德文郡公爵们带来了利润。第七任公爵威廉是第六任公爵的继承人，也是一位负责任的地主。第六代公爵可能是达西先生的原型，德文郡公爵家族的所在地查茨沃思可能是彭伯里庄园的原型。

到了 18 世纪 90 年代，不同区域工业化水平差距十分显著，这体现在人均贫困救济支出等指标上。1801 年，英格兰和威尔士的平均支出为 9 先令 1 便士，但在工业化郡县，这一数字要低得多。相反，在一些几乎没有工业成分的郡县，如苏塞克斯，或工业衰退的郡县，如埃塞克斯、诺福克和萨福克，政府必须支付高于平均水平的救济费用。因此，各区域工业化程度存在巨大差异。一些地区的工业增长缓慢或不存在工业，而另一些地区则迅速工业化。[91]

工业革命是一种地区性现象，而非全国性现象，这也就解释了为什么奥斯丁没有提及相关话题。奥斯丁写作时更为依赖自身经验。而且正因为工业革命只发生在部分地区，对于英格兰南部而言，农业的成功发展更具有意义。在某种程度上，工业化及其后续影响促使奥斯丁笔下的许多人物都表现出对服装的迷恋。一般情况下，奥斯丁并不会写很多有关衣服出处的内容，但正因为贸易和工业的发展，人们才能购买更多的衣服。奥斯丁自己也经常评论薄纱，这是一种精细的棉织品，比如《诺桑觉寺》中就有相关情节。除此之外，莉迪亚·贝内特私奔离家后，担心仆人"修补我那件绣花薄纱长袍上的一个大裂口"。[92]

伊丽莎白·贝内特访问过伯明翰，威廉·吉尔平、托马斯·杰斐逊和拉罗什福考尔德夫妇也到过此地。许多出版物都报道过马修·博尔顿（Matthew Boulton）① 和詹姆斯·瓦特（James Watt）② 开设在伯明翰的工厂，这些报道称这座工厂非常重要，许多人都前来参观，[93] 但奥斯丁没有就伊丽莎白所见发表言论。在抱怨社会新贵时，埃尔顿夫人提到她的姐姐和姐夫也因此大为恼火："那家人姓图普曼，最近才搬来，明明有很多低下的亲友，却总是摆架子，期望与世家望族平起平坐，没人知晓他们怎么发的财。他们是从伯明翰来的，你是知道的，韦斯顿先生，伯明翰可不是个发财的地方，可不能对伯明翰抱有太大希望。"[94] 讽刺的是，她的姐夫萨克林先生在其住所枫园只住了 11 年，而且他也是靠着贸易赚钱。在 1774 年的大选中，伯明翰的选举导致沃里克郡选区出现了戏剧性的胜者。

---

① 马修·博尔顿，英国商人、发明家、机械工程师和银匠。他是苏格兰工程师詹姆斯·瓦特的商业伙伴。双方合作安装了数百台Boulton & Watt 蒸汽机，这是技术的一大进步，使工厂和磨坊的机械化成为可能。博尔顿将现代技术应用于硬币铸造，为英国和其他国家铸造了数百万枚硬币。——编者注

② 詹姆斯·瓦特，英国发明家、机械工程师和化学家，1776 年发明了瓦特蒸汽机。——编者注

接下来我们来说说其他社会层面。约翰·希斯考特（John Heathcoat）的专利梭织机对工人造成威胁，导致工人于 1816 年抗议并摧毁了他在拉夫堡的工厂。19 世纪最初十年，北方大部分地区和中部地区都出现了卢德派对新机器的抗议活动，英国还因此部署了大量军队。夏洛特·勃朗特的小说《雪莉》（1849），背景设定在 1811—1812 年。在小说中，节省劳动力的新机器被暴徒们摧毁。

希斯考特把机器搬到了蒂弗顿（Tiverton）的一座废弃棉纺厂，但该工厂的生产冲击了东德文郡的传统蕾丝制作业。蒂弗顿率先形成一种新的街区模式，每个街区都密密麻麻住满了工人，这种模式在英格兰北部比在南部更为典型。在兰开斯特，后花园被改造成房屋，经由门和拱门进入主路，但这种房屋无法供水，不能处理污水，也没有照明工具。同样的情况也发生在诺丁汉，1780—1781 年间，诺丁汉的人口增长了 10% 以上，为了满足人口增长需求，诺丁汉地区的庭院中建造了背靠背的房屋，居民通过狭窄的隧道穿过临街的房屋进入街道。海军驻扎城市也有同样情况。普莱斯在朴茨茅斯的家房间很小，过道和楼梯也很狭窄。[95] 朴茨茅斯和兰开斯特的地位作用不同，前者是海军基地，是海军的荣耀，后者于 1786 年开通了从伦敦来的邮车服务。人们住在拥挤的房屋里，每天还要长时间辛苦工作。1833 年，英国议会颁布了《工厂法》，规定禁止雇用 9 岁以下的儿童，即便如此，9—10 岁儿童仍然可以每天工作 9 小时，11—17 岁儿童每天工作 12 小时。

长期以来，农业和工业都是劳苦、低薪的工作，经济转型的这一时期也是如此。在这一时期，政治制度相对稳定，法律公约有利于自由利用资本，特别是保护了财产权和契约权，社会制度能够适应经济变革后果，社会一体化和相互依赖程度日益加强。人们相信政治和经济体系的稳定性，这也促进了长期投资，对运输业等众多行业都至关重要。制造业和运输业的税收很低，或者根本不征税。[96]

越来越多新职业开始出现，从这一点也可以看出经济在不断增长，更多人生活变得富裕。这些新职业在奥斯丁的小说中发挥了重要作用。前文已经提到了神职人员（见第五章）。医学界职业分类更加详细：存在着显著的职业差异，以及专业内部的差异。不同专业与病人的关系也各不相同。靠"形式"而非真实水平赚钱的情况频频出现，奥斯丁在她的小说中提及了这些方面。

法律方面也是如此。社会批评将焦点集中在"关系户专家"，特别是他们的妻子以及他们本人："罗伯特·沃特森是克罗伊登的一名律师，有很多客户，他对自己也很满意，他曾给律师当过书记员，后来还娶了该律师唯一的女儿，得到了六千英镑。罗伯特夫人对自己也很满意，她有这六千英镑的嫁妆，现在又在克罗伊登拥有了一栋非常漂亮的房子，她能在家里举行聚会，穿上漂亮的衣服。她外貌平平无奇，举止却做作自负。"[97]

社会在不断变化发展是毋庸置疑的事实。然而，许多人对此感到遗憾，有些人表示支持。德纳姆夫人说到在桑迪顿的新住处，她苦恼于上门拜访的人中没有财富继承人，于是抱怨道："这些人接踵而至，但据我所知，一百个中也没有一个拥有什么财产，不管是土地还是金钱。他们也许有收入，但没有财产。他们可能是牧师，或者是城里的律师，或者是领半薪的官员，或者是只有年金的寡妇。这种人对别人有什么好处呢？"[98]

经济发展存在不确定性，有时会出现经济萧条。事实上，在拿破仑战争后，受到经济衰退的严重打击，亨利·奥斯丁的合伙银行在1816年3月15日破产。奥斯丁本人损失了26镑2先令，这些钱是《曼斯菲尔德庄园》和《理智与情感》的稿费，她的兄弟们同样损失了金钱。奥斯丁因此情绪十分低落。查尔斯·狄更斯在《小杜丽》（*Little Dorrit*）中塑造了梅德尔先生，安东尼·特罗洛普在《如今世道》（*The Way We Live Now*）中塑造了奥古斯都·梅尔莫特，然而奥斯丁与这二人不同，她并没有把作品重点聚焦在充满戏剧性的破产和破产带来的结果。奥斯丁将经济困难处理得相当隐晦。

在奥斯丁的小说中，人们在婚姻市场被商品化，这在那个时代很常见。奥斯丁在很多小说中反映了这一点，约翰·索普在蒂尔尼将军面前故意夸大凯瑟琳·莫兰的身世，让将军空欢喜一场，以破坏将军儿子和凯瑟琳·莫兰的婚事，从而让自己能抱得美人归。

　　因此他对他的朋友莫兰将要继承的财产，虽说一开始就估价过高，然而自从莫兰认识伊莎贝拉以后，他的财产一直在逐步增加。当时，为了说着好听，他仅仅把这家人的资产抬高了两倍，把他所承想的莫兰先生的进项增加了一倍，把他的私产增加了两倍，又赐给一个有钱的姑母，还把孩子的数目削掉了一半，这样一描绘，这家人在将军看来就极为体面了。索普知道，凯瑟琳是将军询问的目标，也是他自己追逐的对象，因此特别替她多说了一点：除了要继承艾伦先生的家产以外，她父亲还会给她一万或一万五千英镑，这也算是一笔可观的额外收入。他是见凯瑟琳与艾伦家关系密切，便一口断定她要从那里继承一大笔财产，接着当然就把她说成富勒顿呼声最高的继承人。[99]

译林出版社 1997 年版　孙致礼译

注释

1. W. Thom, *Pedestrianism; or, an Account of the Performances of Celebrated Pedestrians during the Last and Present Century* (Aberdeen, UK, 1813).

2. J. Wallis, *The Stranger's Guide through London and Westminster* (London, 1786); T. Walton, *Picturesque Tour through the Cities of London and Westminster* (London, 1792).

3. Citing C. P. Moritz, *Reisen eines jungen Deutschen in England im Jahr 1782,* G. Jefcoate, "Spreading the Word," Factotum 31 (April 1990): 22.

4. *Sense* I,16.

5. *Emma* I, 16; Persuasion II,

6. *Letters,* 99.

7. *Juvenilia,*201–2.

8. *PP* I,7–8.

9. *PP* II,7.

10. *PP* I,7.

11. *PP* I,17.

12. *Emma* II, 3; *MP* II, 4; *Sense* I, 9, 20.

13. *Juvenilia*, 20.

14. *Juvenilia*, 85.

15. *Emma* I, 1; *PP* I, 22. *Emma* I, 28.

16. *Emma* I, 28.

17. *Emma* III, 7.

18. *Emma* III, 6.

19. *PP* I, 7.

20. *MP* I, 3–4.

21. *Persuasion* I, 10; *Juvenilia*, 195.

22. *MP* I, 8.

23. Halifax, Calderdale Archives, SH7/JL/25.

24. *Later Manuscripts*, 79.

25. *Later Manuscripts*, 120.

26. *MP* I, 4, 8; II, 2.

27. *Sanditon* 3.

28. *MP* I, 8; II, 3; *Sense* III, 2.

29. *Emma* II, 4; III, 5.

30. *MP* I, 4.

31. *Sense* I, 3.

32. *Persuasion* I, 5.

33. *Sanditon* 7.

34. *Sense* I, 7.

35. *Sanditon* 1.

36. *Sanditon* 1; *Later Manuscripts*, 137; *Persuasion* I, 10.

37. D. Le Faye, "Jane Austen: Appearance of Three Missing Letters," *Notes and Queries* 263 (2018): 348.

38. *Emma* III,6.

39. W. Albert, *The Turnpike Road System in England 1663–1840* (Cambridge, 1972); E. Pawson, Transport and Economy: *The Turnpike Roads of Eighteenth–Century Britain* (London, 1977).

40. Reynolds to John, first Earl of Grantham, July 20, 1773, Bedford, Bedfordshire County Record Office, Lucas papers 30/14/326/2. I am grateful to Lady Lucas for permission to consult and quote from these papers.

41. *PP* II, 3.

42. *PP* II, 9.

43. *Emma* II, 18. In total, they went about 470 miles.

44. *Sense* II, 8.

45. *Northanger* II, 14.

46. *Sense* III,11.

47. *Emma* II, 18.

48. *Northanger* II, 5.

49. *MP* III, 7, 15; *Sense* II, 4.

50. *Sense* I,13.

51. A. Byrne, ed., *A Scientific, Antiquarian and Picturesque Tour: John (Fiott) Lee in Ireland, England and Wales, 1806–1807* (London, 2018), 35, 42.

52. *Emma* II, 5.

53. *Sense* III,7–8.

54. *Sense* II, 4.

55. *Juvenilia*,136.

56. *Northanger* I,13.

57. *PP* II, 14.

58. *MP* I,10.

59. *Emma* II, 14; *Persuasion* II, 180.

60. *Sense* II, 3, 10.

61. J.P. Forster, *Eighteenth–Century Geography and Representations of Space in English Fiction and Poetry* (Oxford, 2013).

62. The Usk valley.

63. Juvenilia,108–9.

64. *Emma* II, 5.

65. *Emma* II, 5.

66. *MP* I, 2.

67. J. Dove, "Geographical Board Game: Promoting Tourism and Travel in Georgian England and Wales," *Journal of Tourism Research 8* (2016):1–18.

68. *MP* III,13.

69. *MP* III,13.

70. *PP* III,6.

71. *Emma* II,16.

72. *Emma* II,16.

73. P. Colquhoun, *The State of Indigence and the Situation of the Casual Poor in the Metropolis Explained* (London, 1799), 5.

74. D. Gerhold, *Carriers and Coachmasters: Trade and Travel before the Turnpikes* (Chichester, UK, 2005).

75. James Bland Burges to Reverend Lloyd, October 16, 1792, Oxford,

Bodleian Library, Bland Burges papers vol. 48 fol. 152.

76. W. S. Baddeley, *History of Cirencester* (Cirencester, UK, 1924), 274.

77. J. Walvin, *Fruits of Empire: Exotic Produce and British Trade, 1660–1800* (Basingstoke, UK, 1997); J. Brewer, *The Pleasures of the Imagination: English Culture in the Eighteenth Century* (London, 1997).

78. *Northanger* II,7.

79. *Sanditon* 6.

80. *Sense* II, 14.

81. H. Berry, "Polite Consumption: Shopping in Eighteenth–Century England," *Transactions of the Royal Historical Society,* ser. 6, 12 (2002): 375–94.

82. I am grateful to Henry Clark for his advice.

83. *Emma* II, 3.

84. *Emma* II,6.

85. *Emma* II, 9.

86. *MP* III,3.

87. *Sense* II, 14.

88. *Emma* II, 5.

89. The Watsons, in Later Manuscripts, 127; C. D. Edwards, *Eighteenth–Century Furniture* (Manchester, UK, 1996).

90. E. A. Wrigley, *Energy and the English Industrial Revolution* (Cambridge, 2010), 94.

91. P. Hudson, *Regions and Industries: A Perspective on the Industrial Revolution in Britain* (Cambridge, 1989).

92. *Northanger* I, 3; *PP* III, 5, 7.

93. E. Hopkins, Birmingham: *The First Manufacturing Town in the World, 1760–1840* (London, 1989); S. Whyman, *The Useful Knowledge of William Hutton: Culture*

and *Industry in Eighteenth–Century Birmingham* (Oxford, 2018).

94. *Emma* II, 18.

95. *MP* III,7.

96. J. Mokyr, *The Enlightened Economy: An Economic History of Britain*, 1700–1850 (New Haven, CT, 2009).

97. *The Watsons*, in *Later Manuscripts*, 119.

98. *Sanditon* 7.

99. *Northanger* II,15.

　　围绕新货币的焦虑——或者说，围绕货币本身的焦虑——可以追溯到几个世纪以前。因此，在许多文学作品中，这样的担忧随处可见。18 世纪早期，在亚历山大·蒲柏、乔纳森·斯威夫特和塞缪尔·约翰逊等作家的作品中，常常反映出英国社会对战争成本、政府项目开支的担忧，以及对货币金融中可能存在的腐败问题的警惕，这些忧虑正是托利党攻击辉格党的核心内容。金钱在婚姻选择中发挥的作用和这些批评的声音有着似有似无的联系。人们往往更注重金钱，不挑选结婚对象，也不考虑浪漫与否，这种现象由来已久。

　　奥斯丁的政治立场较为复杂，人们对此莫衷一是。[1] 她并不是一个简单的托利党支持者。在当时的英国，托利党的主张也绝非简单的保守主义，它吸收或借鉴了许多不同的想法、趋势和兴趣。对托利党而言，焦虑的来源尤为复杂。他们对新兴财富和商业有很强的抵触心理，同时也担心大贵族的态度，因为当时许多贵族是辉格党人。这些利益的挑战伴随着对新兴财富和贵族辉格党人习惯、礼仪和特点的担忧。奥斯丁在小说里也曾提及这些问题。

　　然而，她的小说毕竟不是以道德教育为目的的童话故事。在喜剧的外壳下，奥斯丁的作品蕴含着真正的道德严肃性，但她嘲笑那些美学价值服从于说教意图的作品。玛丽·布鲁顿（Mary Brunton）的《自制》（*Self Control*，1811）即是其中一个例子，奥斯丁在《小说构思》（*Plan of a Novel*，1816）中嘲笑它是个非常善意的、符合道德的故事，但是"显得矫揉造作"。奥斯丁常常带着极大的幽默感，对虚伪之处进行抨击，展示出自己的批判手段。

在金钱观和价值观上，奥斯丁追求中庸之道，这是托利党形象的一部分。对她来说，礼貌待人和举止得体能够化解金钱上的争端，这在一些傲慢的人那里屡试不爽。因为他们无论是在道德品质上还是个人修养上都容易成为众矢之的，奥斯丁对这群人意见颇多。在《傲慢与偏见》中，达西不得不学会收敛自己的傲慢心性，但是他的姨妈及宾利的姐妹们就未能做到。

对于托利党来说，社会等级制度不是上述问题的根源，更何况一些皇室贵族举止鄙陋，自私之极。对托利党而言，商业才是导致问题的主要原因，因为金钱本身就是对社会规范的挑战，更确切来说是对等级制度的挑战。此外，特别是在评估婚姻前景时，金钱会发挥一定作用，威胁到强调良好品德的社会期待。奥斯丁曾反复探讨这些问题，而且她的每一部小说都根据具体情况提供了一些解决方法。

尽管时间久远，我们可以从多种文献中推测奥斯丁的政治观点。在对奥利弗·戈德史密斯的《英格兰历史》的旁注中，奥斯丁多次毫不含糊地表明自己是托利党人，并经常提到"托利党"和"辉格党"这两个词。这些旁注作于1791年，那时奥斯丁还非常年轻，在她的《英格兰历史》中，这些旁注成为序言。我们没有理由相信她后来改变了自己的政治立场，我们也看不出她这么做的原因。

首先，奥斯丁并非仅仅因为个人的境遇而选择托利党，她对英国国教十分虔诚，这一点自始至终没有变过。奥斯丁的外叔祖西奥菲勒斯·利（Theophilus Leigh，1691—1785），是一位赫赫有名的托利党圣公会牧师。1726年，在第一任钱多斯公爵詹姆斯的影响下，他被选为牛津大学巴利奥尔学院的院长。从1738年到1741年，他一直担任牛津大学的副校长，同时还在乡村教区任职。

因为他毕业于牛津大学（当时英国仅有的两所大学之一），许多神职人员都认识他。

其次，另一个表明她政治主张未改变的原因是，在奥斯丁成年后，英国的政治文化强调托利党的保守主义。这一方面受到了 1789 年法国大革命的影响，另一方面也受到了英国国内激进主义的影响。虽然在当时还没有使用"激进主义"这个词，但确实有人推崇激进主义。对许多人来说，这场危机类似于 1642—1646 年英国内战的再现，激进派与清教徒有着紧密联系，而奥斯丁在这场冲突中的立场与查理一世（1625—1649）一致。她对戈德史密斯持有批评态度，将矛头指向天主教阴谋案①，赞扬詹姆斯二世（1685—1688）和安妮女王（1702—1714），但对支持辉格党的威廉三世（1689—1702）持批评态度，并对这一时期的政治走向表示不满。

一些评论显然带有 18 世纪初的雅各宾派托利党的色彩。例如，戈德史密斯写道："在整个英国历史进程中，法国似乎一直是辉格党憎恨的对象；他们似乎总是想对法国发动宪政战。"奥斯丁在 "辉格党"一词后面加上了"而且没有任何理由"的评论，这是对威廉三世和安妮统治时期的辉格党持续挑起纷争的批评。[2] 奥斯丁在旁注中接着补充道，"亨利·西德尼（Henry Sidney，是奥兰治的威廉②的重要支持者），阿尔杰农（Algernon，黑麦屋阴谋的参与者）的兄弟，桑德兰伯爵的叔叔，教养很差"。[3] 她还批评了荷兰人以及辉格党人理查德·斯蒂尔爵士（Sir Richard Steele），因为他们反对安妮女王的托利党内阁。[4]

对于乔治一世执政时期，奥斯丁赞扬了托利党的主要作家和政治家博林

---

① 天主教阴谋案发生于1600—1688年复辟时期，有人捏造了天主教徒策划刺杀国王查理二世的谣言，导致英国陷入了长达3年的恐慌，并引发了反天主教运动。——编者注

② 奥兰治的威廉，即英格兰国王威廉三世。1688年，英国爆发光荣革命，时任荷兰执政的奥兰治亲王威廉登陆英国，与妻子英国公主玛丽共同加冕为英国国王，成为威廉三世与玛丽二世。——编者注

布鲁克子爵亨利；对辉格党人康宁斯比勋爵托马斯进行了批评，他是 1715 年牛津伯爵罗伯特叛国罪弹劾案的关键推动者，罗伯特·哈利是 1710 年至 1714 年安妮保守党政府的首席部长，也是他在赫里福德郡的竞争对手。此外，奥斯丁嘲笑了把托利党与非理性联系在一起的说法，[5] 并对辉格党和托利党的立场进行了对比。对于戈德史密斯的一段文字，她写道："辉格党统治着参议院和法院；他们欺压能欺压的人；用严厉的法律约束下层人民，用卑鄙的差别区分使他们保持距离；然后声称这就是自由。"奥斯丁接着说："是的，这就是辉格党和共和党人的自由。"她已经注意到他对待雅各宾派和"詹姆斯三世"的态度："哦，戈德史密斯博士，你和我一样是一个偏颇的历史学家！"[6] 这句话反映了奥斯丁时代托利党对辉格党的批评。

在乔治一世领导的辉格党政府弹劾下，牛津伯爵在上议院的辩词结尾由戈德史密斯记录如下："我将怀着愉悦的心情献出我的生命，为已故的女王陛下（安妮女王）所重视的事业而牺牲。当我认识到我将被代表正义、荣誉、品德高尚的同事们审判，我决定默默接受，并甘愿如此。议员阁下们，上帝的旨意终将被践行。"奥斯丁批注道："说得好，这才是托利党人说的话。"[7] 这段话也与雅各宾派在断头台上的临终之言相似。戈德史密斯对"一直呼吁自由的辉格党却在通过限制性法律"进行了反思，奥斯丁对此也进行了评论："我在这个世界上活得够久了，知道事情总是这样！"[8] 最后，牛津伯爵被宣判无罪。

在 1720 年至 1742 年担任首席部长的辉格党人罗伯特·沃波尔（Robert Walpole）爵士在南海泡沫（South Sea Bubble）危机① 后厘清了混乱的局面，这让奥斯丁感到十分惊奇。关于 1722 年的阿特伯里阴谋案（Atterbury Plot），奥斯丁关注的不是斯图亚特王朝的叛国阴谋，而是政府以严厉和霸道的方式处理案件。[9] 奥斯丁赞同托利党领袖巴瑟斯特勋爵（Lord Bathurst）在

---

① 世界著名的金融危机，指的是英国1720年春天到秋天之间，因脱离常规的投资狂潮引发的股价暴涨和暴跌，以及之后的大混乱。——编者注

上议院的发言，巴瑟斯特勋爵认为政府将正常通信扭曲成叛国罪，那些受到威胁的托利党人应该"辞官回乡，享受平静的家庭生活"[10]，这种形式的静默主义也见于非陪审团的神职人员。克里斯托弗·利特尔（Christopher Layer）因参与了阿特伯里阴谋案而于1722年被定罪，并在次年以叛国罪被处决，他先后两次成了大家口中的"可怜虫"[11]。此外，戈德史密斯对辉格党政府"有时腐败"的评价被奥斯丁改为"总是腐败"，反对派对"大陆关系"的厌恶被描述为非常明智，她对一个贫困家庭自杀的案例进行了评论："穷人多么值得同情，富人当受指责！"[12]在这样的评论中，金钱的道德价值并未凸显出来。

在回顾这些往事时，奥斯丁对《乌得勒支和约》（*Peace of Utrecht*, 1713）赞赏有加，这是安妮女王的托利党政府的一项重要成就。相比之下，奥斯丁对辉格党主导的《艾克斯·拉·沙佩尔条约》（*Treaty of Aix-la-Chapelle*, 1748）指责颇多。[13]奥斯丁重申对雅各宾派事业的支持，并表示自己会一直投身于此。在1745年雅各宾叛乱被镇压后，政府禁止个人穿苏格兰裙或携带武器。奥斯丁对此补充说："我不喜欢这样，每个古老的习俗都应该是神圣的，除非它有害于幸福。"[14]

奥斯丁的这部分评论非常引人注目，在其他文献中，我们不能找到任何能够表明奥斯丁的观点发生了较大变化的佐证。1791年的战争意义重大，因为历史——尤其是18世纪的历史——是对当今社会反应的关键参考，[15]实际上比当前英国的情况更重要。此外，在对法国大革命的回应中，托利主义非常显眼，托利党的观点既温和又爱国。1791年，16岁的奥斯丁表现出了一个狂热的保守主义者的特质。在《英格兰历史》一书中，她自嘲地称自己为"有偏见、无知的历史学家"。

批评家们已经注意到奥斯丁文学风格的演变，他们同时也注意到了奥斯丁早期作品和后期小说之间的变化，《曼斯菲尔德庄园》就是个典型的例子。然而，这些变化并不表明她在政治方面也发生了类似的变化。事实上，我们没有理由认为奥斯丁后来放弃了托利党，即便在她成熟作品中，背景里总有若隐若现的保守主义。可以说，这些小说将某种保守的英国特性包装成自然的非意识形态，从而在无形中向读者灌输了一种保守主义的思想。在小说中，奥斯丁扮演了公正无私、聪明睿智的旁白，她认为聪明的读者会赞同她的保守派观点。在没有任何其他证据的情况下，将奥斯丁视为一个保守派作家还是比较安全的推断。

尽管它们可以作为背景出现，带有讽刺意味的迹象确实在文字中被展现出来。在《爱玛》中，奥斯丁以讽刺的方式使用了"女性权利"这一短语，将其与精致和爱玛的势利联系起来。[16] 爱玛的"女性权利"概念与玛丽·沃斯通克拉夫特所说的"女性权利"意义不同。这个概念与年轻女子（哈丽埃特）的性别权利有关，她可以"讲究"地行使自己的权利，在求婚者中挑选适宜的人选。她要求她挑选的男子必须都是绅士。一个美丽的女人通过婚姻找到向上流动的权利，正是这种浪漫小说中关于女性特权的观念，这让爱玛受到了嘲笑。沃斯通克拉夫特本人反对女性通过性吸引来控制男性。结合爱玛关于漂亮女孩不需要大脑的主张，以及奈特利对女人的智慧和理智的偏爱（沃斯通克拉夫特也会同意这种观点），这部小说的内容和语气较为严肃，带有一定目的性。这在意识形态上可以有不同的定位，因为它既是宗教的、道德的，也是政治的。

随后，韦斯顿夫人提议在举办舞会的小房间"只摆些三明治。这个建议让人听了十分不快。私人舞会竟然不提供晚餐，这是对男女权利的严重欺诈"。[17] 这些术语的讽刺意味让人对它们嗤之以鼻，而且目前还不清楚激进主义与"轻率和放肆"这种更世俗、更普遍的错误之间有多大的区别。[18]

奥斯丁当然不会在意这些用词。令人惊讶的是，叙述者和她笔下的人物轻松地抛出了"男女权利"这个最近已经成为政治炸药的话题。这种温和的嘲弄是针对这些享有特权的年轻人的，他们坚持认为正式的舞会就应该提供晚餐，对此事极为用心甚至到了义愤填膺的地步。在不了解事情真相的外人看来，还以为他们是在谋求重要的政治权利。到 1814 年，这些"权利"似乎不再具有威胁性，可以被随意谈论。

奥斯丁的其他小说中也有保守党态度的迹象。在《劝导》中，她对老一辈的默斯格罗夫夫妇表示了好感："父亲和母亲是老式的英国风格，年轻人是新式的。默斯格罗夫夫妇是非常善良的人，友好好客，没受过多少教育，一点也不文雅。他们的孩子有更现代的思想和举止。"

简而言之，后者体现了奥斯丁不喜欢的"改变"。[19] 在同一部小说中，反派人物威廉·艾略特被刻画成一个道德上堕落的人，因其态度专横，贪财无度。在某种程度上，这是一个为钱而结婚的问题，但还涉及更多。"他把家族的荣誉视如粪土，我多次听他说起，男爵这样的头衔卖掉也无不可，连带男爵随身的武器，以及男爵的制服，50英镑足矣。"这是对自己过往身份的戏剧性摒弃。他在1803年6月的一封信中写道："我要和一名调研员对凯林奇进行首次访问，他将告诉我如何将优势最大限度地发挥出来。"[20]

在《理智与情感》中，英雄布兰登上校被描画为一位改革者，而貌不惊人的约翰·达什伍德却只关心自己的利益。达什伍德任何事情都用金钱衡量，这一点在他对在德拉福生活的态度上表现得淋漓尽致，布兰登把德拉福德的财产赏给爱德华·费拉斯，而非出售。达什伍德对此评论道："我真奇怪，在这么普通、这么自然的问题上，他怎么这么没有远见！"[21] 这一评论强调了"自然"行为的复杂性。《桑迪顿》是一部保守的作品，因为它提出了代表外来者的投机行为对传统社区的扭曲。这种观点明显符合托利党的立场。

考虑到目前英国知识分子对托利党传统的敌意，奥斯丁信仰的这一因素被淡化对她的声誉有好处。具有讽刺意味的是，尽管她的保守主义不同于亚历山大·蒲柏、乔纳森·斯威夫特、托比亚斯·斯摩莱特、塞缪尔·约翰逊或本杰明·迪斯雷利等人的保守主义，但她的保守主义个性提醒人们，这一传统的广泛性以及它对英国文化许多方面的影响。在《凯瑟琳》中，奥斯丁让她的主人公凯瑟琳与她的姨妈——极端托利党人珀西瓦尔夫人——在导致"推翻王国"的威胁上有着不同意见。这位不近人情、不讲道理的姨妈指责凯瑟琳的行为："每个国家的福祉都取决于其个人的美德，任何人如此粗暴地违反礼仪和礼节，肯定会加速国家的毁灭。"凯瑟琳不赞同这样的看法。[22]奥斯丁在这里似乎在嘲讽对法国大革命的过激反应，并不认同任何形式的个人道德堕落都会直接引发革命的观点。

只有充满敌意的批评者才会把保守主义、英格兰主义、资本主义和社会变革视为一个整体。事实上，奥斯丁作品中的政治和社会暗示可被视为当时托利党内部紧张关系的表现。在很大程度上，这是托利党争论的一个方向。这些紧张关系在一定程度上归咎于对社会稳定的一系列挑战，其中法国大革命及其英国激进派支持者所带来的威胁最为明显。

然而，还有一些长期存在的问题。从 17 世纪起，货币和商业价值的消解性，就是托利党要处理的头号难题。18 世纪初，这个问题与对辉格党高级贵族的批评联系在一起。这个问题在奥斯丁生活的时代仍然存在。事实上，达西的原型很有可能来源于威廉，他是德文郡的第六位公爵，同时也是辉格党的主要成员，并且是摄政王（即后来的乔治四世）的密友，这与《傲慢与偏见》有着直接的联系。事实上，对达西带有任何政治色彩的研究，或是尝试从生活中找到达西原型的做法都是不可取的。达西在书中是一个完美的地主形象，他有着良好的做人原则，唯一需要做的就是敛其锋芒。乔治三世提出了一种与辉格党不同的政治观点，尤其是他对曾经是雅各宾派的家族的看法，如艾尔斯伯里家族（Ailesburys）。1789 年，从韦茅斯回来的路上，乔治三世住在托马斯家。托马斯是艾尔斯伯里的第一任伯爵，也是夏洛特王后的宫廷总管。他住在托特纳姆公园（Tottenham Park），那里离奥斯丁父亲的教区——斯蒂文顿不远。乔治在这儿玩起了克里比奇①，在萨维尔纳克森林周围驾着敞篷马车(乔治亲自驾驶)兜风，并听取了马尔堡市长和市议会的忠诚致辞。[23]1789 年，他收到了附近另一个城镇德维兹的忠诚致辞，并在 1801 年和 1804 年收到了

---

① 克里比奇（cribbage），一种纸牌玩法。——编者注

汉普郡的主要城市之一南安普顿的忠诚致辞。

这些都是乔治公共政治的重要方面,民众的忠诚和皇室的仁慈在一场互动的盛会中得到展示。这些场合被当地报纸广泛报道,当地人对此也会有很多评论。因此,1789 年,乔治也参观了迪格比勋爵的舍尔伯尼城堡(Sherborne Castle),受到公园里大批人的欢迎,他留在这里进晚餐。在此次出行中,他还去了伊尔切斯特伯爵的住所雷德林奇(Redlynch);第一代巴斯侯爵托马斯的住所朗利特(Longleat)和斯托赫德(Stourhead),这些地方都离奥斯丁的住处不远。

民众对国王的强烈忠诚在法国大革命之前就已经很明显了——例如,1784 年大选中政府的成功,这是对乔治在去年 12 月解散福克斯—诺斯内阁(Fox-North ministry)的明确认可。在大选中,小皮特的内阁获得了强有力的支持,他在 1783 年至 1801 年和 1804 年至 1806 年期间担任首相。在奥斯丁一生大部分时间里,他都任英国首相。女性的忠诚在这一时期都很重要,这体现在像范妮·伯尼这样的文学人物身上。这就是奥斯丁的生活背景,她自己也成为社会图景的一部分。

在奥斯丁出生的后一年,亚当·斯密出版了《国富论》。《国富论》中曾收录《论公债》一文,这对小威廉·皮特和在 1812 年至 1827 年担任首相的第二代利物浦伯爵罗伯特都有影响。亚当·斯密在此文中说:"对于生活在首都以及那些远离动乱省份的人们来说,几乎感受不到战争带来的不便;相反,他们可以在闲暇之余,阅读报纸上本国的海军和陆军创下的丰功伟绩。对这些人来说,和平年代要交税,战时更要交税,多花的钱就当在报纸里找些乐子吧。"[24]

这种解释似乎能够从奥斯丁小说中所描绘的世界那里得到印证,但这种解读未免太过肤浅。事实上,正如最近的研究所指出的那样,尽管不像丹尼尔·笛福这位记者兼小说家那样在经济学方面有深刻参与[25],奥斯丁的小说也会经常提到军事问题。在《劝导》中,温特沃斯船长讲述了自己在一艘即将"解体"

的单桅帆船（一种小型战舰）上遭遇的事件，以及他怎样就差点成了报纸上的"英勇的温特沃斯船长"——言下之意，他差点为此献身。安妮一想到这里就浑身发抖。我们在此感受到了战争对普通人的影响，这与亚当·斯密所传达的信息完全不同。

而且，读者也受到信贷波动的影响，而信贷的稳定性很大程度上取决于国际形势的发展。尤须指出的是，城市经济过于依赖贸易，既包括国际贸易，也包括与贸易相关的工业活动和金融运作。而农村经济则受到战争对粮食进口的影响，加之战时征税频繁，这些都对经济造成了影响。私掠他人财产、扣押货物和强制征兵不仅对国民经济造成了重创，对个体户和社区经济也造成了一定影响。

无论他们的意识形态立场如何，在法国大革命和拿破仑战争期间，欧洲大陆的命运吸引了英国人的注意力，远远超过了最近几次战争。1741年后，法国在奥地利王位继承战争（1740—1748）期间向中欧的推进受到了遏制。在那场战争中，法国人用了几年时间征服了奥属尼德兰（今比利时），并入侵联合行省（今荷兰）。在七年战争（1756—1763）中，低地国家（包括荷兰、比利时和卢森堡）没有发生战斗，法国在德国的军事行动也不太成功，在1759年又在明登战役中被英国人打败。美国独立战争（1775—1783）期间，英国在1778年和1779年分别与法国、西班牙有过军事冲突。在这段时间中，西班牙人曾对直布罗陀有过长时间围攻，但未能成功。除此之外，在欧洲大陆上没有任何战役。

相比之下，法国人在1792年之后占领了欧洲的大部分地区，同年11月他们迅速征服了整个奥属尼德兰地区，这只是他们戏剧性前进的第一步。处于和平状态的英国会如何应对时局变化，最初并不清楚。国会议员、经验丰富的外交家威廉·奥克兰勋爵（William Lord Auckland）主张英国应该保持克制，对欧洲大陆采取疏远的政治态度。他在给首相小威廉·皮特的信中写道："无论情况如何变化，我认为权宜之计是避免与其他国家发生战争，而且要在英国国内推动创新。除此以外，没有哪种手段可以保证我们一直领先其他国家。"[26]

但后来情况并非如此。由于法国大革命，英国的政策发生了巨大的变化。尽管许多革命者最初从英国的政治体制中寻找灵感，但令埃德蒙·伯克（Edmund Burke）[1]失望的是，英国并没有在1792年与奥地利和普鲁士一起进攻革命中的法国，而是在次年2月与法国爆发了战争。除了在1802—1803年以及1814年的两次短暂停火外，这场战争一直持续到1815年。

由于法国大革命危机的影响，类似的变革在18世纪90年代早期的英国和法国发生了。两方开始接受一种共同的政治看法，即国内外的挑战是紧密联系在一起的。要获取群众的支持来与那些光天化日之下的阴险敌人做斗争，这些敌人很显然受到了国外反动势力的支持以期在国内掀起动乱。时至今日，人们对此习以为常，它可以追溯到古代。因此，近乎偏执的民族主义的语言得到了发展。在法国，革命既是这场斗争的起因，也是其结果。英国的情况与之相反，国内激进主义和法国大革命带来的挑战带来了广泛的支持国家、王室和教会的呼声，这种情绪在1791年针对教会和王室的暴动中表现得淋漓尽致。尽管困难重重，但此后一直持续下去。这与欧洲其他地方的保皇派运动相似。

与18世纪早期相比，英国与欧洲大陆的联系更加密切，这是因为，无论是在法国大革命时期还是拿破仑时期，英国一直发挥重要作用。这一进程以英国在维也纳会议（1814—1815）和滑铁卢战场（1815）上的主导地位达到高潮，这两个事件都是奥斯丁同时代的关键事件。因此，法国大革命使英国的政治关注点集中在欧洲大陆，并向英国的政治文化引入了明显的意识形态倾向，在这种倾向中，英国国内的文化和政治偏好显然与对欧洲大陆局势的不同反应相匹配，并给予相反的力量。英国社会被动员起来参加战争，其规

---

① 埃德蒙·伯克(1729—1797)，爱尔兰政治家、作家、哲学家，并成为英国18世纪下半叶辉格党的领袖人物和主要发言人。他主张限制王权、反抗专制暴政、支持美国革命，却对法国大革命抱持批判态度。他是现代保守主义的思想奠基者，被誉为保守主义的先驱。——编者注

模虽然比不上法国大革命时期的征兵制度，更比不上现代的"全面战争"，但却远远超过了当时的其他冲突。

奥斯丁生活时代的英国几乎战事不断，她的前两本小说在战时出版。当时主要的冲突包括美国独立战争、英法战争，随后是法国革命战争，还有拿破仑战争。拿破仑战争爆发于1793年，一直持续到拿破仑在滑铁卢战役中彻底失败，仅在1802—1803年和1814—1815年有两个短暂的停火期。在这段时期内，美国第二次独立战争（1812）爆发。在1812—1815年英美战争期间，美国三次入侵加拿大失败，美国在全球范围内也展开海军军事行动。

此外，英国一方面被卷入其他战争，另一方面需要面对一触即发的战争局势。前者尤指一系列印度地区的战争，在1775—1782年、1790—1792年、1799年、1803—1805年和1817—1818年，印度与马拉地人或迈索尔人发生了大小规模不等的冲突。后者包括1787年与法国爆发的荷兰危机、1790年与法国和西班牙发生的努特卡海峡危机、1791年与俄国的奥恰科夫危机，尽管这些一触即发的战争最后并没有爆发。在法国大革命和拿破仑战争期间也是如此，尽管英国与俄国、土耳其有过严重对抗阶段，但最后也没有交战，以1800年和1807年两个阶段对抗最为剧烈。

因此，在奥斯丁一生中，战争从未远离过她的生活。与小说家夏洛特·伦诺克斯（Charlotte Lennox）不同，奥斯丁并非出生于军人世家。夏洛特出生于直布罗陀，在北美生活过一段时间。奥斯丁曾在作品中提过英国的战争，在她的早期作品《少年作品：信件集》（1791—1792）中，秘密嫁给达什伍德上尉的"简小姐"痛哭流涕，因为"自己的丈夫倒在了美国的战场上"，[27] 此处指的是1775—1783年美国独立战争。那本《信件集》彰显了军队的崇高地位，其他人物包括"简"的父亲西顿上校、已故海军上将安尼斯利，以及爱慕亨丽埃塔·哈顿并向她求婚的上校都是这样的例证。在《一位年轻女士的来信》（A Letter from a Young Lady）中，也可看见奥斯丁对军队的正面态度。精英军团（Horseguards）的马丁上校向安娜·帕克求婚，以感谢她在法庭上撒谎，为篡改过的遗嘱发誓，使自己能够获得父亲的全部遗产。这是安娜在这个耸人听闻的故事中准备谋杀她妹妹的前奏。[28] 在《爱玛》中有一位坎贝尔上校，他的朋友费尔法克斯中尉在异国战死，他的遗孀不久后离世，留下简·费尔法克斯一个孤儿。[29] 更不幸的是，在《劝导》中，一无是处的理查德·默斯格罗夫离世时还是个军校生。[30]

奥斯丁在英格兰南部居住过很长一段时间，这里在军队的动员和调动中起着至关重要的作用。出国的乘客通常经由附近的朴茨茅斯上船，相比之下，德文郡的普利茅斯很难通过陆路到达，而从伦敦出发的海运意味着必须绕过肯特郡，穿过多佛海峡，这在盛行西风的气候中很困难。相反，朴茨茅斯是海军、东印度公司和出征海外的军队的关键港口。1786 年，奥斯丁的兄弟弗朗西斯在朴茨茅斯进入了艰苦的皇家海军学院付费学习。事实上，政府提出的耗资巨大的国防措施在 1786 年引发了议会风暴，并导致小威廉·皮特罕见地在议会失败。

在战时，汉普郡的道路上到处可见军队士兵，也可见到为部队运送物资的马车，和被运送往朴茨茅斯供航船使用的活体动物。朴茨茅斯市场能够不断扩张，在很大程度上要归功于其军事作用。对于农民来说，这同样是有利可图的交易。与肯特郡和西南地区一样，汉普郡出了不少海军军官，而奥斯丁对这两个郡都很有兴趣。

当人们担心英国可能遭到入侵时，汉普郡的海军演练也频繁起来。1779 年尤是如此，当时法国和西班牙计划对朴茨茅斯发动一次联合入侵。然而，入侵的准备工作由于不够利落而受挫，部队在集结的途中暴发了疾病。为了在危机中增强国家力量，神职人员受命去组织全国性的祷告和斋戒活动，乔治三世对此赞赏有加。

英国与欧洲大陆保持了十年和平（1783—1793），在 18 世纪 90 年代英国开始面临复杂的军事形势。在 1793 年，英国与法国开战。在奥地利、普鲁士和萨伏伊 - 皮埃蒙特（Savoy-Piedmont）的支持下，荷兰和西班牙于 1793

年与法国开战，但荷兰在1795年被法军攻陷，西班牙也被法国打败。通过谈判，双方暂时取得和平，次年西班牙与法国一起转而对抗英国。普鲁士也在1795年退出了与法国的战争。因此，英国的军队在欧洲大陆遭受了严重损失，在海上寡不敌众，极易受到入侵。事实上，法军于1797年登陆威尔士，并于1798年在爱尔兰登陆，这两次远征行动最终被英国挫败。1797—1798年，荷兰、法国和西班牙舰队在坎普顿（Camperdown，1797）、尼罗河（1798）和圣文森特角（Cape St. Vincent，1797）等战役中也被英国军队击败。这些胜利充实了英国国库储备，提升了英军士气，极大弥补了早期英国海军的挫折。在此之前的唯一一次大型胜利是六月一日海战（Glorious First of June），但是对法国命运影响有限。

对英国人来说，遭受入侵的威胁似乎一直都有，因此取得海战胜利至关重要，事实上有赖天恩，英国几无失利——布道的主题很多都是关于这些，例如本章后面提到的爱德华·纳雷斯布道时的内容就与此相关。桂冠诗人亨利·派伊（Henry Pye）的《海军统治》（*Naucratia: or Naval Dominion*，1798）也反映了类似的主题。1805年10月21日，霍雷肖·纳尔逊（Horatio Nelson）在特拉法尔加（Trafalgar）海战中取得大捷，大大降低了英国遭遇战争威胁的可能性。弗兰克·奥斯丁（Frank Austen）很不幸地错过了这场战斗，要知道参与其中是光荣的来源。

尽管在特拉法尔加失利，拿破仑仍继续增强法国海军实力，特别是在1809年沃尔切伦远征失败的目标安特卫普。面对可能的封锁，英国不敢掉以轻心，英国海军仍是抵御法国军队的关键防线。奥斯丁的兄弟们也参与了这场史无前例的全国动员。

英国海军不仅能够保护英国本土，还能让英国在美国独立战争和拿破仑战争期间主宰欧洲大陆。海战的胜利使英国可以肆无忌惮地对孤立无援的欧洲国家实施两栖攻击，如荷兰统治的巴达维亚（今雅加达）。由于英国海军实力强大，法国对路易斯安那州的控制名存实亡。事实上，拿破仑在1803年向美国出售路易斯安那地区，是欧洲中心主义的象征。尽管法国对加勒比海感兴趣，但纳尔逊在尼罗河战役（1798）取得胜利，这直接导致拿破仑埃及远征失败。欧洲中心主义成了法国国策的主要特点，尽管拿破仑也有理由希望这次土地出售会损害英美关系，让法国坐收渔利。

英国的成功在很大程度上归功于它的海军力量，但岛国的特殊地理环境也起到了较大的作用。在远离欧洲大陆的岛屿中，只有英国是个独立大国。这让英国能够也必须将精力集中在建设海军上。欧洲大陆上的国家与此不同，他们将主要资源用于陆军建设，即使像法国和西班牙这样的海洋大国也将陆军建设作为更重要的任务。

尽管英国海军力量强大并取得多次胜利，但与法国之间爆发的美国独立战争和拿破仑战争是一场极其艰难漫长的斗争，而且当时没有人预见到法国对西欧的统治如此短暂。1812—1814 年，拿破仑政权垮台很大程度上要归功于奥地利、普鲁士和俄国，毕竟仅仅依靠英国不可能推翻拿破仑帝国。1813 年在威灵顿公爵的指挥下，英国军队能够在西班牙取得胜利的部分原因是法国军队当时大部分集中在德国。在 1815 年拿破仑最终战败的过程中，英国也发挥了至关重要的作用，在战争期间，每年大约有 3 万人参军。从 19 世纪起，英国一直采用这种征兵制度，这对英国非常重要，这项制度成为之后百年的通行做法。

在防御方面，英国皇家海军得到了大规模的国民动员的支持，而法国反复入侵的威胁强化了英国的预防举措。1792 年 8 月，在战争蔓延到英国之前，英国已经开始准备应对战争。巴格肖特希思（Bagshot Heath）有一个大型的民兵营地，乔治三世曾视察过这个营地。一些媒体做了大量报道，例如斯蒂文顿教区的《阅读水星》杂志（Reading Mercury）。不少人去看过营地，其中有些就是斯蒂文顿人。此外，人们还听到了练习射击的声音。

在 1793—1795 两年的冬天，南德文郡的民兵被派往汉普郡，那里的朴茨茅斯海军基地极易受到攻击。这群民兵驻守在斯蒂文顿附近的贝辛斯托克

（Basingstoke）。1793 年和 1794 年的夏天，民兵营地驻扎在布莱顿，以保护苏塞克斯海岸。奥斯丁在《傲慢与偏见》中也提及此事。[31] 与此同时，人们对国内激进主义忧心忡忡，于是开始建造新的军营，诺维奇军营（Norwich，建于 1792—1793 年）和考文垂（Coventry，建于 1793 年）就是例证。

在《傲慢与偏见》中，军事营地的吸引力不仅反映了乡村生活的单调，也对女性的性别观念产生了深刻影响。只有男性才能穿的军服的吸引力是那部小说的一个重要主题，军服确实令人印象深刻，是令人心痒的虚荣心，也是"一种精彩的宣传"[32]。如果有军官在场，舞会就会增加价值。这种"杀戮权力"和"诱惑能量"之间存在着危险的联系，汉娜·福斯特的小说《风流韵事》中放荡的诱惑者桑福德少校将这种联系进一步发展。在《苏珊·格雷的历史》（The History of Susan Gray，1815）一书中，一个勾引女主的士兵假装承诺与其结婚，这是小说表达出的核心危险。这部小说使另一个教士的女儿玛丽·舍伍德（Mary Sherwood）① 获得成功，她曾与奥斯丁在雷丁的同一所学校上学。

1798 年，在英国 162300 名在役的普通士兵中，只有 47700 人是正规军，其余都是民兵和志愿部队。这些展现了那个时期根深蒂固的爱国主义。此外，这些部队强调了国家在加强等级结构的同时，需要与地方利益集团合作获得资源。事实上，民兵团长把他们的军团看作是非常有价值的赞助封地，对他们这些县级治安官和公职人员来说，无论是赞助还是声望都有巨大的价值。因此，民兵法的重要变更必须与团长们协商，甚至定期征兵的做法也要谨慎进行，以保护民兵的利益。[33]

奥斯丁的社会选择可能比她自知的更受到社会军事化的影响。奥斯丁可能参加过贝辛斯托克（Basingstoke）的冬季舞会，南德文郡民兵的军官们也经常去这些舞会。1805 年 8 月的肯特郡，人们担心英国可能遭到入侵。奥斯丁受邀参加在迪尔举行的盛大舞会，"除了驻军之外，没有邀请其他男性"，[34]

---

① 玛丽·舍伍德是《苏珊·格雷的历史》一书的作者，19 世纪初期著名的儿童文学和宗教文学作家。——编者注

但由丁国王弟弟格洛斯特公爵（Dukc of Gloucester）威廉去世，舞会被取消了。朝廷哀悼是一项重要的宗教和社会义务，对军队来说尤其重要。是年，人们担心英国可能遭到入侵，后因特拉法尔加英国海战胜利才打消了这种疑虑。而英国一旦遭到入侵，肯特将处于前线。人们推测，法军在距离最近的海岸登陆后，便将借道肯特郡直取伦敦。

数年来战争造成的损失和经济混乱，确实导致了图书生产成本的急剧上升，人们也觉得维持原有的生活水准压力巨大。实际工资停滞不前，特别是在1795—1796年和1799—1801年这两个荒年，[35] 所有人都面对着重重困难。托马斯·马尔萨斯（Thomas Malthus，1766—1834）是位当时居住在萨里农村的牧师，《爱玛》中的部分背景也在此处。在他的第一篇《人口论》（1798）中，他这样写道："劳苦人民的儿子很容易发育不良，要更长时间才能长大成人。你以为是14岁或15岁的男孩……经常发现他们已经18、19岁了……他们缺乏足够的营养。"马尔萨斯提倡独身和晚婚晚育，来应对人口压力。

人口问题由于其他群体，如农民，从这一时期的经济压力中牟利而变得更加突出。除了价格上涨引起的严重食品骚乱外，很大程度上，1797年的海军哗变也是因为士兵对工资和生活条件的不满，以及政治激进主义抬头。这些兵变威胁着国家安全，社会稳定岌岌可危，人们担心日益困难的国内外形势会造成更严重的后果，激进的社团在1799年遭到禁止，以防止事态进一步恶化。[36]

《诺桑觉寺》捕捉到了这种焦虑，同时也通过将其与阅读小说产生的恐惧感放在一起，进行了讽刺性的处理：

> 莫兰小姐，你说得再明白不过了，可全叫我那傻妹子给误解了。你谈到伦敦会出现恐怖——任何有理性的人马上就会意识到，这话只能是指流动图书馆的事，可我妹妹却立马设想到圣乔治广场上聚集了三千名暴徒，袭击银行，围攻伦敦塔，伦敦街头血流成河，第十二轻骑兵团

是全国的希望所在，它的一个支队从北安普顿前来镇压叛乱，英勇的弗雷德里克·蒂尔尼上尉率领部队冲锋的当儿，楼上窗口飞下一块砖头，把他击下马来。[37]

译林出版社 2016 年版　孙致礼译

尽管社会动荡不安，人们感到非常惶恐，英国（包括英格兰、威尔士和苏格兰）却没有崩溃，也没有出现饥荒或人吃"种子粮"的窘况。18 世纪 90 年代，乔治三世民意高涨，缓解了当时的局面。1788—1789 年的摄政危机事件中，乔治三世就赢得了民心。当时辉格党人试图利用国王糟糕的健康状况，让与辉格党人关系密切的威尔士亲王乔治接管政府。

1789 年，乔治三世在康复后外出巡视了一番，在英格兰南部受到了民众的热烈欢迎，这一消息肯定会传到斯蒂文顿。在访问韦茅斯子爵（Viscount Weymouth）的所在封地朗莱特时，夏洛特王后如此记录道："我有幸与陛下、三位公主乘坐一辆敞篷马车沿着大道行进了一个往返，以慰民心，因为他们十分渴望一睹陛下真容。"沃尔明斯特的一所学校校长乔治·亨廷福德（George Huntingford）也报道了这一盛况，"至少有两万人涌出来看陛下一家……每个亲临现场的人都如愿以偿，我相信百分之九十九的人都感觉不虚此行。"[38]

从 18 世纪 80 年代开始，尤其是在 19 世纪初，乔治逐渐成功地塑造了国父的形象。他并没有像法国和西班牙的君主那样引发大规模的负面情绪。在 19 世纪初，乔治与拿破仑形成了鲜明对比，后者被视为一个凶残的暴君和篡位者。战争激发的爱国主义精神和国王在日常政治事务中的虚拟脱离，二者结合得很好，减弱了庆祝活动与现实的关联，更多地体现了君主制的象征作用。1809 年的金禧年庆典就是一个例子。因此，建立一个受欢迎的君主制的先决条件，是人们要在主观上认为王室的政治权威在下降。

18 世纪 90 年代，大多数英国人认为激进主义与法国人勾连不断，这使得激进主义失去人心，尤其是在法国革命日益混乱的状态下。从 1792 年起，这样的情况更为显著。在《凯瑟琳，或树荫》中，奥斯丁提到了"政治领域的情况是……P 夫人坚持认为整个人类都在堕落。在她看来，一切都在走向崩溃和毁灭，所有的秩序，在当着世人的面，被摧毁殆尽。她听说，下议院有时要到凌晨五点钟才散会，堕落之风从未如此普遍过"。[39]

与欧洲大部分地方一样，英国人的爱国主义与反法情绪密切相关。从 18世纪 90 年代初开始，这种爱国主义在很大的程度上与保守主义情绪也密切相关。相应地，在不限于英国的广大地区，保守主义在话语和内容上越来越具有民族性。受拿破仑战争影响，英国独特的爱国主义标语开始显现，同时创造了一个新的国家军事英雄的象征体系。例如，1813 年成为桂冠诗人的罗伯特·索塞（1774—1843）便发展了这种爱国主义的语言。与法国的战争在道义上是正当的。索塞还颂扬了纳尔逊、威灵顿和马尔堡第一代公爵约翰等人的爱国事迹，以再次凸显这种联系（英国的爱国主义和反法情绪之间的关系）。19 世纪，《天佑吾王》（*God Save the King*）成为英国国歌，这首歌在 1745年雅各宾叛乱的危机期间首次在公共场合演唱。1809 年 10 月 25 日的乔治三世金禧年庆祝，为展示民众对国王的尊重和喜爱提供了机会，这也成为爱国主义的核心部分。奥斯丁从这种情感和态度中汲取了创作灵感。

为了应对法国大革命，教会和王室都进行了大规模的集会活动，这在英国和英国的民族精神中发挥了有力的作用。"国家利益"这一观念在 18 世纪迅速传播开来，很大程度上是 18 世纪启蒙运动的结果。启蒙运动认为人类生活在一个受自然法则支配的宇宙中。自然法则规定了国家的性质，国家是通过地理、语言、文化、物理特征，甚至人格特征的融合来界定的。而国家利益在本质上指的是保持国土、文化和物质（即安全）完好无缺。

民族主义不仅仅是一个长期趋势的问题。法国大革命时期的短期危机也是至关重要的，对奥斯丁来说尤其如此。1792 年 11 月，随着法国快速向英国推进，人们对亲法激进主义的恐慌达到顶峰。沉默寡言的奥克兰勋爵（Lord

Auckland）呼吁加强宣传手段，以实现可接受的国家政治化：

> 要让人民知道所有宣言，遵从斋戒日的要求，聆听国王的演讲，教
> 堂里的各种布道，议会也要多多讨论事务。我相信应该以此作为一切
> 事业的基础。英国的繁荣和富裕是这样的，除了最底层和最贫困的阶级，
> 以及命运失败和绝望追求的人之外，没有人会因为这种正在我们中间蔓
> 延的新型法国疾病而遭受财富、职业、舒适、荣耀、力量和幸福的损失。
> 最重要的是，法国人会受到失去生活幸福的安全感的痛苦……放弃宗
> 教是走向无政府状态的必然步骤。[40]

事实证明，这种民族认同、经济利益、宗教信仰和"安全感"的融合作用
非常强大。特别是在英格兰，忠君爱国成为一场真正的群众运动。尽管在长
期维持个人参与度方面存在困难，政府和忠诚主义的关系也很难用言语表述
清楚。

有许多人不能理解这种忠君爱国精神，这突出了用时代精神来思考问题的
特点，即时代精神。在 18 世纪 70 年代以后，另一种具有替代性的政治模式
对英国政治传统中辉格党和托利党的意识形态自信构成了实质性威胁。这种
替代模式在 1790 年代被激进派，特别是汤姆·潘恩，[41] 以一种潜在的方式，
削弱了将亲法的政治立场与激进主义相关联的诋毁。因此，用亲法主义来抹
黑激进主义的企图，在某种程度上是一种精心策划的论战行动，而不是一种
显而易见、毫无争议的行动。这再次强调了在处理某些假设和价值观的问题
时，需要辨别其中的细微差别，而不是将其笼统地视为所谓的"英国舆论"
的特征。

新生共和国潜在的普世使命，英国激进分子真实的或令人恐惧的愿望，以
及英国保守派的反应，这些因素结合在一起，导致法国大革命在英国政治中
发挥了重要作用。

埃德蒙·伯克坚持认为法国发生的事与英国有直接关系，1790年11月1日，他发了一篇文章，题为《对法国革命的反思以及对伦敦某些社团与该事件有关的议事录的反思》（*Reflection on the Revolution in France，and on the Proceedings in Certain Societies in London Relative to That Event*）。在当时他的观点难以让人信服，因为法国当时国力衰微。[42] 但伯克的观点很快得到印证，法国大革命变得更加激进，但它依然在一定程度上取得了英国人民的支持，最终在1792年12月酿成了一场"紧张对峙"。

向法国国民大会寻求支持的英国激进分子试图递交请愿书或是散播消息，表明他们与法国革命共鸣的政治立场。这些活动表明伯克观点的正确性，即法国的动乱与英国直接相关，英国必然会卷入支持或反对革命的更广泛的欧洲斗争中。事实上，类似的例子屡见不鲜，宗教改革时期的天主教徒，以及纳粹—苏联条约（1939—1941）[①] 下的共产主义者和法西斯主义者，都是国家内部的反动派与外国敌对势力勾结的例子，而且这些内外结盟是有意为之。在1792年春、夏和初秋，皮特内阁坚持中立立场。尽管法国和奥地利、普鲁士爆发了战争。次年2月，随着法国国民大会的宣战，英国加入战争，改变了局势。法国大革命和拿破仑战争重塑了英国的爱国主义，加强了它与保守主义的联系，取代了18世纪早期对改革传统的认同。

教会在此过程中发挥了重要作用。1797年，爱德华·纳雷斯（1762—1841）在为庆祝英国海军连战连捷而举行的民众感恩日写了一篇讲经布道文章。他于1788年至1797年担任牛津大学默顿学院研究员，于1813年至1841年担任牛津大学钦定教授。这篇布道文章发表于1798年，纳雷斯借以献给自己赞助人的妻子伊丽莎白·贝特曼子爵夫人。这反映了英国政教合一的性质，是奥斯丁时代的英国的重要特质。[43] 正如伯克强调要从历史中吸取道德教训，他认为这与上帝意志有关，纳雷斯也强调历史价值，他宣称历史体现了上帝

---

① 此处指的是1939年签订的《苏德互不侵犯条约》。——编者注

的意志。他曾分析过欧洲时局状况，将历史学视角与破坏性的世俗哲学中的现世观念及其历史终结意识进行了对比：

> 敌人开始行动的原则是给予人类思想完全的自由。我将其称为假想的原则，不仅因为他们后来的行动完全违背了它，而且就目前的世界而言，再也找不到比这更违背人性真正利益的原则了。很明显，为维护这种原则，第一步就是抛弃所有陈旧的看法，认为那不过是偏见；每一种政府形式，无论多么成熟，随着人有了新的判断和选择，都会被抛弃。对上帝的崇拜（如果有的话）不是按照我们祖先留下的方式，而是按照地球上每个居民以其智慧认为适当和充分的方式……当战争的灾难降临到我们身上时，我们认为这些灾难也是在上帝的意志下发生的……关键我们要发现上帝的目的所在。

纳雷斯的布道与英国国教在七年战争（1756—1763）以及其他冲突中的布道方式相同，得出了一个令人欣慰的结论，即英国的胜利证明了神力的存在和作用。认为英国的帝国命运既有天意的目的，也有天意的支持，这是英国教会公共神学的核心内容。此外，法国大革命为捍卫基督教注入了新的力量。1805年，纳雷斯在牛津大学发表了班普顿讲座，并在《基督教证据的视角：在所谓的理性时代结束时反击"现代不信者"》（*A View of the Evidences of Christianity at the End of the Pretended Age of Reason*）一文中为基督教辩护，反对 "现代不信者"。1808年和1809年，纳雷斯当时是该大学的一名特选布道者。他在布伦海姆的业余戏剧表演中认识了夏洛特·斯宾塞夫人（马尔堡第四代公爵乔治的第二个女儿），并与她私奔。本书第二章在不同的语境中也提到过纳雷斯。

面对法国大革命的新挑战，人们同情法国难民（包括天主教教士）。1593年，英国天主教徒在圣奥梅尔（St. Omer）建立了耶稣会学校，1794年该校迁至兰开夏郡（Lancashire）的斯托尼赫斯特（Stonyhurst）。一旦被视为无神论的法国与反基督者挂钩，天主教徒就会以盟友的身份出现。然而，激进的千禧年主义教徒认为，革命会加速教皇制度的垮台，因此，将带来世界末日。

1801 年出版的《大英百科全书》第三版中的《乔治三世补编》的献词宣称，它是为抵消《百科全书》的影响而设计的。《百科全书》集中了思想超前的法国哲学家的智慧，因此被看作是法国大革命的序曲。毫无疑问，国王自己也需要宗教来支持宪法。1793 年，他在给皮特的信中说："我诚心诚意祈求上天，让这部宪法万世永存，向世人彰显，我们的民族充满智慧，而且一直受到上帝的祝福。"[44] 八年后，乔治在提到天主教徒解放运动和相关建筑时，他对第十一代诺福克公爵查尔斯说："注意不要坏了地基（foundation，有双关意）。"[45] 这句话显示了他的幽默感：诺福克公爵查尔斯是辉格党人，当时正在进行阿伦德尔城堡（Arundel Castle）的建筑工程。

法国大革命和拿破仑时代既见证了英国旧政权意识形态的更替，也见证了现代英国保守主义的诞生。当时，英国认为世俗社会近乎无可救药，因此它既不强调现世观念和国际主义，也不强调保守主义背后的另一种动力——资本主义。英国强调历史的连续性和英国的民族价值，以及随之而来的对某些部门利益的维护。这种伯克式的保守主义不单单出现在英国。伯克本人认为革命前的欧洲是个共同体，也可称作联邦，他密切注意法国的情况，并反对与法国达成任何不涉及阻止革命的和平。然而，强调历史连续性，重视特定宪法和政治遗产并不容易成为国际意识形态的基础。拒绝用理性的眼光来看待历史本质上是民族主义的。

稳中有变，反之亦然，这种形式上的多样性与政府的反革命举措有效地保证了英国内部没有爆发革命。爱尔兰的情况与此不同。后者内部风云诡谲，存在较大压力。[46]

暴力本身可以用来发泄压力，暴乱从本质来说体现了某种社会规范，虽然它可能有悖于公平和创新，[47] 但暴乱却有助于"道德经济"的发展，这种"道德经济"与忠君爱国经常是一体的，而且它能够维护传统。基督教的道德礼貌观念与上述内容也有紧密联系，因此它在意识形态领域占据主导地位，意义非凡。

因此，政治讨论并没有脱离其伦理背景。谴责囤粮者导致暴乱，与谴责酗酒或奴隶制没有什么区别。这种道德借鉴了这一时期中产阶级的文化观念。这关乎基督教准则、礼貌行为、道德提升和人们对社会良好风气的追求，对社会主体的塑造有重要意义。

这种影响不仅仅来自基督教堂。报纸上的许多文章都充当了世俗布道的角色，用意很明显。从报纸到讲坛，对政治和社会的讨论大多带有警告的口吻。在《劝导》中，牧师查尔斯·海特拿了一份报纸，开始与温特沃斯船长攀谈起来，而与此截然不同的是，巴斯报纸提供了到达那里①的信息，[48] 这是它的惯例。报纸在当时几乎是日常生活的一部分。在《劝导》的一次舞会上，不想跳舞的汤姆·伯特伦"从桌子上拿了一张报纸"，提到了来自美国的消息，可能是指 1812 年与英国的战争。随后，亨利·克劳福德在格兰特博士吃饭时讨论政治，不久亨利就拿着报纸走了过来。在朴茨茅斯，普莱斯先生经常从邻居那里借阅报纸，这才能将玛丽亚·伯特伦抛弃丈夫的消息告知范妮，玛丽·克劳福德认为范妮·普莱斯也是通过报刊获取政治信息。约翰·米德尔顿爵士每天都向达什伍德夫人送一份报纸，而帕尔默先生在拜访她时大概也阅读过这些报纸。[49] 在《诺桑觉寺》中，蒂尔尼将军在早餐时阅读报纸，可能是伦敦的报纸，但这家人也订阅巴斯的报纸，这样亨利就可以记录到达那里的人。[50]

在报纸和布道中，说教和道德是随处可见的主题。1777 年 8 月 16 日的《大众广告报》（*General Advertiser*）和《晨报》（*Morning Intelligencer*）刊登了一篇关于布莱顿驿车司机醉酒的投诉，这是一种往返伦敦的服务。投诉中写

---

① 书中，巴斯的报纸刊登了子爵夫人和女儿到达该市的消息。——编者注

道："你们明智而公正的报纸刊载了影响公众的每一项投诉，我们深感荣幸。凡是因犯罪或恶意而造成的令人讨厌或有害的事情，都应当予以揭露，而且你也非常明智地把这当成了你的报纸的职责。"

当时伦敦街头妓女太多，淫秽程度骇人听闻，1783年10月21日，《米德尔塞克斯日报》（*Middlesex Journal*）对此不满，建议对她们征税，限制其活动范围。当然，这对嫖客没有丝毫影响。奥斯丁的小说没有描写过此种情景。

塑造中产阶级形象需要获得他们的认同，因此需要采用一套相应的方法和观点，以促进共鸣，引起群体认同。宣扬中产阶级的价值观对整个社会的重要性，能够让人们更关注新闻。

印刷品向人们灌输了"什么是适当的""什么是值得尊敬的"意识。这在一定程度上说明，"礼貌"已经成为一个跨越城市和农村的普遍的行为准则。报刊频繁抨击流行的迷信、酗酒以及其他大众行为（如亵渎神灵和虐待动物），但并不意味着报纸所主张的价值观被所有人认同。

相反，报纸提供了一种适合特定社会群体的道德共鸣。这不会扰乱作家们呼吁对所谓的放荡人群进行道德说教，也不会使那些希望看到自己的名字、功绩和偏见被记录下来供后人参考的慈善事业捐助人感到不安，更不会让那些出售昂贵商品和服务的卖家感到不安，他们需要通过口耳相传之外的方式来为自己的商品打广告。更广泛地说，新闻反映了中产阶级的利益和观点。1790年7月3日的《杰克逊牛津杂志》（*Jack's Oxford Journal*）中写道：

在许多地区，选举不公引发的骚乱暴力程度超乎想象，但没有一个像莱斯特和诺丁汉那样危险。在这个镇子上，四名候选人模仿大人物，于周三组成了一个联合政府，为每个政党选出一名议员。这个联盟一经公布，就引发了有史以来最为严重的一次骚乱。几位候选人得寸进尺，不停勒索选民，选民们对此十分气愤，一怒之下砸开了市政厅的大门，毁掉了里面所有东西。他们把季度会议的书和镇上的记录烧成灰烬，焚毁了公共图书馆，得亏那些结盟的人不在场，不然难逃一死。数人重伤，一人死亡。直到军队到达现场，当场宣读《防暴法》之后，暴民才被驱散。

因此，在这种情况下，批评不是针对精英之间达成的协议，而是针对民众的反应。这反映了政治、社会、经济和道德父权主义的一个方面，它反对工人激进主义，却也促成了反对法国大革命的忠诚主义。

报刊上经常对有钱人的慈善行为大书特书，就是典型的"自上而下"。以道德和宗教为基础的父权主义，成为了当时媒体所倡导的社会相关政策得以实行的理由，经济在其中不发挥主要作用。这样秩序井然的社会正是报刊机构提出来要实现的道德期望。公众舆论没有被当作一种实质的民主政治，考虑到宪法的性质和当时基督教倡导的道德观，这一点不难理解。

父权主义和忠诚主义并不足以解决上述问题。相反，英国及其盟国被法国打败后，英国人不仅要承担战争压力，而且还需要应对国内激进主义。有鉴于此，18世纪90年代末和19世纪初，英国实行了一系列重大改革举措，此次改革与世纪初的改革有所不同。在此之前，国家积极进行改革却缺乏长远目标，且手段较为温和。[51] 首先，英国于1799年引入个人所得税，这实现了从国家向民众借款资助战争到通过税收资助战争的转型，通过更多渠道获取财政收入，充盈国库。其次，英国在1797年脱离了金本位制———一种货币与黄金固定兑换的制度体系。

另外，从1800年至1801年，英国与爱尔兰形成了议会联盟，人们认为此举缓解了爱尔兰被入侵的风险，因为这相当于在舆论上承认了英国与爱尔兰之间的关系。在某种程度上，这也是法国革命战争爆发后，爱尔兰试图调和天主教舆论的一种表现。此外，我们应当意识到，信息获取也是政府加强统治的一种方式。1801年，英国展开第一次全国人口普查，人口多寡对征兵十分重要。此外，人口普查有个立竿见影的效益，即帮助军械局绘制地图，以应对法国入侵。

因此，法国面对的是一个变化迅速的英国。这种变化在文化中表现出各不相同的程度。或者更普遍地说，在那些涉及礼仪和哥特式题材的小说中，这种变化并不突出，此时还不是"英国现状"小说[①]的时代。

政治报道也是如此。政治新闻在报纸上广泛存在，但在小说中却鲜有出现。与安东尼·特罗洛普的维多利亚时代小说相比，当时的小说不涉及政治、宗教等问题。

奥斯丁的一生见证了英国表面看起来稳定的内阁的解体。英格兰北部勋爵弗雷德里克和小威廉·皮特分别于1782年和1801年辞职，由此出现了1782至1784年和1801至1812年的两个动荡时期。皮特之所以在1801年辞职，主要是因为乔治三世反对他支持天主教解放运动，以及因内阁成员如一盘散沙的状态导致了与法国和平谈判引发了一系列政治问题。[52]此外，皮特辞职后一直与执政的阿丁顿（Addington）[②]内阁对立，这种对立一直持续到1804年4月。在《曼斯菲尔德庄园》中，托马斯·伯特伦爵士就是这个时期的国会议员。在《理智与情感》中，帕尔默先生为议会中的萨默塞特郡席位拉票。他立场十分坚定，绝不会去接触支持反对派的威洛比先生[53]。

尽管乔治三世在1804年仍然支持阿丁顿，但后者没有给议会逼迫自己离职的机会，主动辞去一切职务。在某种程度上，阿丁顿保护了君主选择内阁成员的皇室特权。随后，皮特再次拜相，并于1806年死于任上。

乔治三世一贯反对革新，[54]因此他对皮特死后成立的威廉·格伦维尔勋爵领导的贤能内阁（Ministry of All the Talents，1806—1807）没有什么好感。他讨厌格伦维尔和他的内阁同僚，特别是下议院中辉格党的领袖查尔斯·詹

---

① "英国现状"小说（"Condition of England" novel）是一种文学流派，也称为"社会问题"小说，起源于19世纪初期的英国。这类小说着重描绘社会阶层之间的斗争，工业革命带来的社会变迁以及经济、政治、道德等方面的问题。——编者注

② 亨利·阿丁顿（Henry Addington，1757—1844），英国托利党政治家。1801年小威廉·皮特辞职后，阿丁顿继任为首相(兼财政大臣)。——编者注

姆斯·福克斯，他是反对皮特的改革派政治家。该内阁因向乔治再次提出天主教徒解放问题而遭遣散，辉格党人对此十分支持。

1807 年至 1809 年，波特兰内阁接替了"贤能内阁"，它是由皮特派人士领导的。这届内阁深知自己处于国王治下，非常赞同托利党观点。该届内阁反对改革，尊重王室权威，希望能在议会里得到乡绅的支持。第三代波特兰公爵威廉曾于 1794 年至 1801 年任内政大臣，主要负责宣读命令。

波特兰内阁因 1809 年对安特卫普的远征未果而倒台，此次远征也称沃尔谢伦远征（Walcheren Expedition），这个名字来源于附近的一个岛屿，许多士兵病死在岛上。1809 年 10 月 4 日，斯宾塞·珀西瓦尔取代了波特兰，此人曾任财政大臣和下议院议长，乔治三世在内阁重组上发挥了重要作用。乔治信任珀西瓦尔，因为无论是作为个人，还是作为福音派新教徒，他都与天主教解放运动毫无瓜葛。

1810 年末，乔治三世的身体无法继续支撑。在这之间有一个稍加润色可以写成小说的插曲，当然这个故事与奥斯丁的作品风格大不相同。乔治三世最喜欢的小女儿阿米莉亚患上不治之症，国王精神因此受到重击，自身病情加速恶化。起初，人们以为乔治的健康状况与女儿病情关系不大，但是随着阿米莉亚奄奄一息，两人身体都逐渐恶化。乔治经常向医生询问女儿的病情，据说当阿米莉亚给了乔治一枚含有一绺头发的哀悼戒指时，他瞬间精神崩溃。10 月 25 日，乔治最后一次公开露面，精神错乱的症状已经很明显了。10 月 31 日，乔治三世开始神志不清。11 月 1 日，医疗报告指出乔治三世"身体虚弱，精神不振"。阿米莉亚于 11 月 2 日去世。1810 年 12 月 10 日，珀西瓦尔提出了一项摄政法案，该法案在 1811 年 2 月 5 日在议会通过，威尔士亲王乔治于 2 月 6 日宣誓就任摄政王。第一年，在珀西瓦尔的坚持下，威尔士亲王的权力受到了限制，尽管这一举措违背了辉格党的意愿。然而，在 1812 年 2 月，王子获得了全部王室特权。1820 年 1 月 29 日，乔治三世国王因肺炎于温莎城堡病逝，威尔士亲王乔治承袭王位，是为乔治四世。

乔治王子在年轻时与辉格党保持密切联系，但他从1807年起改变了自己的立场。这一转变在一定程度上也反映出英国的政治变化，包括1806年9月福克斯去世后辉格党的转变。随着乔治王子日益成长，其态度变化也很重要，他变得更加保守，更加关注英国国教的地位，同时尝试与其父亲建立更紧密的政治联系。乔治王子支持战争，有充足理由来反对辉格党对拿破仑的绥靖行为。作为摄政王，乔治跟他父亲一样，强调爱国主义、有责任心和建立一个包容内阁的想法。1812年，他总揽朝政后，给内阁下了第一道旨，表示自己希望追求"整个国家共同的目标"。

内阁的延续导致辉格党指责乔治是叛徒。辉格党认为乔治容易被身边人影响，尤其受到与他关系密切的赫特福德侯爵夫人伊莎贝拉所在的托利党的影响。但是评论家们以及其他相关人士低估了乔治的独立决策能力。1812年，乔治试图将辉格党引入他希望打造的"更具包容性"的政府内阁，但他反对接受辉格党在解放天主教徒和战争方面的自由主义观点。随着双方日渐磨合，乔治对自己亲自挑选的这些内阁成员很是满意。但是乔治并不喜欢查尔斯·格雷（Charles Grey）和其他辉格党人对自己评头论足。

1812年5月11日，首相珀西瓦尔在下议院大厅遇刺身亡，暗杀者对政府不满。这次事件的戏剧性比小说故事还强，这次刺杀是迄今为止英国历史上唯一一次刺杀首相的事件。在此之后，一个由多党派组成的内阁建立，但是当时的内阁成员都表示反对，且辉格党希望在重要职位上安插己方人士，该计划最终流产，辉格党人仍未能掌控内阁。1812年6月，一个新的稳定的托利党内阁成立，内阁总理为第二代利物浦伯爵罗伯特，他的上一任职务是战争和殖民地事务大臣。1827年，他不幸中风，政府内阁由此解散。

利物浦政府在政治体系中拥有强大的根基。1815年4月至5月，反对派人士对政府反对拿破仑的决定不满，提出抗议。这一次，议会和政府站在了同一战线。反对党辉格党在此问题上出现了严重分歧，这让政府在议会中获得多数席位。

摄政王的生活作风与乔治三世截然不同，他非常喜爱奥斯丁的小说。他的图书管理员詹姆斯·斯坦尼尔·克拉克曾在1815年底为奥斯丁的下一部小说的主题提供了建议。虽然他给予别人的艺术赞助一向慷慨，并且也尝试在艺术影响上与拿破仑一较高下，但他的艺术趣味与其父亲毕竟不同。他的责任感与道德修养远不如他的父亲，他懒惰成性，可是自我感觉却非常良好。

然而，乔治王子（后来的乔治四世）善于捕捉政治风向。他虽是个性情中人，但头脑还算清醒。作为统治者，乔治四世表现出超过很多人的预料能力，而且他对政治事务和政府运作一直深有兴趣。乔治四世有着极强的洞察力，他明白君主在有些时候要屈服于公众舆论，因此他会听从大臣们的建议或议会中多数人的看法。1811年至1820年，乔治四世担任摄政王，在1820年登基后，他开始独揽大权，这两个时期是政治权力向内阁和议会过渡的重要阶段。[55]

奥斯丁生活的时代，激进主义后来引起了人们的极大关注，但在她那个时代的政治体系中并不占主导地位。事实上，托利党和辉格党这两个政治团体，按照激进主义的评判标准，都太过保守。托利党本身就是保守派，但辉格党也表现得很保守。他们的贵族自由主义试图将改革与贵族天生是人民的领袖和受托人的意识联系起来。辉格党要求在现有基础上进行渐进式改革，他们将其视为"有机的"改革。

精英阶层的世袭特点给政治、社会和文化造成了一定影响，导致在政治、政府和社会体系内，出现了因社会地位不同而产生的排斥现象。在当时，社会体制等级森严，本质上是寡头政治。奥斯丁并不苛责寡头政治的产生，她能够理解等级制度。与此同时，她提出了一种意义深刻的保守主义。在《爱玛》中，她批评学校的教学"基于新原则和新体系"[56]，暗含指责之意。奥斯丁可能会与当年乔治三世的主张产生共鸣，他在1800年以一种独特的口吻写道："除了尽最大的努力履行我的职责，我对生活别无他求。"[57]

地方选举活动充满了戏剧性，大家都想来看热闹。报纸的头条都是关于选举的，但奥斯丁和当时的其他小说家一样，更倾向于关注其他内容。大体上来说，地方报纸认为读者对大千世界的新闻而非特定地区的新闻更感兴趣。《索尔兹伯里和温彻斯特日报》在汉普郡很有影响力，当时奥斯丁也生活在此郡，1790 年 3 月 29 日的这份报纸中提到："很抱歉，本周广告过多，所以我们得把那些后提交的广告推迟到下周刊载，并且这些广告并不局限于当前时刻。希望取得大家谅解。为了对广大读者负责，我们责无旁贷提供每一条重要新闻。"

和其他报纸一样，该报当然也提供了许多有关外部世界的消息。1791 年 7 月 4 日，路易十六逃离法国未果，当期报纸共有 16 个版面，其中竟有三个半版都在报道此事。报纸评论说："鉴于最近法国发生的重要新闻极其冗长，本周不得不删略许多广告。"1791 年 2 月 21 日，英国国内关于法国大革命的争论被认为非常有趣，被列为当地新闻中的一条通告，并插入了"有关普利斯特里博士给埃德蒙·伯克先生的信件，见报纸最后一页"。地方新闻也颇有趣，在 1795 年 2 月 9 日出版的《索尔兹伯里和温彻斯特日报》中，出现了一份请愿书。"本周四，本市（大教堂附近的）居民在议会会议厅举行了一次全体会议，考虑向议会请愿以合理方式取得和平的正当性。"

奥斯丁有些现存的信件提到了战争，这并不令人惊讶，因为她的家族与战争有着密切的联系，尤其是她的海军兄弟①。1793 年，她的哥哥亨利加入了民兵组织。1796 年，他试图获得一份军官职务，他认为该团将开往开普敦。这一年，英国军队刚刚从荷兰人手中夺取开普敦。奥斯丁也关注一些与家人无关的战役。1805 年 4 月，奥斯丁表明自己有在看当大的报纸，在给姐姐的信中写道："伏击部队于 3 月 9 日到达直布罗陀，发现一切正常；报纸上是这么说的。"[58]1809 年，她对约翰·摩尔爵士的军队在科伦纳战役中的命运表示关注，尽管在 1811 年 5 月，她写道："多么幸运，我对他们都毫不在意！"滑铁卢战役激起了她的兴趣，1817 年 1 月，她赞扬了桂冠诗人索塞 1816 年写就的《诗

---

① 此处指弗朗西斯·奥斯丁和查尔斯·奥斯丁。——编者注

人的滑铁卢朝圣之旅》。[59]

　　两兄弟都在海军——而不是大部分驻扎在英国的陆军——这意味着她更需要关注媒体。1805 年 4 月，她写信给查尔斯："母亲从报纸上看到乌拉尼亚号（Urania）在朴茨茅斯等待前往哈利法克斯（Halifax）。"安·巴雷特后来回忆奥斯丁对海军充满"热情"。[60] 1797 年，查尔斯在坎普顿表现出色，击败荷兰舰队，凯旋。弗朗西斯在 1806 年圣多明各附近的行动中表现得也十分出色。在《劝导》中，由于弗雷德里克·温特沃斯在行动中发挥了重要作用，因此被任命为指挥官。查尔斯和弗朗西斯最终都成为海军上将，弗朗西斯还被授予了骑士勋章。埃德蒙·伯特伦把海军称为"一种高尚的职业"，但相比之下，沃尔特·艾略特爵士和玛丽·克劳福德却因为对海军军官的蔑视而被视为负面人物。[61] 事实上，海军对国家的爱国主义思想至关重要，[62] 因此对海军的态度反映了一个人的品质。

　　沃尔特爵士和玛丽的态度，反映了海军军官在社会上地位的不确定性。事实上，多数军官都来自"中产阶级"[63]，这是专业化社会复杂性的一个方面。正如奥斯丁反复展示了神职人员、法律人士以及医生等职业的情况。因此，海军中尉被寄予厚望，他们要有高水准的职业技能，这与陆军中的购买军衔制度大相径庭。

　　因此，在海军体系里，并不要求候选人必须拥有足够的财富才能获得任命或晋升。像《曼斯菲尔德庄园》中的威廉·普莱斯一样，职位任命作为对人才的认可和推荐，在英国皇家海军中也被特别体现。这与这样一种观念有关，即才能证明了地位的高贵，而不是财富。因此，海军军官被要求展示出绅士风度，体现他们彬彬有礼的特质。在这样的军队里，除非获得奖金，否则没有可能得到社会上认为的巨额财富。正如奥斯丁所表明的，海军军官应当受到绅士应有的礼遇。军事价值观日益成为英国男子气概和绅士行为的一部分，[64] 在对绅士的定义中，这种行为比土地所有权更重要，[65] 尽管很明显奥斯丁笔下的某些人物并非如此。

奥斯丁对自己兄弟能在海军服役感到自豪，当时战争还未爆发。因此，在她1791年写的《英格兰历史》中，她17岁的哥哥就是弗朗西斯·德雷克爵士（Sir Francis Drake）的原型。"我忍不住去想，在当下或是未来的一个世纪，他终会被某个后辈超越，尽管此刻这个后辈可能年纪尚小，却立下誓言，绝不辜负亲朋好友的热切期望。"[66]她对英国海军的成就也深感自豪。在她对戈德史密斯的《英格兰历史》的旁注中，也流露出对乔治·安森（George Anson）的赞赏之情，奥地利王位继承战争爆发时，他在太平洋地区袭击了西班牙人。[67]在本书第八章中，我们曾在不同的场景中讨论过他的妻子。

然而，温特沃斯上尉批评了海军部，这显然源于奥斯丁的兄弟们："海军部时常自娱自乐，派几百人乘一艘破破烂烂的船出海。但是他们有很多人需要照顾；在成千上万的人中，他们不可能区分哪些人最不适合出海。"[68]

奥斯丁同样从海军上面找到了切入点，她曾多次从更宽广的视角上对受社会限制的婚姻选择进行了批判。

威廉·普莱斯在休假时去曼斯菲尔德庄园看望范妮·普莱斯，海军候补少尉的身份让他备感烦恼，[69]他承认自己已经受够了朴茨茅斯，因为"朴茨茅斯的姑娘们对没有军衔的人嗤之以鼻。一个人如果只是个普通军校生，那就跟普通人一样，甚至还不如个普通人。你还记得格雷戈里一家吧，他们家的女儿都很漂亮，但她们几乎不跟我说话，因为有个海军中尉在追求露西"。范妮对此深以为然。

"真不像话！真不像话！——但别纠结于此，威廉。"（她说话时一脸愤慨）"这有什么好纠结的。这不是你的缺点，伟大的海军将领多少都经历过这些。你应该明白，每个水手都会遇到的艰难困苦，就像恶劣的天气和艰苦的生活一样，但好消息是，总会有个尽头，等你成了一名中尉，这些麻烦就不会再有了！"

威廉回应说，他不认为自己会被提升[70]，而他被证明是错误的，因为他后来获得了"特殊照顾"。玛丽·克劳福德认为"恶劣的海风损毁了人的容颜，败坏了人的健康"，[71] 对海军提出如此批评是不公平，甚至可说是荒谬的。如此评论显得肤浅，却也透露出人们并不看重真相和正直。

当威廉得到晋升时，奥斯丁刻画出"破格提拔"的过程，展示了其荒谬之处。这种描绘与温特沃斯上校对海军部提出的批评，以及从1786年至1788年，约瑟夫·哈里斯（Joseph Harris）在《先驱晨报》上发表的《海军人物》（1788年更名为《海军的亚特兰蒂斯》）中批评高级海军军官的言论是一致的。为了讨好范妮，亨利·克劳福德把威廉介绍给当海军将军的叔叔，并说服叔叔帮他。亨利也是为此给范妮写信。

> 第一封是海军将军写给侄子的，只有寥寥数语，告诉侄子说，他把提升小普莱斯的事办成了。里边还附了两封信，一封是海军大臣的秘书写给将军委托的朋友的，另一封是那位朋友写给将军本人的。从信里可以看出，海军大臣非常高兴地批阅了查尔斯爵士的推荐信，查尔斯爵士很高兴有这么个机会向克劳福德将军表示自己的敬意，威廉·普莱斯先生被任命为英国皇家轻巡洋舰"画眉"号的少尉这一消息传出后，不少要人都为之高兴。[72]

译林出版社2004年版 孙致礼译

这一讽刺十分贴切，查尔斯·狄更斯在《小杜丽》（Little Dorrit，1855—1857）中不留情面地抨击了政府官僚机构，当时用圆形办公室代指政府机构。对海军而言，这种"破格提拔"造成的冗官现象十分严重，[73] 尽管这样的冗官数量跟如今的英国海军相比是小巫见大巫。

在英国启蒙运动和浪漫文化形成过程中，[74] 战争催生了许多新的小说模式，奥斯丁的小说也受到了战争影响，这不仅仅限于小说的背景设定上。因此，写于 1796—1797 年的《傲慢与偏见》的背景时间设置在 1793 年左右，当时民兵团已经被召集起来。奥斯丁笔下许多人物都是军人，或者与军人相关。当伊丽莎白·贝内特访问亨斯福德时，凯瑟琳·德·包尔夫人的两个外甥来到了罗辛斯——除了达西，还有他的堂兄菲茨威廉上校，"某某勋爵"的小儿子[75]。在《理智与情感》中，35 岁的布兰登上校曾在"东印度群岛"，也就是印度服役，是个正面人物。[76] 在印度服役需要拥有出众的能力，并且精力旺盛。那些社会地位高的人更倾向在英国国内任职，要不是本领过硬，绝不会去遥远的、疾病肆虐的印度服役。在《曼斯菲尔德庄园》中，玛丽·克劳福德的朋友弗洛拉·罗斯为了丑陋、愚蠢和卑鄙的斯托纳维勋爵而抛弃了一个"非常漂亮的蓝军年轻人"。从中可窥见作者对玛丽·克劳福德的评价。在《沃森一家》中的一场舞会上，许多官员大献殷勤，以至于姑娘们"几乎不愁找不到舞伴"。[77]

《劝导》和《爱玛》的背景都设定在 1814 年。《劝导》描写了海员归乡的情节。小说也写了一些陆军军官，比如瓦利斯上校。除了滑铁卢战役外，海军在 18 世纪中占主导地位，奥斯丁认为和平对个人前途和收入会有很大影响，因为海军士兵们会因此没有机会获取奖金。小说在结尾处肯定了海军对于整个国家的重要性。《劝导》中的克罗夫特上将比《诺桑觉寺》中的蒂尔尼将军要仁慈得多。[78]《曼斯菲尔德庄园》描写了威廉·普莱斯在去航海的路上遇到妹妹的情景，埃德蒙·伯特伦"告诉她的哥哥将来可能做什么或者有何计划，鉴于她的哥哥选择了在海军服役，那她就应该知道聚少离多也不总是坏事"。[79] 可以想象，奥斯丁肯定也为自己在海军服役的兄弟感到欣慰。谈到哥哥，一向沉默寡言的范妮·普莱斯显得兴奋异常，"兴高采烈地说起他的职业和他在国外的工作，但提到有多久没有见到哥哥时，眼里不禁泛起了泪光"。七年后威廉从海上归来，成了令人印象深刻的年轻人。[80] 他可能就是以查尔斯·奥斯丁为原型而创作的角色。

奥斯丁不同时期创作的小说有着不同的背景，1814 年的两部小说就是个例子。从 1810 年至 1812 年，奥斯丁完成并出版了《理智与情感》《傲慢与偏见》，并开始创作《曼斯菲尔德庄园》，在此期间英国处于孤立状态，此情此景与奥斯丁在 1804 年写作《沃森一家》时一模一样。1809 年，随着奥地利的失败，第四次反法同盟瓦解。从 1808 年至 1812 年，英国向西班牙的连续进军遇到了重大阻碍，导致英军不得不撤退到科伦纳，后来又撤至葡萄牙。英国与美国的战争于 1812 年 6 月开始，一直持续到年末。直到这时，英国人才知俄国已经击败了此前未尝一败的拿破仑，因此英国的处境更加窘迫。这与《爱玛》和《劝导》的写作背景完全不同。《爱玛》的写作背景是 1814 年，弗兰克·丘吉尔当时正在谈论访问瑞士的计划，这次访问取决于 1814 年 4 月 11 日拿破仑退位和路易十八恢复法国王位后的和平。《劝导》也是一部关于和平曙光的小说。

奴隶制是奥斯丁小说的另一个主题，这在《曼斯菲尔德庄园》中表现得最为明显，但并不仅限于此。伊丽莎白·贝内特在面对姐妹们的压力时，把宾利描述成 "他有野心的朋友们的奴隶"，这与《诺桑觉寺》背后的奴隶制完全不同。凯瑟琳夫人对伊丽莎白说："家里有五个女儿，却不请家庭教师！我还没听过这样的事情。你母亲肯定已经成为家庭教育的奴隶了！"[81] 玛丽·克劳福德也不是 "机会的奴隶"。在《劝导》中，史密斯先生在西印度群岛被查封的财产并没有具体说明。[82] 此外，奴隶的股份所有制意味着相对普通的家庭也能从奴隶制中赚钱，在温彻斯特，就有 19 人是奴隶主。

然而，从 18 世纪 80 年代末开始，奴隶制在英国越来越成为一个突出的问题。从 1791 年到 1799 年，议会每年都会讨论废除奴隶贸易的立法。在 1804 年和 1805 年，议会再次启动相关讨论。普及性改革之所以招致大量反对的声音，是因为人们对法国大革命还是抱有敌意。这给 18 世纪 90 年代的废奴主义蒙上了阴影，使这项任务比 10 年前更加艰难。

然而，19 世纪对改革的强调影响了很多舆论和政府政策，其中也包括奴隶贸易。提倡改革、自由的中产阶级文化在英国变得越来越重要，他们巧妙地利用媒体表达自己的观点，认为奴隶贸易和奴隶制是不合时宜的，与此相关的一切都令人痛恨。事实上，废奴主义者得到了公众的支持、鼓励和帮助。此外，这种信心有助于精英阶层之间的辩论。这样的争论受到更普遍的改革意识的影响，包括对动物待遇的关注。在这种背景下，奴隶所处的残酷条件似乎更加令人憎恶。[83] 新教/福音主义是改革的一个重要方面。

此外，废奴主义还为那些陷入拿破仑战争泥淖的国家提供了一个机会，让他们觉得自己在推动自由方面发挥了关键作用，废奴奖章就是最好的证明。[84] 这些国家的态度在 1806 年有着重要意义，英国的盟友在法国取得 1805 年的乌尔姆、奥斯特利茨和 1806 年的耶拿等战役的压倒性胜利后，纷纷屈膝投降，第三次反法联盟因此瓦解。1805 年，奥地利向法国投降，次年普鲁士向法国投降，俄国则继续战斗，但在 1807 年也与法国达成和平协议。事实上，惨烈的战争滋生出一种观点：战败是对国家所犯罪孽的神圣惩罚，英国要想获得天赐福音，就必须废除奴隶贸易。这种观点集中展现了福音派的思想，强调了英国观点的重要性。[85]

按照上帝的旨意建造一个新的耶路撒冷是一个吸引人的观点，它将人类的创造力与道德结合在一起。如此一来，人的创造性和对道德的追求就能实现统一。在 18 世纪，启蒙思想以一种新的话语传播开来。有一种强烈的信念认为，在平息神的愤怒的努力中，道德目的是必要的，就像结束奴隶贸易一样。与我们今天经常探讨的各种利益得失相比，信仰可能是结束奴隶贸易的一个重要因素。[86]

《废奴法案》（ Abolition Act of 1807 ）禁止英国国民进行奴隶贸易，该法案在下议院和上议院以绝对优势通过。此外，在 1811 年，参与奴隶贸易被定为重罪。奴隶制在奥斯丁生前是个突出问题，例如在 1816 年，一支庞大的英国舰队轰炸了地中海上的主要奴隶制基地阿尔及尔，迫使其释放奴隶。英国自诩代表文明世界展开这样的行动，指挥官埃克斯茅斯海军上将被封为子爵，并被选为伦敦荣誉市民。这是属于英国的荣耀。

在奥斯丁的小说中，西印度群岛上殖民者的生活状况各不相同。《曼斯菲尔德庄园》中的伯特伦家在安提瓜拥有一个种植园，他们在英国也是受人尊敬的老牌地主，托马斯爵士还是一名国会议员，不过这样的人物在奥斯丁的小说里毕竟是少数。范妮·普莱斯曾向托马斯问起过奴隶贸易的秘密，他的回答是"信息"（information）。[87]相比之下，这些西印度群岛的殖民者到访桑迪顿，赞助人的反应各不相同，不仅仅因为他们对奴隶贸易的未来忧心忡忡，而是他们觉得经济运转有不确定性。有鉴于此，人们便开始把目光转移到社会焦虑和社会偏见上。西印度群岛上的殖民者较为富裕，因此人们对他们热情满满。然而，德纳姆夫人补充说：

> "因为他们钱包鼓鼓，自认为可能与我们这些老家族平起平坐。但是，他们一掷千金，从不考虑会不会导致物价上涨——我听说你们西印度人就是这样——如果他们来这里，导致日用品价格因此上涨，我可不欢迎他们，帕克先生。"
>
> "夫人，他们只能大量囤积食品和货物，并鼓励我们消费，才好哄抬价格，这对我们来说，利大于弊。如果肉商、面包师以及普通商人生意不好，那他们怎么可能挣到钱呢？如果他们终日颗粒无收，我们恐怕连租金都收不到，而且他们只要挣钱，我们就可以从中抽成，我们的房价也会跟着水涨船高。"
>
> "好吧，但是我还是不太能接受猪肉涨价，我会尽力压着猪肉价格不让它上涨。"[88]

注释

1. M. Butler, *Jane Austen and the War of Ideas*, 2nd ed. (Oxford, 1987); C. Johnson, *Jane Austen: Women, Politics and the Novel* (Chicago, IL, 1988).

2. *Juvenilia*, 335.

3. *Juvenilia*, 332.

4. *Juvenilia*, 336.

5. *Juvenilia,* 338–39.

6. *Juvenilia,* 337–38.

7. *Juvenilia*, 339.

8. *Juvenilia,* 340.

9. This response is also seen in G. V. Bennett's scholarly account, *The Tory Crisis in Church and State*, 1688–1730: *The Career of Francis Atterbury, Bishop of Rochester* (Oxford, 1975).

10. *Juvenilia*, 342.

11. *Juvenilia*, 343.

12. *Juvenilia*, 343–44.

13. *Juvenilia*, 343–51.

14. *Juvenilia*, 351.

15. J. Black, *Charting the Past: The Historical Worlds of Eighteenth-Century England* (Bloomington, IN, 2019).

16. *Emma* I, 8.

17. *Emma* II, 11.

18. *Emma* II, 14.

19. *Persuasion* I, 5.

20. *Persuasion* II, 9.

21. *Sense* III, 5.

22. *Juvenilia*, 287–88.

23. Queen Charlotte's diary, September 16, 17, 1789, Windsor Castle, Royal Archives, GEO/Add. 43/1; Earl of Cardigan, *The Wardens of Savernake Forest* (London, 1949), 286–87.

24. A. Smith, *An Inquiry into the Nature and Causes of the Wealth of Nations* (London, 1776), book 5, chap. 3.

25. G. A. Starr, "Defoe and China," *Eighteenth-Century Studies* 43 (2010): 438–40; K. Bae, "The Historical Significance of Money in Robinson Crusoe," *Notes and Queries* 261 (2016): 585–87.

26. Auckland to Pitt, February 23, 1790, London, National Archives, 30/8/110 fol. 158.

27. *Juvenilia*, 196.

28. *Juvenilia*, 222–23.

29. *Emma* II, 1–2.

30. *Persuasion* I, 6.

31. D. Le Faye, "*Pride and Prejudice*: Chapman's Internal Dating Corrected,"

Notes and Queries 263 (2018): 351–57.

32. J. R. Western, "The Volunteer Movement as an Anti-Revolutionary Force, 1793–1801," *English Historical Review* LXXI, No. 281(1956): 606.

33. J. E. Cookson, *The British Armed Nation*, 1793–1815 (Oxford, 1997).

34. *Letters*, 110.

35. R. Wells, *Wretched Faces: Famine in Wartime England*, 1793–1801 (Gloucester, UK, 1988).

36. R. Wells, *Insurrection: The British Experience*, 1795–1803 (Gloucester, UK, 1983).

37. *Northanger* I, 14.

38. Queen Charlotte's diary, September 15, 1789, Windsor Castle, Royal Archives, GEO/Add 43/1; Huntingford to Henry Addington, September 17, 1789, Exeter, Devon Record Office, 152 M/C 1789/F 12.

39. *Juvenilia*, 251.

40. Auckland to the Foreign Secretary, William, Lord Grenville, Foreign Secretary, November 26, 1792, BL. Add. 58920 fols. 178–79.

41. J. C. D. Clark, *Thomas Paine: Britain, America, and France in the Age of Enlightenment and Revolution* (Oxford, 2018).

42. J. C. D. Clark, ed., *Edmund Burke: Reflections on the Revolution in France: A Critical Edition* (Stanford, CA, 2001).

43. J. C. D. Clark, *English Society, 1688–1832* (Cambridge, 1985).

44. George to Pitt, May 8, 1793, NA. PRO. 30/8/103 fol. 494.

45. J. Black, *George III: America's Last King* (New Haven, CT, 2006),450.

46. I. R. Christie, *Stress and Stability in Late Eighteenth-Century Britain: Reflections on the British Avoidance of Revolution* (Oxford, 1984).

47. J. Bohstedt, *Riots and Community Politics in England and Wales 1790–1810*

(Cambridge, MA, 1983).

48. *Persuasion* I, 9; II, 4.

49. *MP* I, 12; II, 5–6; III, 7, 12, 15; *Sense* I, 6, 19.

50. *Northanger* II, 10.

51. J. Hoppit, *Britain's Political Economies: Parliament and Economic Life, 1660–1800* (Cambridge, 2017).

52. P. Mackesy, *War without Victory: The Downfall of Pitt*, 1799–1802 (Oxford, 1984).

53. *Sense* I, 20.

54. J. M. Black, *George III* (New Haven, CT, 2006), 449–50, and *George III: Madness and Majesty* (2020).

55. E. A. Smith, *George IV* (New Haven, CT, 1999).

56. *Emma* I, 3.

57. George III to William Grenville, June 28, 1800, BL. Add. 58861.

58. *Letters*, 99.

59. *Letters*, 163, 171, 173; M. Burns, "Another Unexplained Reference in Jane Austen's Letters: 'no one in fact nearer to us than Sir John himself,'" *Notes and Queries* 263, no. 3 (September 2018): 324–26.

60. D. Le Faye, "Jane Austen's Friend Mrs Barrett Identified," *Notes and Queries* 244, no. 4 (December 1999): 452.

61. *Persuasion* II, 6; *MP* I, 6.

62. D. Leggett, "Navy, Nation and Identity in the Long Nineteenth Century," *Journal for Maritime Research* 13 (November 2011): 151–63.

63. E. Wilson, *A Social History of British Naval Officers*, 1775–1815 (Woodbridge, UK, 2016).

64. L. Colley, *Britons: Forging the Nation, 1707–1837* (New Haven, CT,1992).

65. P. Langford, *A Polite and Commercial People: England, 1727–1783* (Oxford, 1989), 65–66.

66. *Juvenilia*, 185.

67. *Juvenilia*, 345–46.

68. *Persuasion* I, 8.

69. S. A. Cavell, *Midshipmen and Quarterdeck Boys in the British Navy, 1771–1831* (Woodbridge, UK, 2012).

70. *MP* II, 7.

71. *MP* III, 12.

72. *MP* II, 13.

73. E. Gill, *Naval Families, War and Duty in Britain, 1740–1820* (Woodbridge, UK, 2016).

74. N. Ramsey and G. Russell, eds., *Tracing War in British Enlightenment and Romantic Culture* (Basingstoke, UK, 2015).

75. *PP* II, 7.

76. *Sense* II, 9.

77. *MP* III, 5; *Later Manuscripts*, 80.

78. *Persuasion* II, 12.

79. *MP* I, 2.

80. *MP* I, 6; II, 6.

81. *PP* II, 1, 6; *MP* III, 5.

82. *Persuasion* II, 9.

83. K. Jacoby, "Slaves by Nature? Domestic Animals and Human Slaves," *Slavery and Abolition* 15 (1994): 96–97.

84. S. Drescher, "Whose Abolition? Popular Pressure and the Ending of the

British Slave Trade," *Past and Present* 143 (1994): 136–66, esp. 165–66.

85. J. Coffey, "'Tremble Britannia!': Fear, Providence and the Abolition of the Slave Trade, 1758–1807," *English Historical Review* 127 (2012): 844–81.

86. R. Anstey, *The Atlantic Slave Trade and British Abolition 1760–1810* (London, 1975); G. D. V. White, *Jane Austen in the Context of Abolition* (Basingstoke, UK, 2006).

87. *MP* II, 3.

88. *Sanditon* 6.

> 我在苏格兰高地一个浪漫的村庄里住了下来，从那时起我就一直在那里。在那里我可以远离世俗纷扰，沉浸在忧郁的孤独之中。
>
> ——《爱情与友谊》，载于《少年作品》

奥斯丁生活时期的浪漫风景是拥挤而复杂的。小说充满各种可能性，它提高了想象力的品质，并发展了其形式。感伤小说在哥特式小说中被带向了一个独特的方向。后者将多愁善感的人物和主题置于特定的压力之下，极大地省略了感伤小说中明确的爱情纠葛，反而将其升华为更极端的欲望和威胁。这些欲望和威胁展现了经典的危险主题，其过程和背景更加耸人听闻。

哥特式小说中最具影响力的典范是霍勒斯·沃波尔的《奥特兰托城堡》（*The Castle of Otranto*，1764），其第二版的副标题是《哥特式故事》（*A Gothic Story*），这部小说打破了当时的小说惯例，特别是打破了对现实主义的强调，正如沃波尔在第二版的序言中明确指出的那样。事实上，沃波尔特意强调需要采用包括陌生性和不确定性的"幻想"。超自然的表现突出了神秘感，读者和主人公一样，不清楚发生了什么。这种不确定性被威胁、危险、追捕和袭击强化为一种噩梦般的存在。

正如情节线所充分显示的那样，这些元素在哥特式小说中反复出现，如克拉拉·里夫（Clara Reeve）写的《英国老男爵》（*The Old English Baron*，1778），这本小说起初在 1777 年名为《美德的冠军》（*The Champion of*

Virtue）。小说明确地借鉴了《奥特兰托城堡》，爱玛和埃德蒙之间的爱情是重要情节。

约书亚·雷诺兹的画作《地牢里的乌戈里诺和他的孩子们》（*Ugolino and His Children in the Dungeon*，1773）是一幅与哥特式小说相呼应的绘画作品，是一幅充满哥特式想象力的戏剧性历史画。此画参考了但丁的《地狱》（*Inferno*）中某一情节，以此为基础描绘了惨遭囚禁的伯爵不得不决定是自己饿死，还是等他同样被囚禁的儿子和孙子死后吃掉他们。这幅画在皇家艺术学院展出时引起了巨大轰动。城堡和地牢是哥特式小说常出现的关键地点，集中了哥特式小说中更加普遍存在的威胁和神秘感，也推动了情节的发展。

沃波尔曾在1740年访问过那不勒斯，这是他"大游行"（Grand Tour）的一部分，但之后没有继续前往奥特兰托。1786年，去过奥特兰托的克雷文夫人给了沃波尔一张城堡的图纸，沃波尔高兴极了，他回答说："我甚至不知道有一座奥特兰托城堡。"事实上，书中对城堡及其周围环境并没有花费太多笔墨进行描述。这与许多小说相似，包括奥斯丁的作品。虽然偶尔会有具体的城市背景，但城镇以外的场景往往显得模糊不清。

哥特式小说借鉴了崇高（the sublime）①的理念。埃德蒙·伯克（Edmund Burke）的《关于我们对崇高和美丽的想法的起源的哲学研究》（*Philosophical Enquiry into the Origin of Our Ideas of the Sublime and the Beautiful*，1759）强调了"崇高"可以改变读者和观众，并强调恐怖对创造崇高的重要意义。"崇高"这个词在当时被用于描述亨德尔的音乐，但伯克将其定义为任何能够带来危险、痛苦或恐怖想法的事物，对此他提出了朦胧、广袤、贫乏和无限的概念。伯克认为，如果这些东西是想象出来的，就会带来愉悦。对于伯克来说，情感和强烈的感官体验，比高贵、理性以及尊严更加重要，因此他的作品对崇高思想的发展产生了巨大的影响 [1]。

---

① "崇高"（the sublime）通常指的是一种超越凡俗、超越人类能力感知范围的情感或体验。
这一概念起源于18世纪的哲学和美学领域。——编者注

伯克作为重要的政治人物出现在本书第十章。伯克的论点在哥特式激情以及早期浪漫主义中很重要——例如，在安·拉德克利夫（Ann Radcliffe，1764—1823）的六部哥特式小说中。追求那些能够激发"崇高"的如画风景在哥特式小说中得到了充分的实现。拉德克利夫是伦敦人，但她很乐意写那些自己从没见过的东西，这在奥斯丁身上是看不到的。拉德克利夫以 500 英镑的价格出售的《乌多弗的奥秘》（*The Mysteries of Udolpho*，1794），在《诺桑觉寺》中起了重要的作用。[①] 艾米丽穿越阿尔卑斯山进入意大利，"当她在云层中穿行时，经常默默地敬畏地看着翻滚的云浪。有时，它们完全笼罩着整个场景，看起来就像一个混乱的世界，而在其他时候，它们稀稀拉拉地展开，让人看到部分景观——激流惊人的咆哮声永不间断，从岩石的鸿沟中翻滚而下，巨大的悬崖上白雪皑皑，松树林从山峰延伸到山脉的中间，形成了一片黑暗"。[2]

拉德克利夫凭借《意大利人，或黑衣人的忏悔》（*The Italian, or The Confessional of the Black Penitents*，1797）获得了 800 英镑的报酬，在这部小说中，被俘的艾莲娜像一个受宏伟画作深深吸引的观众一样，对风景所带来的黑暗力量做出了适当的回应。事实上，作为跨越体裁的一个例子，这里提到了插图：

> 当热度消散，光线减弱，马车驶入了一个岩石隘口，从那里可以看到远处的平原以及开阔的山脉在夕阳的照耀下闪耀着紫色光辉。沿着这个深邃而阴暗的视角，可以看到一条河流从悬崖峭壁间流下，以迅雷不及掩耳之势滚滚而来，在下坠的过程中，在黑暗的岩石中激荡起泡沫，很快便恢复清澈，流向其他悬崖的边缘，在那里又以雷霆万钧之势落入深渊，将缥缈的云雾抛向高空，似乎在向这个孤独的荒野索取唯一的

---

① 《诺桑觉寺》式中，奥斯丁对《乌多弗的奥秘》进行了一些调侃和讽刺。讽刺了人们对于当时流行的哥特式小说的过度痴迷和对虚构世界的不切实际的幻想。——编者注

统治权。它的河床占据了整个鸿沟，这似乎是地球的强烈抽搐所形成的，甚至没有为道路留下空间。因此，道路在悬崖峭壁之间被抬得很高，悬在河面上，仿佛悬浮在空中；而悬崖峭壁的阴暗和浩瀚，在上面耸立，在下面沉没，再加上落水的惊人力量和喧嚣，使这个通道比铅笔所能描述，或语言所能表达的更加可怕。艾莲娜不是以冷漠的态度，而是以冷静的态度登上了山口；她俯视着无法阻挡的洪水，体验到了某种可怕的快感；但当她发现这条道路通向一座小桥时，这种情绪又升华为敬畏，因为这座小桥以巨大的高度横跨鸿沟，把两个相对的悬崖连接起来，河水从悬崖间流下形成巨大瀑布。这座桥只有一个细长的栏杆，看起来就像悬挂在云层中一样。艾莲娜在过桥的时候，几乎忘记了她的不幸遭遇。[3]

"崇高"早先被认为是不涉及恐怖的，后来是范妮·普莱斯运用了恐怖的方式，[4]但在伯克看来，恐怖并不是哥特式小说出现后才有的。事实上，人们可以在一系列活动中看到恐怖元素——例如，在大卫·加里克（David Garrick）的表演中，特别是他在 1744 年对莎士比亚《麦克白》的再现，他对哈姆雷特面对其父亲的鬼魂的演绎，以及他的《理查三世》[5]中都能看到。这种表演与画家展现强烈情感的时刻相似，这种强烈情感可以将感性与浪漫主义联系起来。

拉德克利夫似乎与奥斯丁有很大的不同，尤其是在婚姻方面，拉德克利夫已婚，但她们俩也有一些相似之处，对后人具有启发性。她们都是非常注重私密性的人：人们对于拉德克利夫的生活知道得更少。此外，她们俩都是强大的女性，在写作方面都非常专业，尤其是在仔细考虑评论和努力发展自己的风格方面。这一点强调了将流派作为分类的标准具有一定局限性，作为判断标准会带来更大的局限性[6]。

对于奥斯丁和拉德克利夫来说，体验与现实之间的关系也是一个重要问题——这是在《诺桑觉寺》中探讨的问题，也是小说家们特别关注的问题，因为他们努力在作品中发挥想象力。[7] 在《诺桑觉寺》中，奥斯丁详细讨论了哥特式风格，在她其他作品中也有所体现。在《爱玛》中，哈丽埃特·史密斯告诉爱玛，她的追求者罗伯特·马丁从未听说过拉德克利夫享有盛名的第三部作品《森林罗曼史》（*The Romance of the Forest*，1791）和雷吉娜·玛丽亚·罗什（Regina Maria Roche）模仿拉德克利夫写的《修道院的孩子》（*The Children of the Abbey*，1798），听她提到这些作品之后，他立刻决定去弄几本。[8]

奥斯丁的小说因不具备哥特式小说的特点而得到一些人的赞扬，这些人包括评论家、编辑和讽刺家威廉·吉福德（William Gifford，1756—1826）。他于1809年至1824年担任《季刊评论》（*Quarterly Review*）的编辑。该杂志由出版商约翰·默里（John Murray，1778—1843）创办，在很大程度上是一份保守党的季刊。吉福德向默里推荐了《爱玛》，因为这本书排斥哥特式的过度行为，并对此进行嘲讽。沃尔特·司各特爵士（Sir Walter Scott）也在1816年3月号的《季刊评论》上，因为同样的原因而对奥斯丁的小说赞赏有加。奥斯丁可以写戏剧化的场面：在《理智与情感》中，有一段引人注目的文字，在一个"寒冷萧瑟、狂风暴雨"的夜晚，风在房子周围呼呼作响，埃丽诺·达什伍德看到一辆由四匹马拉动的"马车前闪烁着的灯"，因此走得很快。埃丽诺刚开始"带着惊恐的表情……她心里一冲动，想立即转身向房间走去"，来访者是阴险狡诈的约翰·威洛比，他曾经抛弃了她的妹妹玛丽安，但他这次过来解释，表达悔意，并对生病的玛丽安表示关心 [9]。

瑞士画家约翰·海因里希·富塞利（Johann Heinrich Füssli，后来他将自己的名字改为具有英国特征的亨利·富塞利，1741—1825）以一种最生动的方式表达了"灵魂是激情的所在，而激情往往是痛苦的根源"这一理念。他从1764年起大部分时间在英国度过，1790年成为皇家艺术学院的成员。他提供了与当代一些哥特式小说相媲美的恐怖幻想。富塞利阅读卢梭的作品后受其影响，成为浪漫主义的先驱。他认为，个人和社会、艺术和道德是冲突的，艺术是神圣的礼物，通过其力量、影响和恐怖感来提升人类。富塞利最著名的画作《噩梦》（*Nightmare*，绘于1781年，1782年展出）得到了乔治三世和威廉·布莱克的赞扬，这是一幅哥特式的幻想作品，为神秘感和潜意识提供了强大的视野。

富塞利的作品旨在唤起人们的想象力——例如《诱惑夏娃的蛇》（*The Serpent Tempting Eve*，1802），他画的幻象既暴露了社会秩序和心理平衡的有限影响，也暴露了人类经验中无法通过理性解释的深度。他的画拥有不确定性、隐喻性的品质，这种品质对许多浪漫主义作品都至关重要，在哥特式文学中也十分明显，如拉德克利夫的小说。然而，在每部小说的结尾，拉德克利夫都对看似超自然的事物做出了合理的解释。奥斯丁在《诺桑觉寺》中也是如此。在小说中，教士亨利·蒂尔尼提醒凯瑟琳·莫兰，她是一个"基督徒"。[10]更广泛地说，这是对哥特式幻想中的夸张的想象力的批判。

雷诺兹在18世纪80年代末画的巨大的《麦克白和女巫》（*Macbeth and the Witches*），呼应了富塞利的作品的某些方面。麦克白对想象力的控制反映了人们对幻想故事和超自然现象的兴趣，与当时日益流行的观众本能反应相符，这与早期的智性反应形成鲜明对比。这是从文本体验向戏剧体验转变的一个标志，在这种转变中，通过其他手段（如场景绘画）创造的情感氛围越来越重要。哥特式戏剧的戏剧性受到1792年科文特花园和1794年德鲁里巷扩建的影响，因为这些扩建拉开了演员／表演者和观众之间的距离，导致在伦敦的剧院中表演者和观众的关系不再那么紧密，反而更有利于观赏性戏剧的演出。这些变化促进了18世纪90年代哥特式戏剧的流行。

威廉·贝克福德（William Beckford）的小说《瓦特克：一个阿拉伯人的故事》（*Vathek: An Arabian Tale*）以另一种方式挑战了当代的边界。这部小说讲述了对致命知识和传奇力量的追求，其中通过性冒险来表达对既定道德的明确蔑视，而性冒险被视为主体满足其感官欲望的一个方面。然而，结局是道德的，主人公成为"无尽悲伤的牺牲品"[11]。

《瓦特克》参考了一些哥特式小说的异国情调以及惹人厌烦的恶棍形象，如马修·刘易斯的戏剧性哥特式小说《修道士》（*The Monk*，1796）中的主人公安布罗西奥（Ambrosio）。他在小说中被描述为一个他自己非理性冲动的受害者，特别是欲望引起的自我毁灭的冲动。在小说的结尾，作者无力地归因于恶魔力量。他比沃波尔和拉德克利夫的创作更令人恐惧，而拉德克利夫也对这部小说感到困扰。就像富塞利的画作一样，哥特式文学的情节刻意加入那些不稳定性元素，[12]考验着传统的可能性，并重新审视了人类内心世界的传统模式。

同时，哥特式小说对风景诗中的许多形象也进行了改造，对自然的欣赏发生了变化。这种对自然的态度转变在浪漫主义的兴起中起了重要作用。詹姆斯·汤姆森的诗歌《冬天》（*Winter*，1726）的序言并没有展现世纪末流行的情感强度，反而以一种反思的方式介绍了大自然："我不知道有什么主题比大自然的鬼斧神工更振奋有趣；更容易唤起诗人的热情、哲学的思考和道德的情感。我们在哪里可以看到如此多样、如此美丽、如此宏伟的作品？哪里可以看到像这样能够使人的灵魂得到升扬和激励的作品？还有什么比对它们进行冷静、广泛的观察更具有启发性的呢？大自然的每一件衣衫都万分迷人！"随着风景画的出现，人们对野外风景的"崇高"品质有了新的认识。越来越多人将大自然视作一种基本的创造性力量，而不是一种仅仅能够带来愉悦且无关紧要的景观，而且，与此相关的是，人们认为灵魂承载的是激情，而不是和谐。对感性强调的变化，及其与精神意识概念的日益紧密的联系，对于预示浪漫主义的到来都是很重要的。可以在诗人马克·阿肯塞德（Mark Akenside）的《想象的乐趣》（*The Pleasures of Imagination*，1744）中看到早期浪漫主义的端倪。这是一首教诲诗，强调了良好的想象力所具有的价值。在肖像画中，类似的做法是试图让模特做一些自然和开放的表情，如约书亚·雷诺兹的《莱维纳·路德夫人》（*Mrs Levina Luther*，1763—1766）所展现的那样。

在 18 世纪末,对"如画景观"的鉴赏得到了广泛传播,这种鉴赏将大众的兴趣引向后来被视为浪漫的价值观。与此相关的是对废墟的迷恋,这种迷恋从 18 世纪中叶开始就很明显,有时甚至是伪感伤的,事实上,越来越多的人将废墟视为景观的内在组成部分。[13] 威廉·梅森(William Mason)在《英国花园》(*The English Garden*,1772)中写道:

在山谷下,
用小溪的清凉来洗刷
修道院发霉的常春藤墙,
这是最幸福的。

同样,从托马斯·沃顿(Thomas Warton)的《忧郁的乐趣》(*The Pleasures of Melancholy*,1747)中"庄严的夜晚"中可以感受到"破败的修道院布满苔藓的石堆"所展现的吸引力。埃克塞特的风景画家弗朗西斯·汤(Francis Towne,1739—1816)的《贝里波美罗伊城堡》(*Berry Pomeroy Castle*)展示了废墟中勃勃生长的树木。1770 年,托马斯·怀特利(Thomas Whately)捕捉到了人类想象力中的暗示性特征,因此也看到了人类想象力在艺术方面的开放性:"看到一片废墟,就会自然而然地对我们面前的变化、衰败和荒凉产生反思;它们会带来许许多多其他作品,都展现了这些废墟所激发的忧郁色彩。"[14]

对废墟的兴趣——例如,在土地景观园艺中看到的大而无当的废墟——与后来被称为"墓地诗人"的人对死亡的关注有关。罗伯特·布莱尔(Robert Blair)和爱德华·杨(Edward Young)等作家于夜间在教堂墓地进行冥想,寻求将宗教思想和细致感性结合起来的崇高效果,超越忧郁,寻找一种更积极的思考方式。

虽然威廉·李斯·鲍尔斯（William Lisle Bowles）没有沉迷于教堂墓地，但其非常受欢迎的《十四首哀伤且具有描述性的十四行诗：写于旅行期间》（*Fourteen Sonnets Elegiac and Descriptive: Written during a Tour*，1789）也具有一样的特征。其中第二首是在巴姆伯格城堡（Bamburgh Castle）写的，这是一座中世纪的遗迹，位于"被波浪蹂躏的崇高岩石上"。鲍尔斯和爱德华·杨以及《墓穴中的沉思》（*Meditations among the Tombs*）的作者詹姆斯·赫维（James Hervey）一样，是一名牧师。鲍尔斯出身于牧师世家，1792 年至 1797 年在奇克拉德（Chicklade，威尔特郡）、1797 年至 1804 年在丹伯顿（Dumbleton，格洛斯特郡）和布雷姆希尔（Bremhill，威尔特郡）担任牧师，1804 年在索尔兹伯里大教堂担任牧师，1818 年被任命为摄政王的牧师。鲍尔斯更喜欢来源于自然的意象，而不是来源于艺术的意象，他认为前者更加具有诗意的精细感。

同时，关于死亡的冥想主题并不是总能够得到基督教信仰者的轻易理解，但确实很少有人会对死亡主题彻底拒绝。除了关于死亡的诗歌之外，还有散文小说，尽管后者并不太常见。1776 年 1 月 11 日，斯温尼的《伯明翰和斯塔福德纪事》（*Birmingham and Stafford Chronicle*）中的 "J.S." 发表了一篇关于时间、快乐和死亡的暗示性文章，主题是时间的不可阻挡性。

在哥特式小说中，修道院中普通的石头变成了断垣残壁，树木变成了阴沉可怕的树林，这是一种将情节恐怖化的手法，也代表了心理上的紧张感。这与 18 世纪初主导出版文化的大都市背景截然不同。凯瑟琳·莫兰对"古代建筑情有独钟……城堡和修道院通常具有其外观无法弥补的遐想魅力"。[15] 相比之下，玛丽安·达什伍德能够不带任何戏剧性的感觉向她的姐姐提议，"我们要常去修道院的遗址，探索一下它的地基，尽量找到我们所听说的它一度达到的最大深度"。[16]

在浪漫主义对自我的迷恋中，对个人情感的关注变成了对意志坚定的主人公的强调。然而，要成为浪漫主义的英雄需要沉思的品质，庄重的忧郁以及神秘的内省，这使得英雄形象与哥特式小说中更容易受到驱使和喜欢辩解的反派人物区分开来。尽管拉德克利夫的《意大利人》中复杂、朴素的修道士般的反派斯切多尼彰显出了一定的英雄品质。

相比之下，《桑迪顿》中的爱德华·德纳姆爵士是一个欺骗女性感情的男人——或者说，是一个花言巧语的人。讽刺的音符被巧妙地敲响了："他十分想知道廷巴克图附近是否有适合接待克拉拉的独栋别墅；——但是，这种高调的行事风格太过昂贵，他的钱包实在承受不起，节俭迫使他放弃了那些高贵豪华的地方，宁愿为他的约会对象选择荒无人烟、破旧不雅的地点。"[17]

画家们对人物进行了戏剧性的描述，如雷诺兹在1784年画的《西登斯夫人的肖像作为悲剧性的缪斯》（*Mrs Siddons as the Tragic Muse*，1784）。西登斯（Sarah Siddons，本姓 Kemble，1755—1831）是那个时代的戏剧女王，她通过表演成功地展示了哥特式风格如何融入戏剧，并通过这一方式证明哥特式风格所表达的强大的超自然心理可以被用来产生戏剧效果。[18]雷诺兹富丽而深沉的画作，以怜悯和恐惧的人物形象，展现了浪漫主义的元素。这幅画取得了巨大的成功，詹姆斯·巴里（James Barry）称赞其"也许是世界上最好的一幅画，也确实比肖像画要更好"。最后一点反映了雷诺兹后来的肖像画从具有对话性质的作品转向了云烟缭绕的超脱风格[19]。

浪漫主义就像许多概念一样，本身是一个回顾性的概念，它有各种各样的定义。自20世纪80年代初以来，人们越来越强调社会和政治因素，尤其是对几乎所有主要作家的政治和社会利益更加关注。[20]被视为18世纪90年代的浪漫主义的旧观点也仍然具有价值。在这一点上，浪漫主义与艺术家的个人情感紧密相关，往往与社会和文化习俗以及18世纪初的启蒙思想相悖，并受到自然元素的醉人力量和其野性的启发。根据早期的自然情感所流露出的诚实想法，这种联系与人为的艺术形式形成了对比。在《苏珊夫人》中，提到了"每一种诚实、每一种自然的感觉"[21]。

约翰逊博士声称，小说展示了"生活的真实状态"[22]。这在一定程度上反映出在 18 世纪上半叶，浪漫主义对于想象力的推崇，以及它赋予某些文学（艺术、音乐等）作品伟大品质的能力，还没有被预见到。相反，尽管与浪漫主义相关的思想和假设在 18 世纪 90 年代基本上已经实现，但都是该世纪下半叶的创新产物，并与 18 世纪的"崇高"表达有关。浪漫主义关注想象力是为了颠覆规则在确立价值方面的作用，并将文学与其他写作分开。这给整个 18 世纪的现代解读带来了问题，有些解读过度地反映了浪漫主义的重点和优先事项，或者至少采取了目的论的立场。

浪漫主义本身是一个可渗透的范畴，是一种趋势，而不是一种纲领。然而，这一趋势的核心主题是对早期古典文化主题的反动，特别是对过去约束和秩序的强调的反动，以及对关注古典世界的文学传统的反动。相反，浪漫主义接受艺术家个人不同经历带来的多样性，以及艺术家因此而参与并激发个别读者和观众的想象力的能力。取代传统的是对艺术家个人主义的强调，它是先天视觉完整性的产物，这也鼓励了重新去衡量过去的作品质量。它强调精神层面，而非理性思维。[23]

从 20 世纪末开始，许多人视奥斯丁为浪漫主义准则的一部分。[24] 这尚值得商榷，因为奥斯丁认为故意蔑视传统是流氓独有的特点，例如乔治·韦翰，这是奥斯丁模仿莫扎特和洛伦佐·达蓬特 1787 年歌剧中的存在主义英雄——小人唐·乔凡尼所创造的一个平凡版本。在浪漫主义中，强调个人主义可以摆脱秩序带来的妥协和约束，并呈现个人的重要灵魂，从而带来对社会规范的批判。这种对比可以在《理智与情感》的某一情节中得到体现，爱德华·费拉斯不打算与富有的莫顿小姐结婚，他的母亲因此不愿再与他相见，也不愿再为他的前程铺路，玛丽安·达什伍德和她的哥哥约翰听到这个消息后反应各异：

玛丽安听到这个消息后愤慨极了，她拍了拍手，喊道："老天爷！这可能吗！"

"玛丽安，你可能会感到惊讶，"她的哥哥回答说，"惊讶于他就算知道了他母亲的言论也还是固执地行事。因此你刚才的感叹是非常自然的。"[25]

关于"自然"的说法，反映了当时在人类固有的特征以及行为的适当性方面存在着深刻的分歧。

打破艺术界限在很大程度上是个别流派内部的变化，但在某些情况下是跨越流派的，如威廉·布莱克（William Blake）。布莱克也是浪漫主义信仰的典范，他强调个人的内在视觉和灵感，认为这比通过传统的学习获得的知识"更加真实"。

为了回应这一时期的激进运动，一群作家将小说发展成为社会批评的一种手段。最引人注目的成果是威廉·戈德温的《物是人非，或迦勒·威廉斯的冒险》（*Things As They Are; or The Adventures of Caleb Williams*，1794）。在某种程度上，这是他的《关于社会正义的调查》（*Enquiry Concerning Social Justice*，1793）的文学载体，戈德温将恶性问题从哥特式小说的堕落之罪转化为源于不平等的痛苦。[26]托马斯·霍尔克罗夫特（Thomas Holcroft）的《安娜·圣艾夫斯》（*Anna St Ives*，1792）；夏洛特·史密斯的《德斯蒙德》（*Desmond*，1792）；玛丽·沃斯通克拉夫特的《女人的错误：或玛丽亚》（*The Wrongs of Woman: or Maria*，1798），讲的是女主人公被狡诈的丈夫关进疯人院的故事；以及戈德温的《圣莱昂》（*St Leon*，1799）都是激进的政治小说。此前，沃斯通克拉夫特在她的《维护妇女权利》（*Vindication of the Rights of Woman*，1792）中批评了詹姆斯·福代斯的《给年轻妇女的布道》（*Sermons to Young Women*，1766）居高临下的文笔，这篇布道正是柯林斯先生向贝内特家的妇女们大声朗读并被莉迪亚打断的那篇。

这一时期的激进动荡鼓励人们探究外国的观点，以便对英国的情况有所了解。乔治·坎伯兰（George Cumberland）的《塞纳尔城堡的俘虏》（*The Captive of the Castle of Senaar*，1798）介绍了苏菲亚人的乌托邦社会。这个社会与当代英国不同，没有压迫，没有财产，也没有婚姻，而是采用了理性自由的规则。罗伯特·贝奇（Robert Bage，1728—1801）经营斯塔福德郡造纸厂，也是一位小说家，他的《赫姆斯普郎》（*Hermsprong: or Man As He Is Not*，1796）从一个美国原住民的角度对社会制度进行了激进的批判，这位原住民在一个更现代的环境中化身为具有良好品德的高贵野蛮人（Noble Savage），他对社会制度进行了激进的批判，但通过对社会约束的认识，将激进主义调和为一种对社会的认可。最终，主人公接受了他在这种制度下的真正角色，而不是一味抗拒。奥斯丁拥有这部小说，她的作品也受到了其带来的影响。贝奇早期的小说《巴勒姆·唐斯》（*Barham Downs*，1784）是《理智与情感》的来源，两本书都批判了对感性的人为崇拜[27]。奥斯丁从玛丽·汉密尔顿（Mary Hamilton）的《蒙斯特村》（*Munster Village*，1778）中汲取了名字的灵感，特别是《傲慢与偏见》中的贝内特和宾利以及《理智与情感》中的达什伍德。《蒙斯特村》讲述了很多关于乌托邦主义的内容，尤其是婚姻平等的形式。[28]玛丽女士是第五代莱文伯爵亚历山大的小女儿，与她的第一任丈夫、负债累累的医生詹姆斯·沃克（James Walker）分道扬镳，靠写作养活了自己的孩子，后来与牙买加糖厂的老板乔治·罗宾逊·汉密尔顿生活在了一起。

尽管这些激进派小说受到了很多关注，但至少在数量上，它们被法国大革命的恐怖统治时期（1793—1794）之后出现的反雅各宾小说所压倒，诸如艾萨克·迪斯雷利（Isaac D'Israel）的《无赖；或时代速写》（*Vaurien; or Sketches of the Times*，1797）等作品。这些小说将英国激进分子描绘成法国雅各宾派的危险盟友，并且个人品德败坏。在《无赖》中，沃斯通克拉夫特是支持婚外性行为的百万小姐，戈德温是狡猾先生，即"这个时代最冷血的形而上学者"[29]。与激进派相反，这些小说通过将贵族设定为社会传统领袖来对现有社会制度进行维护。[30]

在某种程度上，奥斯丁是这一趋势的一部分，但在她的小说中，特别是在她的后期作品中，贵族是相当有问题的。她的做法可以说是颠覆性的，但也同样包含了对目标和履行责任的呼吁。精英阶层中的问题成员是那些没有履行其身份所要求的责任的人——例如《曼斯菲尔德庄园》中的耶茨先生。相比之下，《傲慢与偏见》中的凯瑟琳夫人虽然爱管闲事，令人生厌，但她确实关心地方事务。

反雅各宾的文学攻防战在报纸和期刊上打起了配合，此攻防战是这一时期强大的效忠主义潮流的文化产物。[31]整体社会背景是对社会流动、工业化和城市化的反对，或者至少是感到不安——简而言之，城市化就是以更明确的政治术语对早期的农村传统进行重新定位。这种反对还借鉴了已为大众所接受的约束价值的概念，如安娜·玛丽亚·波特（Anna Maria Porter）的小说《沃尔什·科尔维尔：或，一个年轻人的人生初体验》（*Walsh Colville: or, A Young Man's First Entrance into Life*，1797），放纵和罪恶带来的部分危险现在从政治和道德的角度进行了解释。

另外，浪漫主义推动"如画"审美变得更加注重戏剧性的景观。威廉·坎伯兰（William Cumberland）在他的《太阳颂》（*Ode to the Sun*，1776）的献词中，呼吁关注英国的"崇高"，并把这种"崇高"定位在景观中。他表示："我们深入冰川，穿越罗纳河和莱茵河，而我们自己的乌尔斯沃特湖、凯斯威克湖和温德米尔湖则展示了崇高的场景，岩石、木材和水流颜色美丽，背后山脉高大壮丽。虽然此情此景并没有在欧洲的所有景观中拔得头筹，但毫无疑问英国旅行者不应该略过这里。"这首颂歌和其他关于湖区的早期描述，包括1755年约翰·道尔顿（John Dalton）的《描写诗》（*Descriptive Poem*），都出现在了1780年托马斯·韦斯特（Thomas West）的《湖区指南：献给风景研究的爱好者，以及所有访问过或打算访问坎布里亚、威斯特摩兰和兰开夏的湖泊的人》（*A Guide to the Lakes: Dedicated to the Lovers of Landscape Studies, and to All Who Have Visited, or Intended to Visit, the Lakes in Cumberland, Westmorland and Lancashire*）第二版中。韦斯特是一位耶稣会士，常住在坎布里亚，他的书让人们想起了那些对文化生活有所贡献的各式各样的人，是第一本关于"如画"式的重要指南。

韦斯特的作品广受欢迎，截至1799年出版了7版，1821年增至11版。起初，这些版本中添加了地图，提高了收藏和展示的质量，随后的一些版本又添加了版画，质量进一步提高。从第五版（1793）开始，塞缪尔·阿尔肯（Samuel Alken）根据J.史密斯（J.Smith）和J.埃姆斯（J.Emes）的画作绘制的16幅水印《湖泊视图》尺寸适当，正好可以与指南一起装订。第五版的制作更加精美，字体间距和页边更宽，这是市场盈利能力带来更高质量的又一例证。

湖区是《傲慢与偏见》中伊丽莎白·贝内特和加迪纳夫妇最初想要去旅行的地方，威廉·吉尔平写的《在1772年对英国几个地方进行的主要与风景优美有关的观察，特别是坎布里亚和威斯特摩兰的山脉和湖泊》（*Observations Relative Chiefly to Picturesque Beauty, Made in the Year 1772, on Several Parts of England: Particularly the Mountains, and Lakes of Cumberland and Westmoreland*，1786）大大增强了人们对湖区的兴趣。吉尔平的作品令奥斯丁赞赏，它虽不像世纪早期旅行记述写的一样精确，但在强调个人反应的印象主义风格方面尤其成功，这种风格与印象派版画相匹配。该书十分受欢迎，1788年的第二版中，文字和插图都进行了修订，以使作品更符合市场对风景的崇高品质的要求。

这种方法在吉尔平的《对怀伊河和南威尔士等若干地区的观察，主要与如画风景有关：始于1770年》（*Observations on the River Wye and Several Parts of South Wales, etc. Relative Chiefly to Picturesque Beauty: Made in the Year 1770*，1782）中早已出现过。该书宣称其目标是"根据风景优美的规则……使对自然风景的描述适应人工景观的原则"来考察所描写的地区。[32]因此，这些插图实际上具有风景画的性质，而非简单的地形图。吉尔平随后撰写了新森林（1791）和英格兰西部（1798）的情况，强调独特的地貌特征。这种方法与重要且时尚的地质学的定义相匹配，强调了地形的独特性。

奥斯丁在1790年结束了《爱情与友谊》的写作，在书中，奥古斯塔读了吉尔平的《关于风景美的观察，主要是大不列颠的几个地方，特别是苏格兰的高地》（*Observations, Relative Chiefly to Picturesque Beauty, Made in the Year*

1766, On Several Parts of Great Britain; Particularly the High-Lands of Scotland，1789）后，极力说服她的父亲去苏格兰旅游。奥斯丁在她的《英格兰历史》中将吉尔平列为她的三个"第一人"之一，另外两位分别是埃塞克斯伯爵罗伯特（他因得罪伊丽莎白一世而失宠）和虚构人物弗雷德里克·德拉梅尔。奥斯丁的《威尔士之旅》（*Tour through Wales*）写得十分简短，这本书显示出了奥斯丁因为吉尔平而引起的浓厚兴趣。[33] 吉尔平的《三篇文章：论如画的美、论如画的旅行和论风景写生》（*Three Essays: on Picturesque Beauty; on Picturesque Travel; and on Sketching Landscape*，1792）影响了亨利·蒂尔尼对风景的讨论："他谈到了前景、距离和第二距离——屏风和视角——光线和阴影。"[34]

为了强调个人对旅行文学的反应，奥斯丁在《傲慢与偏见》中通过描写伊丽莎白"开玩笑地"对大家一起散步的主意作出反应来取笑风景："不，不，留在原地，你们站在一起是如此吸引人，有着别样的优势。如果让第四个人进来，就会破坏这幅美景。"吉尔平认为，两个或四个的组合是不合适的，因为三这个数是最赏心悦目的。在小说之后的情节中，伊丽莎白·贝内特与加迪纳夫妇讨论了关于这趟"快乐之旅"的提议，旅行可能会远至湖区。伊丽莎白欣喜若狂，她的反应讽刺了许多文学作品中夸张的狂喜："'我亲爱的，亲爱的姨妈，'她欣喜若狂地喊道，'多么高兴啊！多么幸福啊！你给予了我新生，让我充满活力。再见了，失望和愤怒。人类在岩石和大山面前又算什么呢？'"[35]

在《诺桑觉寺》中，浪漫的风景具有巨大的力量，以至于"将军（蒂尔尼）似乎认为有必要因为伍兹顿这个地方太过平坦，村庄太过狭小而道歉"[36]。在《理智与情感》中，爱德华·费拉斯向玛丽安·达什伍德描述了他刚刚在德文郡散步的情景，这是一个奥斯丁曾经到访过的地方：

你晓得我对欣赏风景完全是外行，如果你寻根问底，我的无知和缺乏欣赏力就会让你生气的。说山，该说险峻，我却说陡峭；说地，该说崎岖不平，我却说陌生而荒僻；远处景物只该说轻雾缭绕，朦胧隐现，我却说看不见。我只能这样赞美风景，实话实说，你可别见怪。我说这块地方很好，山是陡峭的，林子里好像有不少好木材，山谷看起来舒适惬意，繁茂的草场和几座整洁的农舍分布在各处，这正是我理想中的好地方，因为又美又实用，而且我敢说，这一定是个美景如画的好地方，因为连你都赞美它；我当然相信这里准有很多巉岩、山岬、苍苔、灌木丛，可是这些我都没有在意，我对美景是一窍不通的呀……我是喜欢好风景的，只不过并不是根据什么美的原则。我不喜欢弯曲歪扭的枯树。如果树长得高直繁茂，我会觉得更好。我不喜欢东倒西歪要倒塌的茅舍。我不喜欢荨麻、蓟草或是草原野花。一所舒适的农舍比一座古堡的瞭望塔更中我意，而一群整洁快活的村民比世上最漂亮的一帮绿林好汉更顺眼。[37]

上海译文出版社 2010 年版　武崇汉译

然而，奥斯丁在《劝导》中写到莱姆里杰斯语气更加积极，这是一个她曾经访问过的城镇，位于德文郡与多塞特郡的交界处。

那陡峭无比的悬崖峭壁，一直延伸到城市的东面。谁要是见不到莱姆近郊的妩媚多姿，不进一步了解它，那他一定是个不可思议的异乡人。莱姆附近的查茅斯，地高域广，景致宜人，而且它还有个幽美的海湾，背后耸立着黑魆魆的绝壁，有些低矮的石块就星散在沙滩上，构成了人们坐在上面观潮和冥思遐想的绝妙地点。上莱姆是个生机盎然的村庄，长满了各式各样的树木。尤其是平尼，那富有浪漫色彩的悬崖之间夹着一条条翠谷，翠谷中到处长满了茂盛的林木和果树，表明自从这悬崖第一次部分塌陷，为这翠谷奠定基础以来，人类一定度过了许许多多个世代，而这翠谷如今呈现出的如此美妙的景色，完全可以同驰名遐迩的怀特岛的类似景致相媲美。[38]

译林出版社 1999 年版　孙致礼译

《爱情与友谊》显示了奥斯丁在描写风景时是如何借鉴一系列参考资料的。因此，她对苏格兰风景的描写被认为是译写了伊丽莎白·布罗姆利（Elizabeth Bromley）的三卷本小说《劳拉和奥古斯都，一个真实的故事》（*Laura and Augustus*, *An Authentic Story*，1784）[39]中加勒比海场景的描述。奥斯丁的父亲想要买一本詹姆斯·鲍斯韦尔写的《记赫布里底群岛之行》，然而，奥斯丁在《爱玛》中对坎贝尔夫妇的爱尔兰之行非常简短的叙述却缺乏这类细节。[40]

奥斯丁计划在1808年前往汉普郡，访问一座破败的西多会修道院——奈特利修道院（Netley Abbey），这里是哥特式旅游兴起的地方；事实上，在某些方面，这里也是哥特式想象力的来源。以吉尔平为例的一些作家，对此类景点的超自然描述持批评态度，但其他作家则在其中寻求风景之外的东西。这两种截然不同的观点是奥斯丁在写《诺桑觉寺》时所运用的背景。[41]对其他遗址，包括奥斯丁提到的一些遗址，也可以进行类似的评估。在《英格兰历史》中，奥斯丁嘲笑了哥特式风格对废墟的偏爱，就像凯瑟琳·莫兰在《诺桑觉寺》中所表达的一样[42]。奥斯丁在谈到亨利八世时说："没有什么可以为他平反，但他废除了宗教场所，任由时间摧毁，这对英国的总体景观有无限益处，这可能也是他这么做的一个主要动机，否则一个本身没有任何宗教信仰的人，为何要花费如此大的精力去废除一个已经建立多年的宗教呢？"[43]

奥斯丁借鉴了沃尔特·斯科特的《最后的吟游诗人》（*The Lay of the Last Minstrel*，1805）中对梅尔罗斯修道院的描述，使得范妮·普莱斯把即将看到的东西当作了索瑟顿宫的小教堂："范妮的想象力让她想到了更宏伟的东西，而不仅仅是一个用于宗教敬拜的宽敞的长方形房间……'这不是我心目中的小教堂。这里没有什么可怕的东西，没有什么忧郁的东西，没有什么宏伟的东西。这里没有过道，没有拱门，没有铭文，没有旗帜。'" 埃德蒙·伯特伦听到后，回答说："范妮，你好像忘了这都是最近才建成的，与城堡和修道院的老教堂相比，这小教堂的功能实在有限。"[44]

奥斯丁在《桑迪顿》中描写轻率的爱德华·德纳姆爵士试图引起夏洛特·海伍德的兴趣时的谈话中，嘲笑了人们对崇高美学的喜好：

> 他开始用一种能够彰显自己良好品位以及充沛情感的语气谈论大海和海岸——他挖空心思地搜寻所有常用的短语来赞美它们的崇高，并描述它们在感性的头脑中激起的无法用言语表达的情感。——大海在暴风雨中的壮丽，清澈平静的海面，海鸥和海蓬子，以及深不见底的深渊，变幻莫测，可怕迷惑，航海者经晴朗的阳光诱惑，却突然被狂风骤雨所吞噬，所有这些都被热切而流畅地触及；——听起来也许相当平凡——但由英俊的爱德华爵士的嘴说出来却十分美好，——她不仅将他看作是一个感情充沛的人——他的引文数量和具有迷惑性的语句让她震惊不已。[45]

奥斯丁很擅长处理不必要的引文和令人困惑的句子，就像在描写德纳姆和其他人一样。她怀疑德纳姆的诚意。的确，后者傲慢无礼，对女性居高临下："想要从高深天才的灵魂中看到普通人的卑躬屈膝，那是一种过度挑剔，是一种伪哲学。由人类胸中激昂的感情所激起的才华喷发，也许与生活中一些乏味的礼仪并不相容……任何一个女人都无法公正地评判一个男人在无限热情的至高冲动下可能会说什么、写什么或做什么。"[46]

读者爱看景色描写，这反过来又鼓励作家和艺术家们去旅行、写作和绘画，尽管这不是他们非得做的事情。奥斯丁和约书亚·雷诺兹就是很好的例子，他们都不怎么旅行。实际上，经验可以通过想象力间接获得。与乡村宅邸的公园风景无关的风景画逐渐发展起来，早期的例子包括托马斯·庚斯博罗（Thomas Gainsborough）的《广阔的河流风景》（约1748—1750）和乔治·兰伯特（George Lambert）的《有暴雨的荒地风景》（1751）。乔治·兰伯特的《提斯河大瀑布》（1746）描绘了乡村人民，但当他在1761年再次画这个主题时，这些乡村人民被巨大的岩石和云朵所替代。约翰·伊尼戈·理查兹（John

Inigo Richard）是最早访问达特摩尔地区的著名画家。弗朗西斯·汤尼（Francis Towne）在伦敦学习，但一生中大部分时间都居住在埃克塞特，展示了大都市和地方艺术圈之间的互动。在德文郡，弗朗西斯在乡村别墅里教授绘画，同时自己也会在当地写生。通过在伦敦展出作品——如 1779 年在皇家学院展出的《埃克塞河上的风景》，他激发了城里人对德文郡风景的兴趣。旅行者们不仅找到了主题，也获得了灵感。托马斯·吉丁（Thomas Girtin）是一位水彩画家，也是描绘光影的大师，1796 年在英格兰北部的旅行对他影响颇深。[47]他的艺术思想传播广泛。因此，在《曼斯菲尔德庄园》中，范妮·普莱斯的房间里有丁特恩修道院和"坎布里亚的月光湖"的透明画[48]。

游记不管是否印刷出版，如果其中没有插图，都是不完整的。威廉·马顿（William Maton）的《西部郡游记》（*Tour in the Western Counties*，1797）配有拉克特（Rackett）起草的风景图，并由艾肯（Aiken）雕刻。在手稿中，有一些关于常春桥和彭丹尼斯城堡的风景素描，但并未出版。[49]约翰·斯维特（John Swete）是一位富裕的教士，他的插图日记直到最近才出版，他将这些日记命名为"德文郡的风景素描"。在他现存的前四本日记中，共使用了 125 次"风景如画"这个术语，写到了崇高、浪漫和美丽，还提到了吉尔平。斯维特作品的价值体现在他对托尔坎附近景色的描述中，他在 1793 年描述道："鲜少碰见各式各样令人感到愉悦的浪漫景色——岩石、树林、房屋、别墅和大海，以最快乐的方式交织在一起，共同构成了一幅不同寻常的美景。"[50]

许多人在旅行时都带着日记、素描本和便携式绘画工具，如克劳德镜，这是一种凸面镜，用于反射风景。此外，绘画手册也能够帮助旅行者。在《诺桑觉寺》中，年轻的蒂尔尼与凯瑟琳·莫兰在巴斯附近的贝琴崖散步时，"用画家的视野来欣赏这片乡村，并通过真实的品位来决定它是否能够被纳入画中"，但奥斯丁则对此加以削弱，她提到，与时髦的观点相比："似乎不再能从高高的山顶上看到美景，晴朗的蓝天与好天气再不挂钩。"[51]这是她的典型风格，即以一种轻松易懂的方式提出批评。同样，威廉·康伯（William Combe）也用他的《寻找风景的诰法博士》（*Dr Syntax in Search of the Picturesque*）来嘲笑吉尔平，这本书中的插图是托马斯·罗兰森（Thomas Rowlandson）画的。

然而，人们对乡村的看法已然改变。乡村审美文学有助于游记的撰写，这种文学类型也在 18 世纪末开始流行起来，比如理查德·佩恩·奈特的《风景：教导诗》（*The Landscape: A Didactic Poem*，1794）和尤维达尔·普莱斯的《关于风景的散文》（*An Essay on the Picturesque*，1794）。风景旅游也影响和重塑了人们对出国旅行的反应。画家詹姆斯·巴里于 1766—1771 年前往意大利研究古代雕塑，为成为一位历史画家做准备，而约翰·罗伯特·科森斯于 1776—1779 年前往意大利，并于 1782—1783 年再次前往，为的是寻找戏剧性的风景。同时，人们因为阿尔卑斯山对瑞士产生了浓厚兴趣，因为阿尔卑斯山在很大程度上能够提供崇高的体验，就如同意大利能够给予人们新哥特式的体验一样。

与拉德克利夫不同，奥斯丁在描写人物时不会设定国外的场景，但她喜欢让他们到户外活动。年轻的凯瑟琳·莫兰"喜欢所有男孩的游戏"，也喜欢打板球。[52] 正如第九章所讨论的，在奥斯丁笔下，散步是能够体现人物强大独立性的一个关键点，能够清楚地表现出他们不愿意因为婚姻或者其他原因而被社会束缚和操纵——例如，安妮·艾略特的情况就是如此。

人们对未被开发的景观的兴趣与对城市生活的吸引力缺乏感悟的描述有关。从古典主义的角度来讲，人们总是认为后者缺乏完整性，[53] 但城市秩序和上流体面的世界是一种分享文明价值观的尝试——实际上，是传播文明价值观的尝试。通常，这些价值观在农村地区极其少见。

浪漫主义运动改变了这种方式，将城市视作虚假意识的聚集地——即腐败和堕落的聚集地。这种虚假意识并非与乡村意识相对立，而是与"崇高"景观中展现出的不受约束的自然性相对立。华兹华斯和塞缪尔·泰勒·柯勒律治合作出版的《抒情歌谣集》（*Lyrical Ballads*，1798）中，以及华兹华斯的《廷特恩修道院》（*Tintern Abbey*，1798）中，都反映出他们俩具有以上态度。华兹华斯认为，一个作家只有生活在这样的地方，才能忠于自己。

　　另外，华兹华斯和柯勒律治试图通过展示一种"散文"诗歌，以展示普罗大众使用的语言在多大程度上能够写为诗歌。事实上，华兹华斯并未完全实现这一理念，因为他的语言尽管有的时候十分简单，却仍然精致。相反，苏格兰诗人罗伯特·彭斯（Robert Burns）是这一领域的创新者，他将民歌和"高级"形式融合在一种语域变化强烈的语言中。即便华兹华斯的散文诗歌理念对同时代人的影响远不如后来的大，但这种理念还是反映了对文化和政治动荡的感知。

　　虽然奥斯丁关注到了当代背景下一直存在的问题，也非常了解同时代的作家，但她同时也深受过去文学传统的影响，特别是塞缪尔·理查逊的小说《查尔斯·格兰迪森爵士的历史》。通过奥斯丁的书信和小说，可以看出她是一位优秀的读者，对其他作家的作品能够给出敏锐的批评。因此，在 1807 年，她对卡桑德拉说："《阿方索》（Alphonsine）写得一般。我们看了 20 页就感到索然无味，因为除了翻译得不好之外，这本书还有一些不规范的地方，使得迄今为止如此纯洁的笔触蒙羞。于是我们后来改为阅读《女吉诃德》（Female Quixote），现在这本书是我们每晚的娱乐；尤其对我来说有趣极了。"[54]

　　她笔下的主人公，为每部小说都提供了独特的基调，与浪漫主义作家笔下一些更加引人注目的个性表现形式不同——例如卡罗琳·兰姆（Caroline Lamb）的拜伦式小说《格莱纳尔冯》（Glenarvon，1816），这是一部由拜伦勋爵的前情人迅速创作并故意引人震惊的作品。奥斯丁强调角色的一致性，这在某种程度上意味着要一直以该角色的语气来写作。因此，奥斯丁对《劝导》第二卷中原来的第 10 章和第 11 章进行了修改，表明需要让自己的文笔与安妮·艾略特的性格相一致。[55] 经过奥斯丁的精心打造，这种来自内心的生活提供了一种有助于理解动机的深度。这种深度应该被看作是新颖的、现代的、浪漫的和／或颠覆性的，这些修饰词在一定程度上取决于定义与偏好，但伟大的文学作品并不依赖于注释和分析。

注释

1. F. P. Lock, *Edmund Burke I*, 1730–1784 (Oxford, 1998), 91–124.

2. A. Radcliffe, *The Mysteries of Udolpho* (London, 1794), chapter 1.

3. A. Radcliffe, *The Italian, or The Confessional of the Black Penitents* (London, 1797), 155–57.

4. *MP* I, 11.

5. E. J. Clery, *The Rise of Supernatural Fiction*, 1762–1800 (Cambridge, 1995).

6. D. Townshend and A. Wright, eds., *Ann Radcliffe, Romanticism and the Gothic* (Cambridge, 2014).

7. J. Lamb, "Imagination, Conjecture, and Disorder," *Eighteenth-Century Studies* 45 (2011): 53–69.

8. *Emma* I, 4.

9. *Sense* III, 7–8.

10. *Northanger* II, 9.

11. W. Beckford, *Vathek*, ed. R. Lonsdale (Oxford, 1980), 120.

12. E. R. Napier, *The Failure of Gothic: Problems of Disjunction in an*

Eighteenth–Century Literary Form (Oxford, 1987).

13. A. Janowitz, *England's Ruins: Poetic Purpose and the National Landscape* (Oxford, 1990).

14. T. Whately, *Observations on Modern Gardening* (London, 1770), 155.

15. *Northanger* II, 2.

16. *Sense* III,10.

17. *Sanditon* 8.

18. B. Sutcliffe, ed., *Plays by George Colman the Younger and Thomas Morton* (Cambridge, 1983), 10.

19. N. Penny, "An Ambitious Man: The Career and Achievement of Sir Joshua Reynolds," in *Reynolds*, ed. N. Penny (London, 1986), 39.

20. M. Butler, *Romantics, Rebels and Reactionaries: English Literature and Its Background*, 1760–1830 (Oxford, 1981).

21. *Lady Susan* 24; *Later Manuscripts*, 52.

22. S. Johnson, *The Rambler*, No. 4, March 31, 1750.

23. M. B. Ross, *The Contours of Masculine Desire: Romanticism and the Rise of Women's Poetry* (Oxford, 1990).

24. C. Tuite, *Romantic Austen: Sexual Politics and the Literary Canon* (Cambridge, 2002).

25. *Sense* III,1.

26. K. W. Graham, *The Politics of Narrative: Ideology and Social Change in William Godwin's Caleb Williams* (New York, 1990).

27. S. Derry, "Robert Bage's *Barham Downs and Sense and Sensibility,*" *Notes and Queries* 239, No. 3 (September 1994): 325–26.

28. A. K. Mellor, *Romanticism and Gender* (London, 1993), 53; A. Johns, *Women's Utopias of the Eighteenth Century* (Champaign, IL, 2003).

29. *The Monthly Epitome*, vol. 1 (London, 1797), 180.

30. M. O. Grenby, *The Anti–Jacobin Novel: British Conservatism and the French Revolution* (Cambridge, 2001).

31. *Poetry of the Anti–Jacobin* (London, 1799); J. J. Sack, *From Jacobite to Conservative: Reaction and Orthodoxy in Britain*, c. 1760–1832 (Cambridge, 1993).

32. William Gilpin, *Observations on the River Wye and Several Parts of South Wales, etc. Relative Chiefly to Picturesque Beauty: Made in the Year 1770* (1782), 1.

33. *Juvenilia*, 224.

34. *Northanger* I, 14.

35. *PP* I, 10; II, 4.

36. *Northanger* II, 11.

37. *Sense* I, 18.

38. *Persuasion* I, 11.

39. S. Derry, "Sources of Jane Austen's *Love and Friendship*: A Note," *Notes and Queries* 235, No. 1 (March 1990): 18–19.

40. *Emma* II, 1.

41. D. Townshend, "Ruins, Romance and the Rise of Gothic Tourism: The Case of Netley Abbey, 1750–1830," *Journal for Eighteenth–Century Studies* 37 (2014): 377–94.

42. *Northanger* II, 8.

43. *Juvenilia*,181.

44. *MP* I, 9.

45. *Sanditon* 7.

46. *Sanditon* 7.

47. M. Andrews, *The Search for the Picturesque: Landscape, Aesthetics and Tourism in Britain, 1760–1800* (Aldershot, UK, 1989).

48. *MP* I, 16.

49. Exeter, Devon Record Office, Z19/2/10a.

50. T. Gray, ed., *Travels in Georgian Devon: The Illustrated Journals of the Reverend John Swete, 1789–1800* (Exeter, UK, 1997), xiv, 161.

51. *Northanger* I, 14.

52. *Northanger* I, 1.

53. M. Mack, *The Garden and the City: Retirement and Politics in the Later Poetry of Pope, 1731–1743* (Toronto, 1969).

54. *Letters*, 115–16. A preference for Charlotte Lennox's *The Female Quixote* (1752) over Mme de Genlis's *Alphonsine* (1806).

55. R. W. Chapman, ed., *Jane Austen: The Manuscript Chapters of Persuasion* (London, 1985).

> 这儿景色宜人——真是赏心悦目。英国的青葱树木，英国的风俗文化，英国的宜人景色，在阳光照耀下，毫无阴郁感觉。
>
> ——《爱玛》，第三卷，第六章

> 就像《傲慢与偏见》一样，谁知道电影的原型是小说呢？
> ——凯特·福克斯（Kate Fox），讨论《大白鲨》，BBC 广播 4 台

奥斯丁的小说有一种强烈的英格兰风格[1]。吉卜林称她为"英格兰的简"。这是一种关于地方和人民的英国特色，是乡村社会的一部分。乡村社会是一个以伦敦为中心的更广泛空间关系模式的一部分。行为举止对这种英国特色来说很重要。在《爱玛》中，奥斯丁赞美了风景，她提到奈特利兄弟的相遇"以真正的英式风格，用一种看似冷漠的平静掩盖了他们之间真正的感情，如果必要的话，他们中的任何一个都会为对方的利益而不惜一切"。[2]

与此同时，种种迹象让人们深感国家遭遇威胁，这种感觉致使亨利·蒂尔尼讨论政治。[3]一方面，这源于和奥斯丁的生活、信仰和作品相联系的爱国主义；另一方面，这种感觉呈现出正派形象。奥斯丁的小说几乎没有特别突出地表现出民族主义或爱国主义色彩。这些小说与后来的小说不同，如 1981 年开始出现的伯纳德·康威尔（Bernard Cornwell）的小说。然而，斗争是国家认同的核心主题，对奥斯丁兄弟姐妹的生活至关重要。

这场斗争具有一种今天很难捕捉到的道德特征。这场斗争反抗了国内外的威胁，反抗了政治和宗教迫害，聚集了众多道德家，他们虽主张不同的政治前景，但都体现了国家的道德义务。自由和宗教似乎取决于人民的道德水平。

但在一个长期的托利党主题中，由于治理不善，缺乏社会精英、缺乏足够的领导力，这种道德水平面临着倾覆的威胁。

此外，虽然过去的成就影响了当前局势，但这也不过是一个发展阶段而已。一个国家必须努力捍卫自身地位，尤其是那些崇尚天赋人权的国家。英国人认为 1066 年诺曼征服①致使盎格鲁 - 撒克逊人失去自由，捍卫国家地位的观念正与此相统一。因此，民族主义是经年累积的产物，既包括历史渊源，也存在着现实意义，既包括复杂的整体，又包括具体的事件。1784—1791 年举办的亨德尔庆典，由乔治三世大力支持，这表明人们依旧认为当时的英国（实际上是英格兰）受神明庇佑，是"天选之地"，是上帝选择的第二个以色列。人们认定民族主义是神赐予的支持。这也是经年积累的。因此，18 世纪 40 年代末开始，托利党逐渐摆脱了早期雅各宾主义的影响，并在乔治三世的领导下融入了国家政治文化和语言。比起世界文化，英国文化的重要性被放在了首位，历史沿革成为解释英格兰特征的工具。此外，地区稳定是国家的基石，而国家安全又保证了地方的稳定。宗教在其中发挥了至关重要的作用。

《曼斯菲尔德庄园》也反映了文化民族主义，范妮·普莱斯和亨利·克劳福德表达了对莎士比亚的肯定："人们不知不觉中就熟悉了莎士比亚。这是英国人天生素质的一部分。他的思想和美学如此广为流传，处处都能接触到，人们就会本能地熟悉他。"埃德蒙·伯特伦又补充了个很有特色的观点："我相信，人们从幼时起，就多少知道了莎士比亚。人人都在引用他的著名的段落。我们看的书中，一半都有他的引文。我们都在谈论莎士比亚，使用他的比喻，使用他的措辞来描述事物。但是，这都不像你那样能充分表达他的意义。能对他有点零星了解，这很常见，对他了解得透彻，就没那么常见了，但把他的戏朗诵好，就不是一般的才华了。"⁴安·拉德克利夫和弗朗西斯·伯尼在她们的作品中频繁引用莎士比亚。

---

① 诺曼征服是发生于1066年的一场外族入侵英国的事件，是以诺曼底公爵威廉（约1028—1087）为首的法国封建主对英国的征服，标志着英国中世纪的开始。——译者注

在法国大革命和拿破仑战争（1793—1815）期间，英国教会和王权的意识形态进一步强化，同时托利主义也重新被定义为一种爱国主义和民族主义政治思想体系。人们对启示神学而非表面上的自然宗教真理也重新产生了兴趣。所谓启示神学，就是启示、天命论和《圣经》教义。政治和宗教在奥斯丁小说中通常作为背景存在——对许多现代读者来说尤其如此——但当前政治和宗教的情势早已与以往不同。在《爱玛》中，科尔斯家举办了聚会，宾客们聚在一起谈论"政治和埃尔顿先生"，[5]但书中并没有对政治事件展开描述。这便让同时代以及后代的读者即便不了解具体事件也可阅读，小说得以吸引更多读者，长久流传。

奥斯丁所勾勒的政治是广义的。书中人物可以以一种幽默的方式挑战社会等级制度，比如韦斯顿夫人举办舞会前讨论应该征求谁的意见。韦斯顿夫人希望赢得大家的欢心："但愿能知道我们的客人一般喜欢什么样的安排。我们的目标必须是尽量让大家都满意——要是能知道就好了。"弗兰克·丘吉尔回答了两次"一点没错"，并补充道："你想要邻居们的意见。我并不感到奇怪。如果你能搞清楚他们中的主要人物的意见——比如说科尔斯家，他们就住这附近。要我去请他们吗？或者贝茨小姐？她离得更近。我不知道贝茨小姐是否像别人一样了解大家的喜好。我想我们确实需要广泛征求大家的意见。"[6]

爱玛对贝茨小姐的评价不太友善，但是，爱玛正确地指出了贝茨小姐是一个"赞同者"而非一个"建议者"，确实如此。人们对不同的意见很难做出合理权衡，这种情节在奥斯丁的小说中也经常出现。这是奥斯丁小说中英国文化的一个方面。

在《劝导》中，奥斯丁有意以乡村的视角呈现出英国性格。除此之外，奥斯丁还提到了乡绅和牧师的长期权威，刻画了连续性和正当性这两个主题。即使发生了变化，也没什么破坏性："厄泼克劳斯是个不大不小的村子，几年前还完全保持着旧英国风格，村里只有两座房子看上去比那些农民和工人的住宅要好。那座乡绅的宅邸高墙大门，古树参天，结实牢固，古色古香，而那座紧凑简洁的牧师住宅坐落在整洁的花园里，窗外有一株葡萄树和一株梨树。但在这位年轻的乡绅结婚后，对住宅的风格进行了改造，改建成了乡舍，供自己居住。"[7]

虚伪的艾略特先生试图向沃尔特爵士保证，他的家族观念很传统，事实上"太传统了，与现如今的非封建风气很不合拍！"[8]实际上，奥斯丁和历代其他许多保守的作家一样，不仅要适应社会变革，还要适应封建文化的终结及其社会影响。英国风格为作家们提供了适应途径，将过去的社会价值融入或普遍或具体的景观中，见证中世纪城堡和修道院统治的落幕。

英国风格并不只涉及风景，《诺桑觉寺》清晰地表明了这点。凯瑟琳·莫兰怀疑亨利·蒂尔尼的父亲谋杀了妻子，但亨利十分理智，合理地纠正了凯瑟琳的观点："你是凭什么判断的？请记住我们所处的国家和时代。请记住我们是英国人，是基督徒。我们受的教育是否允许我们犯下这种暴行？我们的法律能默许这种暴行？在这个社会文化交流如此发达的国家，每个人周围都有自愿监视他的人，加上有公路和报纸传递信息，什么事能瞒得住？"[9]

凯瑟琳被亨利训斥后，意识到自己受到读的小说的影响，英国风格就是这里的主题思想：

尽管拉德克利夫夫人的全部作品，甚至她的全部模仿者的作品，都很引人入胜，然而，人性，至少是英格兰中部各郡居民所表现的人性，也许在这些作品中是找不到的。……在英格兰中部，即便是一个失去了爱的妻子，按照这个国家的法律，按照这个时代的风俗，其生活毫无疑义是颇有保障的。谋杀是不可容忍的，仆人并非奴隶……在阿尔卑斯山脉和比利牛斯山脉地区，也许没有多重性格的人……然而英国的情形则不同；她相信，英国人的心灵和行为，虽然善恶成分不均等，然而普遍都有善与恶的混合。[10]

上海译文出版社 2010 年版　金绍禹译

290

奥斯丁清晰呈现出这种善恶混杂的性格，但没有探究凯瑟琳无意中提出的一个有趣观点，即在英格兰边远地区，情况可能没有那么好。在其他国家，一个人善恶分明；但在英国，一个人善恶皆有。这一观点为了解奥斯丁对其书中人物的描述，提供了有趣的角度。当然，无论是感伤小说中不折不扣的善，抑或是哥特式小说中纯粹的恶，不仅不可信，而且不符合英国风格。

同时，无论是究其描绘的内容，还是她对所塑造人物的态度，奥斯丁的小说都被视为典型的英国作品。她笔下人物的细微差别不仅是她英国特征的一个方面，也是她的天才之处，这与哥特式浪漫小说，或者说与网飞（Netflix）爱情作品中的虚构人物形成了鲜明对比。奥斯丁对人性的理解轻松、深刻且细致入微。她在《爱玛》中把艾比磨坊描绘成英国风格，"在阳光照耀下，毫无阴郁感觉"，[11] 暗示着与大陆国家，尤其是与法国的压抑形成对比。长期以来，英国和法国冲突不断，这个对比直接强调了英法冲突在英国爱国主义和文化的发展与表达中的作用。

马克·吐温讨厌奥斯丁的作品，但温斯顿·丘吉尔却喜欢阅读，不同读者对奥斯丁的看法不同，但发展至今，读者对奥斯丁的喜爱经久不衰。马克·吐温直截了当地说："我没有任何权利批评书籍，除非我讨厌它们。我经常想批评简·奥斯丁，她的书让我抓狂，以至于我无法掩饰我的狂怒。因此，每次我读《傲慢与偏见》时，我都想把她挖出来，用她自己的胫骨打她的头骨。"

谈到爱伦·坡时，马克·吐温说："对我来说，他的散文也没有可读性，就像简·奥斯丁的作品一样。不，还有区别的。我可以用工资买他的散文读，但不可能买简的读。完全不可能。她的读者居然让她自然死亡，真是非常可惜。"[12] 相反，丘吉尔在战争艰难时刻阅读奥斯丁的作品。1943 年 12 月，丘吉尔在北非患上肺炎和心脏病，萨拉·丘吉尔① 为他读了《傲慢与偏见》。1944 年 9 月，在从第二次魁北克会议返回途中，丘吉尔读了《爱玛》，并评

---

① 温斯顿·丘吉尔的女儿。——编者注

论了爱玛所处年代与现在的区别。[13]

现如今，在英国的历史性时刻，奥斯丁是否站在了错误的一边？在现代英国，她最常出现在 10 英镑的纸币上，10 英镑是自动取款机最常发放的纸币，也是人们钱包里最常见的纸币。1993 年开始，10 英镑纸币上印刷的是查尔斯·狄更斯和《匹克威克文集》中的乡村板球赛插图。为了在银行纸币上出现除了伊丽莎白二世女王以外的更多女性形象，从 2017 年 9 月开始，奥斯丁成为新的 10 元英镑像。对狄更斯来说，乡村场景体现了怀旧风格而非现实主义，因为城市生活的场景，特别是伦敦的场景，在他的小说中出现得更为频繁。2017 年替换后的 10 英镑钞票，配图不是奥斯丁在巴斯或伦敦的城市场景，而是戈德默森庄园，是她哥哥爱德华名下的一座乡村别墅，奥斯丁的形象遭到了错误宣传。更积极的一面是，纸币上有一句引语："我发誓，什么娱乐活动也抵不上读书的乐趣！"然而，这句话是《傲慢与偏见》中的卡罗琳·宾利说的，而她并不是真心的。[14]

2017 年，大卫·马昆德①将"深刻的反动视野"用于解释英国脱欧，认为这与"神话、记忆和修辞"有关，"几个世纪以来"，这些因素一直传递着一种"英国性"的非凡力量，这是"一种极其保守的观念"。马昆德将这种观念的代表人物定为莎士比亚，而不是"由另一种英国精神支撑的第二个英格兰"，即农民起义、约翰·弥尔顿、汤姆·潘恩、宪章派和女权运动者。②2016 年的脱欧公投被认为是第二个英格兰的失败，因为"脱欧派有更好的论调，他们直击人心"。[15]

奥斯丁显然符合这一叙事中的第一个英格兰，而非第二个英格兰。毫无疑

---

① 大卫·马昆德（David Marquand），英国学者、作家和政治家。他认为英国脱欧背后涉及了丰富的历史、文化和政治因素，将英国脱欧视为对传统观念的怀旧，是一种对过去辉煌历史的怀旧情感和对社会变革的抗拒。——编者注

② 结合上下文，"第二个英格兰"代表了一种更加进步、开放的英国愿景，强调社会变革、民主和平等。大卫·马昆德认为，脱欧公投的结果反映了"第一个英格兰"，即保守的英国传统价值观得到认同，而非"第二个英格兰"。——编者注

问，马昆德对莎士比亚的看法具有误导性。莎士比亚被误解为"高度赞美英格兰，把它比作一颗'璀璨明珠'"[16]的人，事实上他在《李尔王》中对社会制度的严酷性进行尖锐批评，在《一报还一报》中对滥用权力进行指责。奥斯丁本人在《曼斯菲尔德庄园》中称赞莎士比亚"是英国人天生素质的一部分。他的思想和美学如此广为流传，处处都能接触到，人们就会本能地熟悉他"。[17]

因此，至少在马昆德的判断中，奥斯丁似乎站在时代潮流的另一侧。实际上，她所塑造的文化确实在她死后陆续开始受到排斥。这种排斥在不同阶段有多种形式。世俗化、社会经济变革、政治转型，妇女地位发生转变，这些都使奥斯丁的世界显得多余和糟糕。这还使奥斯丁充满危险的怀旧色彩，是马昆德攻击的一部分。然而，奥斯丁避免了很多批评，部分原因是女权主义，因为她的作品包含女权主义主题，和玛丽·沃斯通克拉夫特的作品有相似之处。实际上，奥斯丁的小说以喜剧为核心，以讽刺为主要手段，女权主义的内容比较温和。[18]

从 20 世纪 60 年代社会的各个方面来看，似乎人们更能理解奥斯丁所处的世界。同时，许多变化也有了早期迹象。此外，无论是着眼于当今社会，还是着眼于社会的长期转变，奥斯丁一定会理解一些恒久不变的社会主题，如社会野心。如果奥斯丁对社会野心这一持久主题进行评论，她会说什么呢？在罗拉（E. C. R. Lorac）的《牛津路谋杀案》（*Murder on the Oxford Road*，1933）中，一个人物"希望他的儿子娶到一个有封号的人"。[19]这部小说和奥斯丁的那些小说一样，一个家庭搬到新地方，面临着被原住民接受以及拜访邻居等问题。如果马昆德和其他人认为地位问题和求爱问题在某种程度上是多余的，或者在今天不适用，那就错了。此外，究竟是奥斯丁本人怀旧，还是现在对其所处世界的介绍具有怀旧色彩，弄清这点很有必要。显然，任何两个多世纪前的人写作，描绘的都是一个完全不同的世界。但是，奥斯丁非常清楚地意识到事情正在发生变化，她并没有拘泥于过去，这一点在《劝导》中尤为明显。

奥斯丁死于 1817 年，算不上那个时代的文学巨匠，那个时代的文学巨星是拜伦和司各特。然而，奥斯丁在晚年已经具备了明显的商业价值，并受到了摄政王乔治的赞美。同时，奥斯丁早逝也严重影响了其作品的销售，对于大多数作家来说，作品往往只会在出版后的第一年或前两年有销量。事实上，奥斯丁的作品有一个特点，即每本小说都以当下的特定时间为背景。

奥斯丁小说并没有频繁再版。例如，尽管 1816 年《爱玛》在美国再版，但直到 1833 年本特利"标准小说"系列问世，《爱玛》才在英国再版。在某种程度上，奥斯丁作品不符合读者对"英国状况（Condition of England）主题"的兴趣。这一主题在 19 世纪中期的许多小说中无疑是最突出的。伊丽莎白·加斯克尔（Elizabeth Gaskell，1810—1865）在《玛丽·巴顿》（*Mary Barton*，1848）和《南北》（*North and South*，1855）中写到了工业冲突、工人阶级的生活水平和企业家的作用。玛丽·安妮·埃文斯（Mary Anne Evans，1819—1880）的笔名为乔治·艾略特（George Eliot），在《亚当·贝德》（*Adam Bede*，1859）中描绘了一个勾引人的乡绅，在《弗洛斯河上的磨坊》（*The Mill on the Floss*，1860）中揭露了社会排斥，在《西拉斯·马纳》（*Silas Marner*，1861）中展现了乡绅两个儿子的残酷自私，在《费利克斯·霍尔特》（*Felix Holt*，1866）中描绘了腐败的选举活动，在《米德尔马契》（*Middlemarch*，1871—1872）中刻画了一个虚伪的银行家，以及在《丹尼尔·德隆达》（*Daniel Deronda*，1878）中描绘了颓废的社会风气。在《米德尔马契》中，社会等级被视为分裂因素。

然而，这类小说只是多元化小说世界的一部分，它涵盖了一系列题材，其中就包括历史小说，这是布鲁尔·莱顿（Bulwer Lytton）的拿手类型，其代表作为《庞贝的末日》（1834）。查尔斯·金斯利（Charles Kingsley）等人也十分擅长历史小说。

按照今天的标准来看，奥斯丁的作品那时候还远远没有多少知名度，读者尤其关注新作品。旧小说的再版在 19 世纪已经非常成熟，但人们比起谈论文学经典，对新小说更感兴趣。这种情况一直持续到 20 世纪。

有人认为奥斯丁本人有些冷漠，她笔下的人物缺乏奉献和激情。然而，她成功地将女性的知识生活与维多利亚时代的体面生活方式紧密融合。亨利·詹姆斯（Henry James）在1905年发表的文章《巴尔扎克的教训》中指出，奥斯丁具有商业吸引力："能够毫不费力地精美复制各种所谓的有品位的东西，以及似乎可销售的东西。"[20]

与此同时，有人反驳对奥斯丁的赞美，例如马克·吐温。某些评论家认为奥斯丁的作品有一种强硬的感觉。[21]奥登（W. H. Auden）在《致拜伦勋爵的信》（*Letters from Iceland*）（1937）中评论道：

> 在她身边，乔伊斯如稚草般天真无邪。
>
> 这让我最不舒服的是看到
>
> 一个英国中产阶级的未婚老妇女
>
> 描述了"钱"的风情万种，
>
> 如此坦率又清醒地揭示了
>
> 社会的经济基础。

与此同时，更多的奥斯丁作品出版，包括《苏珊夫人》、《沃特森一家》、1871年出版的早期作品、1884年出版的留存下来的书信，以及1925年出版的《桑迪顿》的完整版本。这些作品引起了争议，特别是《苏珊夫人》的语气引发热议。

文学经典在发展中一再变化，到了20世纪末，奥斯丁终于迎来了自己的时代。这有许多原因，学术研究是一个明显的因素，但也有其他因素，特别是社会对女性角色的假设。2019年3月，在抵达白金汉的维利尔斯酒店时，我的房间里有一张卡片，一面是一堆礼物的广告，包括"英国经典酒店的水疗假期"，另一面是企鹅图书的"姐妹情谊"系列。卡片上有六本经典书籍的新封面插图，分别为《铁路儿童》、《绿山墙的安妮》、《海蒂》、《傲慢与偏见》、《小妇人》和《小公主》。《傲慢与偏见》为一系列经典女孩故事增添了一些成人的厚重感，奥斯丁本人对这种设置可能都会感到惊讶。

从学术角度来看，奥斯丁之所以如此有影响力，部分原因在于她可以以多种方式被归类，包括作为浪漫主义文学的一部分。《诺桑觉寺》、《傲慢与偏见》和《爱玛》的风格被《理智与情感》、《劝导》、《曼斯菲尔德庄园》和《桑迪顿》所继承。毫无疑问，奥斯丁的风格日新月异，所以她才能应对迅速发展的文化。

对于大众来说，奥斯丁笔下的角色名字已享有知名度，因此她才能在快速发展的遗产文化领域充当关键人物。事实上，她将角色与性别政治相结合，表现为一种诙谐的自信，所以伊丽莎白·贝内特在当今社会能如此受欢迎。如电影《傲慢与偏见与僵尸》（2016）挑战了原著那句著名的台词："一个有大脑的僵尸一定想要更多的大脑，这是条广为人知的真理。"

1940 年，《傲慢与偏见》被搬上大荧幕，取得巨大的商业成功，自此，奥斯丁的小说被陆续拍成电影。然而，直到 1995 年才出现其他改编电影。1995—1996 年，共有五部电影改编作品，即《独领风骚》（Clueless）、《劝导》、《理智与情感》和两个版本的《爱玛》。《独领风骚》是低配版《爱玛》，背景设定在现代洛杉矶学校，但两部电影存在一些重大差异，其中弗兰克·丘吉尔在《独领风骚》中是同性恋。电视剧会经常翻拍，《爱玛》有 1948 年、1954 年、1960 年和 1972 年四个版本；《劝导》有 1960 年和 1971 年两个版本；《曼斯菲尔德庄园》于 1983 年翻拍成电视剧；《傲慢与偏见》有 1949 年、1952 年、1958 年、1967 年和 1980 年五个版本；《理智与情感》有 1950 年、1971 年和 1981 年三个版本。1995 年 BBC 版电视剧《傲慢与偏见》在当时引起了轰动。这部剧中的所有演员演技精湛，达西的扮演者科林·费斯（Colin Firth）在湖中游完泳后，穿着湿衬衫与伊丽莎白在彭伯里庄园外相遇的情节堪称银幕经典。[22]

这部电视剧比 2005 年的电影更贴近小说，电影更接近浪漫主义，尤其在人物塑造方面还增加了伊丽莎白·贝内特在山顶悬崖上摇摇欲坠的剧情。这部电影在英国和美国都取得了商业成功。[23] 1999 年拍摄的《曼斯菲尔德庄园》改动了书中许多情节，尤其是对奴隶制问题的处理。

奥斯丁的不同小说收获了不同待遇，《傲慢与偏见》和《爱玛》等小说比《曼斯菲尔德庄园》和《诺桑觉寺》等更有电影市场。《诺桑觉寺》1986 年才被搬上银幕，而且只是一部 90 分钟的电视电影。2007 年又进行了翻拍，依旧是电视电影，但这次时长有两个小时。

"简·奥斯丁热潮"[24] 已经延伸到了与奥斯丁有关的其他作品，甚至还出现了跨界作品。《傲慢与偏见》有许多不同的改编作品，如《新娘与偏见》(*Bride and Prejudice*，2004)、《现代傲慢与偏见》(*Pride and Prejudice: A Latter Day Comedy*，2003)，以及《BJ 单身日记》(*Bridget Jones's Diary*，2001)，虽然在某种程度上，《BJ 单身日记》和前两部有一些很大的区别。《成为简·奥斯丁》(*Becoming Jane*，2007)虚构了奥斯丁和汤姆·勒弗罗伊之间的关系，虽然没有足够的证据，但影片暗示汤姆是她的一生挚爱。

《彭伯里谋杀案》(*Death Comes to Pemberley*，2011)改编自英国著名推理小说家 P.D. 詹姆斯 (P. D. James) 创作的《傲慢与偏见》续篇，2013 年在 BBC1 台播出，2014 年在 PBS 频道播出。2017 年 7 月 29 日，英国长青侦探系列剧《骇人命案事件簿》(*Midsomer Murders*) 在 ITV 电视台播出，故事背景设定为奥斯丁周，整体内容和基调与《彭伯里谋杀案》大不相同。侦探小说对奥斯丁的兴趣，始于斯蒂芬妮·巴伦 (Stephanie Barron) 1996 年开始写《简·奥斯丁之谜》(*Jane Austen Mysteries*) 系列小说。"侦查 (Detection)"[25] 是奥斯丁小说中的一个关键主题。评论家们已经开始关注这个问题，尤其是阅读奥斯丁作品时，遇到了令人疑惑的情节，以及理解人物带来的挑战。当看到人物角色既多愁善感又不合时宜地表现出理性，批评家们陷入了混乱，已经在探究如何阐述令人困惑的内容。[26]

查顿庄园和图书馆已经成为奥斯丁圣地，巴斯的简·奥斯丁中心也是如此。

奥斯丁已经成为某种标志，如埃莱娜·费兰特①被誉为"当代意大利的简·奥斯丁"。²⁷

同时，奥斯丁的人物和情节也有可能因为多愁善感、阶级固化和怀旧而显得不合时宜。在2019年5月27日的《泰晤士报》上，默西塞德郡出身的斯蒂芬·格雷厄姆（Stephen Graham）在谈到自己质朴的表演风格时表示："那些拘谨的古装剧不适合我。我可能不是达西先生。那个砸碎窗户，从后门进来的人，才是我。"2019年1月3日，马克斯·黑斯廷斯（Max Hastings）在《泰晤士报》上抨击多愁善感，他认为："很难相信像爱玛·伍德豪斯这样任性的女孩会那么想要嫁给奈特利先生，他比她大两轮，永远对她进行华而不实的说教。伊丽莎白·贝内特和达西呢？一些人自以为是，说她家庭可不可怕并不重要，因为彭伯里离朗博恩很远。算了吧。贝内特夫人绝不会远离她女儿所在的查茨沃斯。达西绝不会忍受阴魂不散的贝内特一家人，他肯定宁愿去大陆游学。"²⁸

奥斯丁凭借自身写作技巧和敏感的情绪塑造了一个个角色，尽管有时她的角色和情节可能被视为过时，但它们流传至今，成为英国文化的一部分。

---

① 《那不勒斯四部曲》作者。——编者注

注释

1. J. Sutherland, *The Good Brexiteer's Guide to English Lit* (London, 2018), 104–7.

2. *Emma* I, 12.

3. *Northanger* I, 14.

4. *MP* III,3.

5. *Emma* II, 8.

6. *Emma* II, 11.

7. *Persuasion* I, 5.

8. *Persuasion* II, 3.

9. *Northanger* II, 9.

10. *Northanger* II,10.

11. *Emma* III,6.

12. *Who Is Mark Twain?* (New York, 2009), 47–51.

13. J. Rose, *The Literary Churchill* (New Haven, CT, 2014), 369.

14. *PP* I, 11.

15. D. Marquand, "Britain's Problem Is Not with Europe, but with England," *Guardian*, December 19, 2017.

16. D. Aaronovitch, "Our Island Must Stop Living in the Tudor Past," *Times,* January 24, 2013.

17. M. Weedon, "Jane Austen and William Enfield's The Speaker," *British Journal for Eighteenth-Century Studies* 11 (1988): 159.

18. L. W. Smith, *Jane Austen and the Drama of Woman* (London, 1983); M. Evans, *Jane Austen and the State* (London, 1987); A. Sulloway, *Jane Austen and the Province of Womanhood* (Philadelphia, PA, 1989).

19. E. C. R. Lorac [pseudonym for Edith Caroline Rivett] , *Death on the Oxford Road* (London, 1933), 30, 83.

20. L. Edel, ed., The House of Fiction: *Essays on the Novel* (London, 1962), 62–63.

21. B. C. Southam, ed., *Jane Austen: The Critical Heritage*, vol. 2, 1870–1940 (London, 1987).

22. L. Troost and S. Greenfield, eds., *Jane Austen in Hollywood*, 2nd ed. (Lexington, KY, 2001); S. Parrill, *Jane Austen on Film and Television: A Critical Study of the Adaptations* (Jefferson, NC, 2002); D. Cartmell, *Screen Adaptations: Jane Austen's Pride and Prejudice: A Close Study of the Relationship between Text and Film* (2010); N. F. Stovel, "From Page to Screen: Emma Thompson's Film Adaptation of Sense and Sensibility," *Persuasions On-Line 32, No. 1* (winter 2011), http://www. jasna.org/persuasions /on-line/vol32no1/stovel.html.

23. Cartmell, Screen Adaptations; P. Demory, "Jane Austen and the Chick Flick in the Twenty-First Century," in *Adaptation Studies: New Approaches*, ed. C. Albrecht-Crane and D. Cutchins (Madison, NJ, 2010), 121–49.

24. B. Allen, "An Elusive Acquaintance," *New Criterion* (February 1998): 74–77, quote 74.

25. *PP* II, 12.

26. E. R. Belton, "Mystery Without Murder: The Detective Plots of Jane Austen," *Nineteenth-Century Literature* 31, no. 1 (1988): 42–59; P. D. James, "Emma Considered as a Detective Story," in *A Time to Be in Earnest* (New York, 1999), 243–59; L. B. Faucon, "Unravelling Mysteries: Developing a 'Method of Understanding' in Austen's and Ang Lee's *Sense and Sensibility*," *Revue de la Société d'Études Anglo-Américaines des XVIIe et XVIIIe siècles 72* (2015): 287–312.

27. P.d'Acierno, "Naples as Chaosmos or, The City That Makes You Repeat Its Discourse," in *Delirious Naples: A Cultural History of the City of the Sun*, ed. P. Acierno and S. G. Pugliese (New York, 2019), 13.

28. M. Hastings, "We Can't Get Enough of 'Happy Ever After,'" *Times*, January 3, 2019.